Zur Vorsatzanfechtung nach
§ 133 Abs. 1 InsO

Europäische Hochschulschriften

European University Studies

Publications Universitaires Européennes

Reihe II **Rechtswissenschaft**

Series II Law

Série II Droit

Band/Volume **6015**

Jakob Pickartz

Zur Vorsatzanfechtung nach § 133 Abs. 1 InsO

PETER LANG

Bibliografische Information der Deutschen Nationalbibliothek
Die Deutsche Nationalbibliothek verzeichnet diese Publikation in der Deutschen Nationalbibliografie; detaillierte bibliografische Daten sind im Internet über http://dnb.d-nb.de abrufbar.

Zugl.: Heidelberg, Univ., Diss., 2016

D 16
ISSN 0531-7312
ISBN 978-3-631-74642-4 (Print)
E-ISBN 978-3-631-76066-6 (E-PDF)
E-ISBN 978-3-631-76067-3 (EPUB)
E-ISBN 978-3-631-76068-0 (MOBI)
DOI 10.3726/b14336

Peter Lang – Berlin · Bern · Bruxelles · New York · Oxford · Warszawa · Wien

Diese Publikation wurde begutachtet.

www.peterlang.com

Vorwort

Die Juristische Fakultät der Ruprecht-Karls-Universität Heidelberg hat die vorliegende Arbeit im Sommersemester 2016 als Dissertation angenommen. Am 5. April 2017 trat das „*Gesetz zur Verbesserung der Rechtssicherheit bei Anfechtungen nach der Insolvenzordnung und nach dem Anfechtungsgesetz*“ in Kraft. Die in dieser Arbeit dargestellten Überlegungen beziehen sich, sofern den Ausführungen nicht eindeutig etwas anderes zu entnehmen ist, auf den Gesetzesstand vor dem 5. April 2017. Die Arbeit befindet sich im Wesentlichen auf dem Stand von Dezember 2016.

Ganz herzlich danke ich meinem verehrten Doktorvater Professor Dr. Andreas Piekenbrock, der diese Arbeit stets wohlwollend begleitet und gefördert hat. Ihm und dem zweiten Berichterstatter, Professor Dr. Christoph Kern, LL.M. (Harvard), danke ich zudem für die überaus zügige Erstellung der Gutachten.

Besondere Anerkennung gebührt Dr. Christian Mezger und Dr. Thilo Schülke für die mühsame Arbeit, das gesamte Manuskript umsichtig Korrektur zu lesen.

In erster Linie aber danke ich meinen lieben Eltern, Ulrike Pickartz und Professor Dr. Heinz Pickartz, für die dauernde und bedingungslose Unterstützung, ohne welche diese Arbeit nicht entstanden wäre.

Berlin, im November 2017 *Jakob Pickartz*

Inhaltsverzeichnis

Einleitung

Auf die Erkenntnis der weitgehenden Funktionsunfähigkeit der Konkursordnung folgte die Insolvenzrechtsreform.[1] Als neuralgischer Punkt der Konkursordnung wurde das häufige Abweisen von Konkursanträgen mangels Masse identifiziert, wofür auch die mangelnde Durchsetzbarkeit des Anfechtungsrechts verantwortlich gemacht wurde.[2] Das die Mehrung der Konkursmasse fördernde Anfechtungsrecht konnte seiner Aufgabe nur unzureichend nachkommen.[3] Die Schärfung des Anfechtungsrechts galt daher als wichtiges Reformanliegen.[4] Das Vorhaben gelang; die am 1. Januar 1999 in Kraft getretene Insolvenzordnung enthielt ein effektiveres Anfechtungsrecht.[5] Der Bundesgerichthof gab sich damit aber noch nicht zufrieden und nahm die Neufassung zum Anlass, die Handhabung der Anfechtungstatbestände darüber hinaus zu vereinfachen. Bei der Vorsatzanfechtung nach § 133 Abs. 1 InsO[6] fand diese Entwicklung vor allem bei dem prozessualen Nachweis des subjektiven Tatbestands der Norm statt.[7] Die Rechtsprechung erwies sich bei dem Herausarbeiten von Beweisanzeichen für die subjektiven Tatbestandsmerkmale von § 133 Abs. 1 InsO als derart erfolgreich, dass in der Literatur von „Renaissance“[8] und „Karriere“[9] der Vorsatzanfechtung gesprochen wurde. Die damit einhergehende Ausweitung des Anwendungsbereichs der Vorsatzanfechtung wurde aber vielfach kritisch betrachtet, zumal es nun häufig zu Überschneidungen mit den Tatbeständen der besonderen Insolvenzanfechtung kam.[10] Der Rechtsprechung wurde vorgeworfen, dass sie aus dem

1 Vgl. Regierungsentwurf, BT-Drucksache 12/2443, S. 72.

2 Regierungsentwurf, BT-Drucksache 12/2443, S. 72 und 84 f; *Gessner/Rhode/Strate/Ziegert*, Konkursabwicklung, S. 38.

3 *Gerhardt*, ZIP 1985, 582.

4 *Weber*, in: Festschrift 100 Jahre Konkursordnung, S. 321, 349.

5 Insolvenzordnung (InsO) vom 5. Oktober 1994, BGBl I, S. 2866, die am 1. Januar 1999 in Kraft trat.

6 In dieser Arbeit genannte Paragrafen der Insolvenzordnung sind solche der Fassung der Insolvenzordnung, die vor dem 5. April 2017 galt. Sofern die am 5. April 2017 in Kraft getretene Fassung der Insolvenzordnung genannt wird, ist dies ausdrücklich klargestellt.

7 Vgl. *BGHZ* 155, 75; 157, 242; 162, 143; 167, 190; *BGH*, NZI 2003, 597, 2007, 512.

8 *Bork*, ZIP 2004, 1684.

9 *Bork*, ZIP 2008, 1041, 1045.

10 Zur Kritik an der Rechtsprechung des Bundesgerichthof vgl. *Bork*, ZIP 2008, 1041, 1045; *Foerste*, NZI 2006, 6; *Jacoby*, KTS 2009, 3; *Schoppmeyer*, ZIP 2009, 600.

Tatbestand, der vormals nur ein „Schattendasein“[11] gefristet hatte, eine Art „Generalklausel des Anfechtungsrechts“[12] gemacht habe, wodurch die Systematik der Anfechtungstatbestände in starke Bedrängnis geraten sei.[13]

Erste Reformbestrebungen gab es diesbezüglich im Jahr 2006. Ein Gesetzesentwurf der Bundesregierung sah eine Beschränkung des Vorsatzanfechtungstatbestandes vor. Eine Anfechtung kongruenter Deckungen sollte nur noch möglich sein, wenn der Schuldner unlauter handelt.[14] Nach erheblicher Kritik von Sachverständigen, die der Rechtsausschuss des Deutschen Bundestages anhörte, wurde der Vorschlag zur Reform der Vorsatzanfechtung fallengelassen. Das verabschiedete Gesetz enthielt keine Änderung der Vorsatzanfechtung.[15]

Ein weiterer Anlauf zur Reform des Vorsatzanfechtungstatbestandes wurde im Jahr 2013 eingeleitet.[16] Wiederum wurde eine zunehmend extensive Auslegung des § 133 Abs. 1 InsO durch die höchstrichterliche Rechtsprechung beklagt.[17] Der Koalitionsvertrag der Christlich Demokratischen Union Deutschlands (CDU), der Christlich-Sozialen Union in Bayern (CSU) und der Sozialdemokratischen Partei Deutschlands (SPD) für die Legislaturperiode des 18. Deutschen Bundestages sah daraufhin vor, das Insolvenzanfechtungsrecht auf den Prüfstand zu stellen.[18] Diese Prüfung führte zu dem am 16. Dezember 2015 an den Bundestag übersandten „Entwurf eines Gesetzes zur Verbesserung der Rechtssicherheit bei Anfechtungen nach der Insolvenzordnung und nach dem Anfechtungsgesetz“, der weitreichende Änderungen des Insolvenzanfechtungsrechts und insbesondere der Vorsatzanfechtung vorsieht.[19]

---

11 *Bork*, ZIP 2004, 1684, 1684.

12 *Paulus*, in: Festschrift Fischer, S. 445, 456 und 458.

13 *Foerste*, ZInsO 2013, 897, 900; *Jacoby*, KTS 2005, 371, 398; *Schoppmeyer*, ZIP 2009, 600, 606.

14 *Regierungsentwurf*, BT-Drucksache 16/886, S. 5.

15 Gesetz zum Pfändungsschutz der Altersvorsorge vom 26. März 2007, BGBl I, S. 368.

16 Zu den zahlreichen weiteren Versuchen verschiedene Fiskusprivilegien mit Auswirkung auf das Insolvenzanfechtungsrecht einzuführen vgl. *Frind*, ZInsO 2014, 1985.

17 Positionspapier des Bundesverbandes der Deutschen Industrie (BDI) und des Zentralverbandes des Deutschen Handwerks (ZDH) vom 14. Oktober 2013, S. 4 f. Im Internet abrufbar unter: http://www.biv-kaelte.de/fileadmin/user_upload/mitglieder/Rechtsberatung/BDI_ZDH_Positionspapier_Insolvenzanfechtung.pdf (zuletzt abgerufen am 1. Oktober 2017).

18 Koalitionsvertrag zwischen CDU, CSU und SPD, 18. Legislaturperiodes S. 25. Im Internet abrufbar unter: https://www.bundesregierung.de/Content/DE/_Anlagen/2013/2013-12-17-koalitionsvertrag.pdf?__blob=publicationFile&v=2 (zuletzt abgerufen am 1. Oktober 2017).

19 *Regierungsentwurf*, BT-Drucksache 18/7045.

I. Untersuchungsgegenstand

Ursache für die Reformbestrebungen ist die tatbestandliche Weite der Vorsatzanfechtung. Diese wird anhand eines Vergleichs mit der Tatbestandsstruktur der besonderen Insolvenzanfechtung deutlich. Der objektive Tatbestand des § 133 Abs. 1 InsO ist gegenüber den §§ 130–132 InsO nur dahingehend beschränkt, dass die Rechtshandlung eine des Insolvenzschuldners ist. Die Weite des objektiven Tatbestandes in Verbindung mit dem Absenken der Anforderungen an den subjektiven Tatbestand und dessen Nachweis führt zu den kritisierten Überschneidungen mit den §§ 130–132 InsO.[20] Eine Auseinandersetzung mit § 133 Abs. 1 InsO erscheint insbesondere in folgenden Fallgruppen erforderlich.

1. Die Vorsatzanfechtung von Deckungen

Ein Schwerpunkt der wissenschaftlichen Auseinandersetzung mit der Vorsatzanfechtung liegt bei der Frage, inwieweit Deckungen nach § 133 Abs. 1 InsO angefochten werden können.[21] Die Vorsatzanfechtung ist dabei für den Insolvenzverwalter aufgrund ihrer zeitlichen Reichweite äußerst interessant. Im Gegensatz zu den §§ 130–132 InsO, die eine Anfechtung nur in den letzten drei Monaten vor dem Eröffnungsantrag erlauben, erfasst sie die letzten zehn Jahre vor dem Antrag. Die Subsumtion unter den objektiven Tatbestand des § 133 Abs. 1 InsO bereitet keine Schwierigkeiten: Aufgrund der Deckung wird die Masse verringert und damit werden die übrigen Insolvenzgläubiger benachteiligt, da das durch die Deckung weggefallene Aktivum nicht mehr für die Befriedigung der übrigen Gläubiger zur Verfügung steht.[22] Für den Gläubigerbenachteiligungsvorsatz genügt bedingter Vorsatz und damit, dass der Schuldner die Benachteiligung seiner Gläubiger als mutmaßlichen Erfolg seiner Rechtshandlung erkennt und billigt.[23] Ist der Schuldner sich zudem bewusst, dass er sich in einer wirtschaftlich schwierigen Situation befindet und befriedigt er nun die Forderung eines Gläubigers, ohne dass die berechtigte Hoffnung darauf besteht, dass sich die wirtschaftliche Lage bessert, handelt er mit dem ausreichenden Eventualvorsatz. Aufgrund des drohenden Insolvenzverfahrens muss er sich der möglichen Benachteiligung seiner Gläubiger durch die Deckung bewusst sein. Handelt er ungeachtet dieser

---

20 Vgl. *Jacoby*, KTS 2009, 3, 4.

21 Examplarisch genannt seien *Foerste*, NZI 2006, 6; in: Festschrift Picker, S. 227; *Fischer*, NZI 2008, 588; *Schoppmeyer*, ZIP 2009, 600; *Jacoby*, KTS 2009, 3 und *Thole*, ZIP 2013, 2081.

22 Vgl. *de Bra*, in: Braun, InsO, § 129 Rdnr. 25; *Jacoby*, KTS 2009, 3, 4.

23 *Kayser*, in: Münchener Kommentar, InsO, § 133 Rdnr. 13.

Kenntnis, erkennt er den mutmaßlichen Erfolg seiner Rechtshandlung und billigt diesen auch. Eine Hürde besteht dann lediglich noch in der erforderlichen Kenntnis des Anfechtungsgegners von dem Vorsatz. Diese wird für den Insolvenzverwalter regelmäßig schwieriger nachweisbar sein als der Vorsatz des Schuldners, da ihm beim Nachweis des Schuldnervorsatzes häufig die Geschäftsunterlagen des Schuldners helfen. Bei dem Nachweis der Kenntnis des Anfechtungsgegners von dem Gläubigerbenachteiligungsvorsatz des Schuldners hilft daher die in § 133 Abs. 1 S. 2 InsO enthaltene gesetzliche Vermutung.[24]

Ausgangspunkt für die in der Literatur vielfach geforderte normative Beschränkung von § 133 Abs. 1 InsO ist das Verhältnis von besonderer Insolvenzanfechtung und Vorsatzanfechtung. Besonders kritisch wird die Anfechtung von kongruenten Deckungen mittels des Vorsatzanfechtungstatbestandes gesehen. Häufig zu findende Grundlage für verschiedene Beschränkungsansätze ist die These, § 130 InsO hindere eine Anfechtung kongruenter Deckungen außerhalb des Drei-Monats-Zeitraums, wenn lediglich objektive Zahlungsunfähigkeit vorliegt und der Gläubiger hiervon weiß.[25] Der Anwendungsbereich von § 133 Abs. 1 InsO müsse sich an dem systematischen Gefüge der Insolvenzanfechtungstatbestände orientieren. Eine Grenzziehung sei dort angezeigt, wo die Tatbestände der besonderen Insolvenzanfechtung in der Bedeutungslosigkeit verschwinden.[26]

Die Überschneidungen resultieren vor allem daraus, dass der Bundesgerichtshof die Hürden bei der Anwendung von § 133 Abs. 1 InsO entschärft hat. Indem die Rechtsprechung verschiedene Beweisanzeichen herausgearbeitet hat, ist der Nachweis der subjektiven Merkmale dem Insolvenzverwalter nunmehr wesentlich erleichtert. Im Hinblick auf § 130 InsO ist Ursache für die Überschneidungen das sich aus der Kenntnis der Zahlungsunfähigkeit ergebende Beweisanzeichen für die subjektiven Merkmale der Vorsatzanfechtung. Sowohl der Nachweis des Gläubigerbenachteiligungsvorsatzes des Schuldners als auch von dessen Kenntnis auf Seiten des Anfechtungsgegners kann durch den Nachweis der Kenntnis der Zahlungsunfähigkeit geführt werden.[27] Auch für die Anfechtung kongruenter Deckungen nach § 130 Abs. 1 S. 1 InsO ist die Zahlungsunfähigkeit regelmäßig erforderlich, wobei ihr Vorliegen bzw. ihre Kenntnis auf Seiten des Gläubigers hier Tatbestandsmerkmal ist und sie nicht (lediglich) als Beweisanzeichen zum Nachweis von Tatbestandsmerkmalen herangezogen wird.

---

24 *Thole*, Heidelberger Kommentar, InsO, § 133 Rdnr. 5.

25 *Schoppmeyer*, ZIP 2009, 600, 603; ähnlich auch *Foerste*, NZI 2006, 6, 7.

26 *Schoppmeyer*, ZIP 2009, 600, 604.

27 Für den Nachweis des Gläubigerbenachteiligungsvorsatzes vgl. *BGHZ* 167, 190, 195; für den Nachweis der Kenntnis des Anfechtungsgegners vgl. *BGH*, NZI 2005, 690, 692.

Mit der Inkongruenz gibt es auch bei § 133 Abs. 1 InsO und § 131 InsO einen für beide Tatbestände relevanten Gesichtspunkt. Entscheidend für das Anfechten einer Deckung nach § 131 Abs. 1 InsO ist deren Inkongruenz. Der Insolvenzgläubiger darf die erhaltene Deckung entweder gar nicht, nicht in der Art oder nicht zu der Zeit zu beanspruchen gehabt haben, vgl. § 131 Abs. 1 InsO. Die Inkongruenz einer Deckung sieht der Bundesgerichtshof aber auch als Beweisanzeichen für das Vorliegen der subjektiven Merkmale der Vorsatzanfechtung,[28] wobei er die jeweilige Beweiswirkung von dem konkreten Ausmaß der Inkongruenz[29] sowie einer Liquiditätskrise des Schuldners abhängig macht.[30] Trotz dieser Differenzierung ist es aufgrund der Bedeutung der Inkongruenz für beide Anfechtungstatbestände möglich, dass eine inkongruente Deckung mittels § 133 Abs. 1 InsO auch außerhalb des Drei-Monats-Zeitraum der Tatbestände der besonderen Insolvenzanfechtung angefochten werden kann, obwohl bis auf eine Rechtshandlung innerhalb des relevanten Anfechtungszeitraums die Voraussetzungen vorliegen, die auch § 131 InsO für eine Anfechtung voraussetzt.

2. Vorsatzanfechtung bei fehlgeschlagener Sanierung

Dem Bundesgerichtshof lagen Fälle vor, in denen der spätere Insolvenzschuldner zur Unterstützung für den Weg aus der finanziellen Misere einen Sanierungsberater einschaltete, dessen Rettungsversuche letztendlich aber scheiterten.[31] Schon für die Frage der in § 132 Abs. 1 InsO vorausgesetzten unmittelbaren Benachteiligung der Gläubiger durch den Geschäftsbesorgungsvertrag wurden enge Voraussetzungen herausgearbeitet. Diese wird abgelehnt, wenn ein in sich schlüssiges Sanierungskonzept zu Grunde liegt, das die tatsächlichen Gegebenheiten berücksichtigt und nicht offensichtlich undurchführbar ist.[32] Dabei ist auf die Beurteilung eines unvoreingenommenen branchenkundigen Fachmanns abzustellen, dem zeitnah Einblick in die Buchhaltungsunterlagen gewährt wurde.[33] Liegen diese Voraussetzungen vor, kann eine unmittelbare Gläubigerbenachteiligung nicht festgestellt werden, ist der Vertrag doch in sich ausgewogen. Dieser Rechtsprechung kann im Ergebnis zu-

---

28 Vgl. *BGHZ* 157, 242, 253 f.

29 *BGHZ* 157, 242, 254.

30 *BGH*, NZI 2014, 68, 69.

31 *BGHZ* 167, 190; *BGH*, NZI 2008, 173.

32 *BGH*, NJW-RR 1993, 238, 241; NJW 1998, 1561, 1563. *Kayser*, in: Münchener Kommentar, InsO § 129 Rdnr. 163a.

33 *BGH*, NJW 1998, 1561, 1564. Das entspricht den Maßstäben, die zur Bestimmung der Sittenwidrigkeit von Sanierungskrediten entwickelt worden sind. Vgl. *BGHZ* 10, 228, 234.

gestimmt werden, wurden mit ihr letztlich sinnvolle Kriterien dafür etabliert, ob der Beratungsvertrag der Anfechtung nach § 132 InsO unterliegt.

Wurde der Vergütungsanspruch aus dem Vertrag noch in der Krise erfüllt, besteht die Möglichkeit einer Anfechtung nach § 130 Abs. 1 InsO. Zugunsten des Sanierungsberaters könnte nun aber das in § 142 InsO normierte Bargeschäftsprivileg greifen. Dafür sind zwei Fragen zu klären. Zum einen die der Gleichwertigkeit von Leistung und Gegenleistung, bei der die gleichen Kriterien gelten wie bei der Frage der Gläubigerbenachteiligung im Rahmen von § 132 InsO, zum anderen die Frage der (zeitlichen) Unmittelbarkeit von Leistung und Gegenleistung.[34] Ist auch diese zugunsten des Beraters entschieden, bleibt allein die Anfechtung nach § 133 InsO.

Dieses differenzierte System von besonderer Insolvenzanfechtung und Bargeschäftsprivileg wird durch die Vorsatzanfechtung gefährdet. In Fällen einer Sanierungsberatung, die nicht erfolgreich war und ein Insolvenzverfahren über das Vermögen des Schuldners nicht verhindern konnte, wird häufig die Möglichkeit bestehen, einen *dolus eventualis* des Schuldners zu bejahen. Die Möglichkeit des Scheiterns kann bei einer Sanierung nicht ausgeschlossen werden.[35] Für den Nachweis des Gläubigerbenachteiligungsvorsatzes kann es dann darauf ankommen, ob der Schuldner glaubhaft vorbringen kann, er sei davon ausgegangen, dass die Beratung erfolgreich sein werde und er insofern fest auf das Ausbleiben des gläubigerbenachteiligenden Erfolges vertraut hat. Über diese Unsicherheit wird sich gerade der Sanierungsberater im Klaren sein. Er wird damit auch Kenntnis von dem Vorsatz des Schuldners haben. Die bei § 132 InsO im Rahmen der Gläubigerbenachteiligung und bei § 142 InsO bei der Frage der Gleichwertigkeit der ausgetauschten Leistungen vorgenommenen Wertungen würden aber umgangen, verbliebe dem Insolvenzverwalter in solchen Fällen die Möglichkeit einer Anfechtung nach § 133 Abs. 1 InsO.

Ähnlich gelagert sind die Fälle der in der Krise gewährten Kredite, genauer deren Besicherung. Bestellt der spätere Insolvenzschuldner in der Kenntnis der Zahlungsunfähigkeit dem Kreditgeber Sicherheiten, die diesen im Falle der Insolvenz eine vollständige Befriedigung bieten, erkennt er auch die Möglichkeit der Benachteiligung der Gläubiger. Tatfrage ist nun, ob der Schuldner auf das Ausbleiben der Insolvenz vertraut hat oder nicht. Häufig wird der Schuldner aber jeden noch so hoffnungslosen Rettungsversuch wagen, also mit bedingtem Vorsatz handeln. Aber kann es darauf ankommen? Der Kreditgeber wird die Situation des Schuldners regelmäßig genau prüfen und ihm den gewünschten Kredit nur dann geben, wenn er eine gute Chance auf Rückzahlung sieht, schließlich besteht auch bei besicherten

34 Dazu ausführlich *BGH*, NZI 2008, 173, 174.
35 *Jacoby*, KTS 2009, 3, 4.

Krediten die Gefahr, dass der bei der Verwertung der Sicherheiten erzielte Erlös nicht zur vollen Befriedigung der Forderungen ausreicht. Zudem besteht die Gefahr, dass der Kreditgeber unter anderem durch Feststellungskostenpauschale und eine etwaige Verwertungskostenpauschale (vgl. § 170 Abs. 1 S. 1 InsO) weitere Verluste erleidet. Man kann also davon ausgehen, dass der Kreditgeber selbst regelmäßig darauf vertraut, dass später keine Insolvenz eintritt. Darauf kommt es aber nicht an, sondern alleine auf seine Kenntnis von dem Vorsatz des Schuldners. Versetzt sich der Kreditgeber in die Lage des Schuldners, wird in Krisensituationen häufig erkennbar sein, dass der Schuldner gewillt ist, für frisches Geld hohe Risiken einzugehen.

Die Weite des bedingten Vorsatzes wird auch durch einen Blick auf ein Urteil des Bundesgerichthofs zur Anfechtung von Existenzgründungkrediten verdeutlicht. Der Bundesgerichtshof musste im Jahr 2009 dem Oberlandesgericht Dresden Einhalt gebieten, das die Sicherheitenbestellung im Rahmen der Unternehmensgründung ausgereichter Kredite für anfechtbar erklärt hatte.[36] Nach den Ausführungen des Berufungsgerichts hatte es die Schuldnerin billigend in Kauf genommen, ihre künftigen Gläubiger zu schädigen, indem sie der kreditgewährenden Bank nahezu jegliche Haftungsmasse als Sicherheit überlassen habe. Das Risiko des Scheiterns eines untauglichen Unternehmungsgründungskonzepts müsse die finanzierende Bank ebenso tragen wie bei einem untauglichen Sanierungskonzept.[37] Der Bundesgerichtshof verneinte dagegen einen Benachteiligungsvorsatz des Schuldners.[38] Die Unsicherheit des Unternehmensgründers hinsichtlich der Tragfähigkeit seines Gründungskonzeptes könne nicht dazu führen, dass die für Sanierungskredite geltenden Grundsätze auf die Unternehmensgründung übertragen werden.[39]

Die Sicherheitenbestellung bei Existenzgründerkrediten zeigt noch einmal sehr deutlich die Schwierigkeiten, die der *dolus eventualis* bei der praktischen Handhabung des Vorsatzanfechtungstatbestandes mit sich bringt. Die Bestellung von Sicherheiten bewirkt in der Regel eine Gläubigerbenachteiligung. Sicherungsgeschäfte zielen darauf ab, den besicherten Gläubiger in der Insolvenz des Schuldners besser zu stellen. Die ungesicherten Gläubiger werden damit aber zwangsläufig benachteiligt.[40] Kann man dem Insolvenzschuldner dann auch noch Fehler in seinem Unternehmensgründungskonzept nachweisen, was bei einer gescheiterten Gründung keine größeren Schwierigkeiten machen dürfte, ist die Entscheidung für oder gegen

---

36 *OLG Dresden*, NZI 2007, 661 und *BGHZ* 180, 98. Vgl. auch die entschiedene Ablehnung von *Antoni*, NZI 2007, 664 und *Ingelmann*, ZInsO 2007, 802.

37 *OLG Dresden*, NZI 2007, 661, 663.

38 *BGHZ* 180, 98, 102 ff.

39 *BGHZ* 180, 98, 104.

40 *Berger*, LMK 2009, 290926.

bedingten Vorsatz ein Balanceakt und keinesfalls eindeutig. Auch die tatsächliche Hoffnung des Schuldners auf einen Erfolg des Unternehmens kann den Vorsatz nicht zweifellos ausschließen, wenn, auch aufgrund des Scheiterns, im Nachhinein erhebliche Zweifel an der Tauglichkeit des Gründungskonzepts bestehen.[41]

3. Ausschluss der Vorsatzanfechtung bei bargeschäftsähnlicher Lage

Wie zuvor erwähnt, schließt das in § 142 InsO geregelte Bargeschäft zwar eine Anfechtung nach § 130 InsO aus, die Anfechtung nach § 133 Abs. 1 InsO ist davon aber ausdrücklich ausgenommen. Dies hält den Bundesgerichtshof nicht davon ab, in Fällen einer von ihm als *„bargeschäftsähnlich"* beschriebenen Lage davon auszugehen, dass der Schuldner ohne Gläubigerbenachteiligungsvorsatz handelte. Eine solche liegt nach dem Bundesgerichtshof vor, wenn der Schuldner eine kongruente Leistung Zug um Zug gegen eine zur Fortführung seines eigenen Unternehmens unentbehrliche Gegenleistung erbringt, die den Gläubigern im allgemeinen nützt.[42] Im Vergleich zu dem für die Privilegierung nach § 142 InsO erforderlichen unmittelbaren Austausch zweier gleichwertiger Leistungen sind die vom Bundesgerichtshof für das Vorliegen einer bargeschäftsähnlichen Lage formulierten Voraussetzungen also höher. Es ist aber fraglich, ob der Bundesgerichtshof an diesen engen Voraussetzungen tatsächlich festhält, wenn er sie bei Teilzahlung auf die Lohnforderung eines Arbeitnehmers für den Monat Dezember, die zu Beginn des folgenden Monats erbracht wurde, bejaht.[43] Sowohl das Kriterium eines Zug-um-Zug-Austausches als auch das Erbringen einer für die Fortführung des Schuldnerunternehmens unentbehrlichen Gegenleistung wird dadurch in Frage gestellt. Vielmehr scheinen die Voraussetzungen einer bargeschäftsähnlichen Lage und die einer Bardeckung nach § 142 InsO sich zu überschneiden. Neben der Frage, ob der ausdrückliche Normbefehl des § 142 InsO InsO, eine Anfechtung nach § 133 Abs. 1 InsO weiter zuzulassen, damit nicht ignoriert wird, stellt sich die Frage, ob es zutrifft, dass das Vorliegen einer bargeschäftsähnlichen Lage ein den Gläubigerbenachteiligungsvorsatz des Schuldners ausschließendes Indiz darstellt.

II. Ziel der Untersuchung

Diese Untersuchung hat das Ziel, zur Prognostizierbarkeit anfechtungsrechtlicher Entscheidungen und damit zur Rechtssicherheit beizutragen. Die zum Nachweis des

---

41 Vgl. *BGHZ* 180, 98, 101 f.

42 *BGHZ* 202, 59, 74.

43 *BGHZ* 202, 59, 60.

subjektiven Tatbestands der Vorsatzanfechtung vom Bundesgerichtshof entwickelten Rechtsregeln haben eine Komplexität erreicht, die lediglich einzelnen Spezialisten zugänglich ist.[44] Die damit einhergehende Rechtsunsicherheit wird dadurch verstärkt, dass der Ruf nach einer normativen Betrachtungsweise von § 133 Abs. 1 InsO zugleich ein Bekenntnis gegen eine eindeutige Begrenzung seines Anwendungsbereichs beinhaltet.[45] Die vorliegende Untersuchung will dem entgegenwirken. Letztlich ist die Frage zu beantworten, ob die Rechtsprechung des Bundesgerichtshofs in den zuvor dargestellten Fallgruppen zu sinnvollen Ergebnissen kommt oder ob eine Reform des Vorsatzanfechtungstatbestandes erforderlich erscheint. Bei der Ausarbeitung eigener Ideen wird ein Schwerpunkt auf deren Praktikabilität gelegt, in Abgrenzungsfragen sollen klare Ergebnisse ermöglicht werden.

III. Gang der Untersuchung

Im ersten Teil der Untersuchung wird zunächst ein Überblick über die geschichtliche Entwicklung der Anfechtungstatbestände gegeben. Dieser Überblick gliedert sich in zwei Teile. Zunächst wird die Entwicklung der *actio pauliana* zum Vorsatzanfechtungstatbestand in der Insolvenzordnung und im Anschluss die Entwicklung des § 133 Abs. 1 InsO in der Rechtsprechung des Bundesgerichtshofs nachgezeichnet. Es folgt die Diskussion des Normzwecks der Vorsatzanfechtung.

Im zweiten Teil dieser Arbeit wird der Frage nachgegangen, ob der Vorsatzanfechtungstatbestand als Generalklausel des Anfechtungsrechts bezeichnet werden kann. Hierzu wird auch ein Blick auf den strafrechtlichen Vorsatzbegriff und den Nachweis des Vorsatzes im Strafrecht geworfen. Im Anschluss wird das systematische Verhältnis von Vorsatzanfechtung und besonderer Insolvenzanfechtung betrachtet und überprüft, inwieweit ein Bedürfnis zur Korrektur von § 133 Abs. 1 InsO besteht. Zudem werden die zuvor genannten Fallgruppen diskutiert.

Im dritten Teil der Arbeit werden aktuelle Vorschläge zur Reform der Vorsatzanfechtung und das „Gesetz zur Verbesserung der Rechtssicherheit bei Anfechtungen nach der Insolvenzordnung und nach dem Anfechtungsgesetz" diskutiert. Am Ende der Arbeit wird ein eigener Reformvorschlag erarbeitet.

---

44 Vgl. *Bork*, ZIP 2008, 1041, 1047 f.

45 Für eine normative Betrachtungsweise *Foerste*, NZI 2006, 6, 8; *Bork*, ZIP 2008, 1041, 1046; *Jacoby*, KTS 2009, 3, 14; *Schoppmeyer*, ZIP 2009, 600, 607; *Paulus*, in: Festschrift Fischer, 445, 457; *Lind*, Zur Auslegung von § 133 InsO, S. 114

Erster Teil
Grundlegung

Der erste Teil der Arbeit hat die Historie des Vorsatzanfechtungstatbestandes und dessen Normzweck zum Inhalt. Im ersten Kapitel werden dessen Ursprünge im römischen Recht aufgezeigt und die Entwicklung bis zur Insolvenzordnung nachgezeichnet. Im Anschluss wird die Rechtsprechung des Bundesgerichtshofs zu den subjektiven Merkmalen des Absichtsanfechtungstatbestandes der Konkursordnung skizziert. Dem folgt eine Darstellung der Rechtsprechung des Bundesgerichtshofs zum Vorsatzanfechtungstatbestand in der Insolvenzordnung. Das dritte Kapitel setzt sich mit dem viel diskutierten Normzweck der Vorsatzanfechtung auseinander.

Erstes Kapitel: Von der actio pauliana zur Vorsatzanfechtung

In der Antike dienten Gerichtsverfahren zunächst der Legitimation der Privatexekution.[46] Zur Begrenzung der damit einhergehenden Willkürgefahr für den Schuldner enthielt das um 450 a. Chr.[47] eingeführte Zwölftafelgesetz genaue Verfahrensvorschriften.[48] Trotz dieser Bemühungen den Schuldner zu schützen, konnte die Vollstreckung von Forderungen aber weiterhin verheerende Folgen für den zahlungsunfähigen Schuldner haben. Sie war Personalvollstreckung, verlieh dem Gläubiger also umfassende Befugnisse, mit Zwangsmitteln gegen die Person des Schuldners vorzugehen, um die Befriedigung seiner Forderungen zu erreichen.[49] Der Schuldner musste die Folgen der Personalexekution fürchten, da sie mit seinem Tod oder seiner Versklavung enden konnte.[50] Gemildert wurde das Vollstreckungsrecht durch die *lex poetelia* aus dem Jahre 313 a. Chr.[51] Die Vollstreckung führte nun nicht mehr zum Verlust der Bürgerrechte des Schuldners.[52]

Die private Vollstreckung findet sich auch in der späten Republik sowie der frühen Kaiserzeit, immer häufiger erfolgt die Vollstreckung aber durch den Staat.[53] Im klassischen römischen Recht tritt die Vermögensvollstreckung neben die Personalvollstreckung.[54] Wurde der Schuldner zuvor noch durch die *„primitive Härte"*[55] des Vollstreckungsrechts abgeschreckt, entstand nun Regelungsbedarf, um ihn von der Vornahme gläubigerbenachteiligender Rechthandlungen abzuhalten. Der Wandel zur Vermögensexekution mit ihren für die Person des Schuldners

---

46 Vgl. *Krause*, Gefängnisse im römischen Reich, S. 152 f.

47 *Harke*, Römisches Recht, § 1 Rdnr. 1.

48 *Honsell/Mayer-Maly/Selb*, Römisches Recht, S. 6.

49 *Gerhardt*, Gläubigeranfechtung, S. 46; *Kaser/Hackl*, Römisches Zivilprozessrecht, S. 383.

50 *Harke*, Römisches Recht, § 1 Rdnr. 3.

51 *Behrends*, Zwöftafelprozess, S. 158 f. Die Datierung ist aber umstritten. Es wird auch das Jahr 326 a. Chr. genannt, vgl. *Krause*, Gefängnisse im römischen Reich, S. 152; *Honsell/Mayer-Maly/Selb*, Römisches Recht, S. 8 Fn. 5.

52 *Grevesmühl* Gläubigeranfechtung nach klassischem römischen Recht, S. 16.

53 *Krause*, Gefängnisse im römischen Reich, S. 153 u. 155.

54 Vgl. *Kaser/Hackl*, Römisches Zivilprozessrecht, S. 383.

55 *Honsell/Mayer-Maly/Selb*, Römisches Recht, S. 6.

weniger „schmerzhaften“[56] Rechtsfolgen erforderte andere Schutzmittel für die Gläubiger, um eine Gefährdung der Haftungsmasse durch den Schuldner zu verhindern.[57] In den Digesten findet sich hierfür eine Regelung, die heute allgemein als *actio pauliana* bezeichnet wird.[58]

I. Die Gläubigeranfechtung im römischen Recht

In den Anfängen der Vermögensexekution war die Vermögensvollstreckung, unabhängig davon, ob der Schuldner zahlungsunfähig war oder nicht, immer Generalexekution und ähnelte damit unserem heutigen Insolvenzverfahren. Der erste Schritt dieses Vollstreckungsverfahrens bestand in der Beschlagnahme des Vermögens des Schuldners (*missio in bona*). Der Prätor[59] ordnete sie an, nachdem ein Gläubiger sie beantragt hatte. Der Gläubiger erhielt dadurch das Recht zur Inbesitznahme und zur Verwaltung des Vermögens des Schuldners. Gab es mehrere Gläubiger mit offenen Forderungen, wurde aus ihren Reihen ein Geschäftsführer (*magister bonorum*) gewählt, der sich um die Verwertung des Schuldnervermögens als Ganzes bemühte. Der Meistbietende erhielt den Zuschlag und musste die Gläubiger im Anschluss in Höhe seines Gebotes quotal befriedigen. Der nicht befriedigte Teil der Forderungen der Gläubiger erlosch nicht, sondern bestand weiterhin gegen den Schuldner.[60] Die Beschlagnahme des Schuldnervermögens führte nicht dazu, dass der Schuldner seine Verfügungsfähigkeit verlor; die Gläubiger liefen also Gefahr, dass der Schuldner sein Vermögen auch nach dem Zugriff verringerte.[61] Die im klassischen römischen Recht entwickelten ersten Anfechtungstatbestände zum Schutz gegen gläubigerbenachteiligende Vermögensentäußerungen galten daher sowohl vor als auch nach der Beschlagnahme des Schuldnervermögens.[62]

---

56 *Kaser/Hackl*, Römisches Zivilprozessrecht, S. 625 sprechen bei der Personalexekution von einem für den Schuldner außerordentlich harten Verfahren, das sogar zum Tod des Schuldners geführt haben kann; vgl. auch *Kaser/Knütel*, Römisches Privatrecht, § 85 Rdnr. 1 und 5.

57 *Dernburg*, Pandekten, Band 2, S. 845.

58 Siehe D. 42.8.1 pr.

59 Römische Beamte, welche die *„Träger der ordentlichen streitigen Zivilgerichtsbarkeit“* waren. Vgl. *Kaser/Knütel*, Römisches Privatrecht, § 2 Rdnr. 4 und 11.

60 *Gerhardt*, Gläubigeranfechtung, S. 51; *Kaser/Hackl*, Römisches Zivilprozessrecht, S. 398.

61 Vgl. Begründung des RegE, in: *Hahn*, Reichsjustizgesetze, Vierter Band, S. 110.

62 *Gerhardt*, Gläubigeranfechtung, S. 52.

In dem in den justinianischen Rechtsquellen überlieferten nachklassischen Vollstreckungsverfahren überwiegt die Einzelzwangsvollstreckung (Spezialexekution).[63] Deren Ziel ist es, dem siegreichen Kläger die Leistung zu verschaffen, die ihm im Urteil zugesprochen wurde. Zur Gesamtvollstreckung kam es nur noch, wenn der Schuldner nicht in der Lage war, seine Gläubiger zu befriedigen.[64] Zeitgleich verschmolzen verschiedene klassische Rechtsbehelfe zu einer einheitlichen Anfechtungsklage, die heute als *actio pauliana* bekannt ist.[65] Über die Herkunft der Bezeichnung dieses Rechtsinstituts kann nur spekuliert werden. In den Digesten findet man sie in D. 22.1.38.4 und damit in der Kommentierung des römischen Rechts durch den spätklassischen Autor *Paulus*.[66] Ob *Paulus* nun selbst diese Bezeichnung gewählt hat, sie, wie *Lenel* annimmt,[67] erst nachträglich durch die Byzantiner in das Werk *Paulus'* eingefügt wurde oder es eine davon abweichende Erklärung des Ursprungs gibt, konnte bis heute nicht eindeutig festgestellt werden.

Im Grundsatz richtete sich die *actio pauliana* gegen den bösgläubigen Erwerber.[68] Objektiv war dafür erforderlich, dass der Schuldner sein Vermögen verminderte (*alienatio*) und ein Gläubiger dadurch ganz oder teilweise um seine Befriedigung gekommen (*eventus fraudis*) war. Legte dieser Gläubiger dann auch die Voraussetzungen des subjektiven Tatbestandes dar, nämlich die böswillige Absicht des Schuldners (*fraus*) und die Kenntnis dieser Absicht bei demjenigen, der sie erhielt (*participatio fraudis*), konnte er die Veräußerung als ungültig anfechten.[69] Ein gutgläubiger Empfänger konnte dagegen nur bei unentgeltlichem Erwerb und nur in Höhe seiner Bereicherung in Anspruch genommen werden. Die Klage stand den Gläubigern und dem sogenannten *curator bonorum*[70] zu, der mit dem heutigen Insolvenzverwalter vergleichbar ist; geltend gemacht werden musste sie innerhalb eines Jahres.[71]

---

63 *Gerhardt*, Gläubigeranfechtung, S. 60; *Kaser/Hackl*, Römisches Zivilprozessrecht, S. 626.

64 *Kaser/Hackl*, Römisches Zivilprozessrecht, S. 626.

65 *Gerhardt*, Gläubigeranfechtung, S. 59; *Kaser*, Das römisches Privatrecht, Band 2, S. 94. Ausführlich zu dem in der Vorsatzanfechtung von der *actio Pauliana* Enthaltenem, *Kummer*, in: Festschrift Kreft, 393 ff.

66 Zur Kommentierung der Digesten vgl. *Kunkel/Schermaier*, Römische Rechtsgeschichte, S. 216.

67 *Lenel*, Edictum Perpetuum, S. 440 f.

68 *Gerhardt*, Gläubigeranfechtung, S. 56.

69 *Gerhardt*, Gläubigeranfechtung, S. 56.

70 Sowohl der *magister bonorum* als auch der *curator bonorum* nahmen also Aufgaben des heutigen Insolvenzverwalters war.

71 *Windscheid/Kipp*, Pandektenrecht, Band 2, S. 1010.

Dem Vorgänger des heutigen § 133 Abs. 1 InsO waren im römischen Recht aber noch keine Regelungen an die Seite gestellt, die mit der heutigen besonderen Insolvenzanfechtung vergleichbar waren. Zahlungen auf bereits bestehende Verbindlichkeiten erfasste auch die Paulianische Anfechtung nicht. Erhielt ein Gläubiger vor der Eröffnung des klassischen Vollstreckungsverfahrens eine kongruente Deckung, konnte er diese behalten. Dabei war es unerheblich, ob der Schuldner bereits zahlungsunfähig und dem Gläubiger dies bekannt war.[72] Solange das Erhaltene rechtmäßig eingefordert worden war, musste es nicht zurückgegeben werden. Der wachsame Gläubiger sollte gegenüber den anderen, die eine Einziehung vernachlässigten, geschützt werden und seinen Vorteil behalten dürfen (*sibi enim vigilavit*).[73] Die Bevorzugung eines einzelnen von mehreren Gläubigern eröffnete also noch kein Anfechtungsrecht.[74] Der *actio pauliana* wird überwiegend deliktsrechtliche Natur zugesprochen.[75] Begründet wird dies meist mit dem Erfordernis der Kenntnis der betrügerischen Absicht des Schuldners seitens des Empfängers. Die schadensersatzauslösende Handlung ist die Teilnahme an der betrügerischen Veräußerung des Schuldnervermögens. Wie auch andere deliktsrechtliche Ansprüche diente das Anfechtungsrecht zur Kompensation des Nachteils, der den Gläubigern durch die Rechtshandlung des Schuldners entstanden ist.[76] Die Gläubiger sollen so gestellt werden, wie sie ohne das schädigende Ereignis gestanden hätten, als es noch eine Möglichkeit zur Befriedigung gab. Der Empfänger muss die erhaltene Leistung vollständig und mit einem etwaig gezogenen Gewinn zurückgewähren. Soweit der Anfechtungsgegner aber notwendige Verwendungen gemacht hatte, konnte er für diese Ausgleich verlangen.[77]

II. Mittelalterlich-deutsches Recht

Im Mittelalter führt die Nichtleistungsfähigkeit des Schuldners, unabhängig von dem Grund, aus dem sie resultierte, zu schwerwiegenden Konsequenzen.[78] Zwar etablierte sich langsam die Vermögensexekution, das Nichtleisten hatte aber praktisch noch weitreichende Folgen für Person und Vermögen.[79] Um sich

72 Vgl. *Klinck*, Insolvenzanfechtung, S. 7.
73 Vgl. *Klinck*, Insolvenzanfechtung, S. 8.
74 *Klinck*, Insolvenzanfechtung, S. 7.
75 *Gerhardt*, Gläubigeranfechtung, S. 57; *v. Schey*, ZRechtsG 13 (1878), S. 120, 131.
76 *Gerhardt*, Gläubigeranfechtung, S. 57.
77 *Gerhardt*, Gläubigeranfechtung, S. 57; *Windscheid/Kipp*, Pandektenrecht, Band 2, S. 1010.
78 *Gerhardt*, Gläubigeranfechtung, S. 62.
79 *Gerhardt*, Gläubigeranfechtung, S. 62 f.; *Planitz*, ZRG Germ. Abt. 34 (1913), 49, 62. In zahlreichen Stadtrechten wurde ein flüchtiger Schuldner wie ein Dieb behandelt.

dem zu entziehen, war die Flucht des Schuldners die regelmäßige Folge seiner Zahlungsunfähigkeit.[80] Für den Fall der Flucht war in vielen Stadtrechten der deutschen Hansestädte seit Ende des 13. Jahrhunderts vorgesehen, dass das verbleibende Vermögen unter den Gläubigern quotal verteilt wurde; damit zeigt sich der Grundsatz der Gläubigergleichbehandlung erstmalig im deutschen Recht.[81]

Das Verständnis der Paulianischen Anfechtung ändert sich nun allmählich. Weiterhin ist sie deliktsrechtliche Gehilfenhaftung, die Vermögensbewegung durch den Schuldner wird aber immer entscheidender.[82] Deutlich wird das an der Rechtsfolge der Anfechtung. Es muss nun nicht mehr der eingetretene Nachteil ersetzt werden, sondern der Empfänger der Leistung muss diese zurückgewähren.[83] Es handelt sich damit nicht mehr um eine persönliche Ersatzschuld, sondern um eine Art *„dinglich wirkendes, relatives Verfügungsverbot“*[84].

Daneben fanden sich in einigen deutschen Stadtrechten Anfechtungstatbestände, die auf einem anderen Gedanken beruhen als die Paulianische Anfechtung. Nachdem die Idee einer anteiligen Gläubigerbefriedigung im deutschen Recht Einzug gehalten hatte, war es naheliegend, dass diese auch auf den Zeitraum vor dem Vermögensverfall ausgeweitet wurde. Dahingehend finden sich nun erstmalig Anfechtungstatbestände zum Schutz der gleichmäßigen Gläubigerbefriedigung, die den bloßen Verkauf von Schuldnergut betreffen.[85] Dahinter steht

---

Der Anspruch des Gläubigers gegen den Schuldner wurde als Teil des Gläubigervermögens betrachtet. Floh der Schuldner, nahm er damit seinem Gläubiger diesen Vermögenswert weg. Dazu auch *Gaugler*, Paulianische Anfechtung, Band 1, S. 27.

80 *Gerhardt*, Gläubigeranfechtung, S. 63; *Planitz*, ZRG Germ. Abt. 34 (1913), 49, 62. Der im mittelalterlichen Recht zunächst für diese „einfache“ Flucht gebrauchte Begriff der „Fluchtsal“ wandelte sich langsam zum Rechtsbegriff für die Veräußerung des Vermögens wegen der Flucht und später zur Bezeichnung der für die paulianische Anfechtung relevanten Schuldnerhandlung. Dazu *Schultze*, ZRG, Germ. Abt. 41 (1920), S. 210, 227.

81 *Gerhardt*, Gläubigeranfechtung, S. 72. Eine gleichmäßige Befriedigung gab es aber zunächst nur bei Flucht oder Tod des insolventen Schuldners, erst später wurde dies auch auf lebende und anwesende Schuldner ausgedehnt. *Orgis*, in: Erler/Kaufmann, Handwörterbuch Rechtsgeschichte, Band 2, „Konkurs“, S. 1083.

82 *Gerhardt*, Gläubigeranfechtung, S. 76, ist hinsichtlich einer Vereinheitlichung der mittelalterlich-deutschen Rechtsfortbildung aber vorsichtig, da nicht nur der betrachtete Zeitraum, sondern auch die Zahl selbständiger Rechtsgebiete im deutschen zu dieser Zeit sehr groß gewesen sei.

83 *Gerhardt*, Gläubigeranfechtung, S. 68 f.

84 *Gaugler*, Paulianische Anfechtung, Band 1, S. 63; *Gerhardt*, Gläubigeranfechtung, S. 76.

85 Siehe dazu *Gaugler*, Paulianische Anfechtung, Band 1, S. 36 und 48.

aber ein anderer Gedanke als bei der Paulianischen Anfechtung. Während dort zunächst noch die deliktsrechtliche Gehilfenhandlung im Vordergrund stand und damit die Übertragung von Vermögenswerten auf Dritte, um es vor dem Zugriff Dritter zu sichern, ist es hier die Befriedigung der Gläubiger mit einer möglichst guten Quote auf ihre Forderung, deren Höhe auch vor der Beschlagnahme des Vermögens nicht von der Willkür des Schuldners abhängig sein sollte.[86] Es entwickelt sich damit ein Anfechtungsrecht, das aus mehreren Tatbeständen besteht, die unterschiedliche Zwecke verfolgen.[87]

III. Das gemeine Recht

Die zuvor beschriebene mittelalterlich-deutsche Rechtsentwicklung ging in der Folge nicht verloren. Es fand aber eine Auseinandersetzung mit den justinianischen Rechtsquellen statt, deren Geltung nun kritischer hinterfragt wurde (*usus modernus pandectarum*).[88] Die Partikularrechte bestanden neben dem gemeinen Recht, das sogar nur subsidiär galt, also lediglich soweit es an einer partikularrechtlichen Rechtsnorm fehlte.[89] Ein wechselseitiger Einfluss von gemeinem Recht und Stadtrechten macht sich auch im Anfechtungsrecht bemerkbar.[90] Es fand eine leichte Objektivierung des Anfechtungstatbestandes statt, die sich anhand von Erleichterungen bei dem Nachweis des subjektiven Tatbestandes zeigte.[91] Für die böswillige Absicht des Schuldners wurde es nunmehr als ausreichend angesehen, wenn der Schuldner sein Vermögen verringerte und dabei billigte, dass seine Gläubiger dadurch ganz oder teilweise um ihre Befriedigung kamen.[92] Für den Nachweis der böswilligen Absicht wurde ein gewichtiges Anzeichen darin gesehen, dass der Schuldner in dem Bewusstsein der Zahlungsunfähigkeit handelte.[93]

In der Literatur wurde zu dieser Zeit darüber gestritten, ob die *actio pauliana* auf kongruente Deckungen anwendbar ist.[94] Die Anhänger der Gratifikationslehre

---

86 So auch *Thole*, ZZP 121 (2008), 67, 70 f.

87 Vgl. *Thole*, ZZP 121 (2008), 67, 71.

88 Vgl. *Wesenberg/Wesener*, Privatrechtsgeschichte, S. 115 f., *Wieacker*, Privatrechtsgeschichte, S. 207.

89 *Gerhardt*, Gläubigeranfechtung, S. 81.

90 *Gerhardt*, Gläubigeranfechtung, S. 80.

91 *Seuffert*, Konkursprozeßrecht, S. 198 Fn. 1 a. E.

92 *Otto*, Anfechtung, S. 107 f.; *Dernburg*, Pandekten, Band 2, S. 847 Anm. 5.

93 *Otto*, Anfechtung, S. 105.

94 Für die grundsätzliche Möglichkeit einer Anfechtung *Laspeyres*, AcP 21 (1838), 35, 78 u. 97, dagegen *Franke*, AcP 16 (1833), 125, 141; *Windscheid/Kipp*, Pandektenrecht, Band 2, S. 1013.

griffen einen Gedanken von *Scaevola* aus D. 42.8.24 auf.[95] Der römische Jurist erwog die Anfechtung von Zahlungen, die vor Eröffnung des klassischen Vollstreckungsverfahrens auf fällige Verbindlichkeiten erbracht wurden, wenn der Gläubiger damit eine besondere Begünstigung (*per gratificationem)* erhalten hatte.[96] Im gemeinen Recht machten die Anhänger der Gratifikationslehre das Vorliegen einer solchen Begünstigung davon abhängig, wie viel Druck der befriedigte Gläubiger im Vergleich zu den anderen auf den Schuldner ausgeübt hatte.[97] Anfang des 19. Jahrhunderts noch weit verbreitet, wurde die Lehre bis Ende des 19. Jahrhunderts fast vollständig aufgegeben. Es setzte sich damit der im römischen Recht und auch noch heute vorgebrachte Grundsatz durch, nach dem der Schuldner bei Zahlungen auf fällige Verbindlichkeiten nicht andere Gläubiger hintergehen, sondern nur seine Schuld begleichen wolle.[98] Ein wesentlicher Unterschied zum römischen Recht bestand hinsichtlich des Zeitraumes, in dem gläubigerbenachteiligende Vermögensentäußerungen angefochten werden konnten. Anders als im römischen Recht verlor der zahlungsunfähige Schuldner im gemeinen Recht spätestens mit der Eröffnung des Konkurses die Verwaltungs- und Verfügungsbefugnis über sein Vermögen.[99] Die Anfechtung nach diesem Zeitpunkt ergangener gläubigerbenachteiligender Rechtshandlungen erübrigte sich damit, sie waren ohnehin unwirksam. Zwangsläufig beschränkte sich die Anfechtung auf den Zeitraum vor der Konkurseröffnung.

IV. Die Anfechtung in Preußen

Die Ausgestaltung der Anfechtungsklage im preußischen Recht im 19. Jahrhundert deckte sich in weiten Teilen mit der im römischen und gemeinen Recht. Außerhalb eines Konkurses gab es zunächst nur äußerst begrenzte Möglichkeiten der Anfechtung von Rechtsgeschäften. Eine solche wurde erst später eingeführt.[100] In der preußischen Konkursordnung aus dem Jahre 1855 findet sich dann ein Anfechtungsrecht, das neben der Paulianischen Klage (§ 103 pr. KO) auch Tatbestände enthielt, die den Regelungen der heutigen besonderen Insolvenzanfechtung

95 Vgl. *Franke*, AcP 16 (1833), 125, 255 ff.; *Laspeyres*, AcP 21 (1838), 35, 78 f.

96 Vgl. *Klinck*, Insolvenzanfechtung, S. 6.

97 *Dabelow*, Entwickelung, 428 f.

98 Für das römische Recht D. 42.8.6 § 7: *Nulam videri fraudem facere, qui suum recipit.* Ewa: Als Betrug gilt nicht, dass jemand annimmt, was ihm zusteht. Übersetzung nach *Foerste*, NZI 2006, 6 Fn. 8. Vgl. zur Gratifikationslehre im gemeinen Recht auch die umfassenden Ausführungen bei *Klinck*, Insolvenzanfechtung, S. 22 ff.

99 *Hahn*, Reichsjustizgesetze, Vierter Band, S. 110.

100 *Gerhard*, Gläubigeranfechtung, S. 86 f.

entsprachen (§§ 100–102 pr. KO), also an die zuvor beschriebenen Regelungen der mittelalterlichen Partikularrechte angelehnt waren.[101]

Wie schon in einigen deutschen Stadtrechten beschränkte sich die Anfechtung von Rechtshandlungen damit nicht mehr auf solche, die mit dem Vorsatz vorgenommen wurden, andere Gläubiger zu benachteiligen, sondern es reichte bei bestimmten Rechtshandlungen, die im Vorfeld eines Konkurses getätigt wurden, aus, dass der Empfänger der gläubigerbenachteiligenden Rechtshandlung die Zahlungsunfähigkeit des Schuldners kannte.[102] Wahrscheinlich angeregt durch das französische Recht konnten zudem einzelne Rechtsgeschäfte unabhängig von subjektiven Voraussetzungen angefochten werden, wenn sie in die Zeitspanne der letzten zehn Tage vor Konkurseröffnung fielen.[103] Die Rechtsnatur der Gläubigeranfechtung blieb auch im preußischen Recht ungeklärt, und der Streit über persönliche oder dingliche Klage wurde weitergeführt.[104]

V. Die Konkursordnung

Die Reichsjustizgesetze, die auch eine neue Konkursordnung für das Deutsche Reich enthalten, wurden maßgebend beeinflusst durch die preußische Gesetzgebung. Im Jahre 1877 entstanden mit den §§ 22–34 KO Anfechtungsregeln, die – abgesehen von kleinen Änderungen[105] – bis Ende 1998 in Kraft blieben. Auch diese Regelungen zur Gläubigeranfechtung zeichnen im Hinblick auf die zuvor beschriebenen Grundtendenzen ein ähnliches Bild. So gibt es auch hier neben der von der *actio pauliana* abstammenden Absichts- und Schenkungsanfechtung eine besondere Insolvenzanfechtung. Zugleich bleibt die Frage nach der Rechtsnatur weiterhin unbeantwortet, wobei die Verfasser der Gesetzgebungsnovelle und die Mehrheit der Kommissionsmitglieder das Anfechtungsrecht wohl als Gestaltungsrecht ansahen, das durch die Anfechtungserklärung ausgeübt wurde.[106] Indes setzte sich in den folgenden Jahren sowohl in der Rechtslehre als auch in der Rechtspraxis die Auffassung durch, dass es sich bei dem Anfechtungsrecht um einen obligatorischen Rückgewähranspruch handelt.[107]

---

101 Vgl. *Cosack*, Anfechtungsrecht, S. 14.

102 Vgl. *Gerhardt*, Gläubigeranfechtung, S. 89.

103 Vgl. *Gerhardt*, Gläubigeranfechtung, S. 92.

104 *Gerhardt*, Gläubigeranfechtung, S. 92.

105 Die Schaffung des BGB zwang zu einigen Änderungen, die im Jahre 1898 bekannt gemacht wurden, weitere Änderungen gab es im Jahr 1914.

106 Vgl. *Weber*, KTS 1961, 49, 51.

107 Vgl. *RGZ* 58, 44, 47; 79, 24, 25. Ebenso *BGHZ* 15, 333, 337; *Jaeger*, KO$^{3/4}$, § 29 Anm. 1 ff.

VI. Die Insolvenzordnung

Die Ineffektivität der Anfechtungsmöglichkeiten im Konkurs- und Gesamtvollstreckungsrecht haben den Gesetzgeber in der am 1. Januar 1999 in Kraft getretenen Insolvenzrechtsreform zu einer umfassenden Neuregelung der Insolvenzanfechtung bewogen. Eine ungünstige Beweislastverteilung, fehlende finanzielle Mittel und die insbesondere für größere Verfahren zu kurzen Anfechtungszeiträume führten dazu, dass nur in jedem vierten bis fünften Konkurs eine Anfechtungsklage erhoben werden konnte.[108] Die bis dahin geltenden Regelungen konnten ihre Aufgabe, sachlich ungerechtfertigte, die Insolvenzmasse verkürzende Vermögensverschiebungen rückgängig zu machen, nicht zufriedenstellend erfüllen.[109] Als Kernstück des neuen Anfechtungsrechts wurden die vier Grundtatbestände der Konkursanfechtung im Wesentlichen beibehalten. Lediglich einzelne Normen hat der Gesetzgeber zur Steigerung der Effektivität des Anfechtungsrechts verschärft und objektiviert: Die Anfechtungszeiträume der besonderen Insolvenzanfechtung wurden verlängert, subjektive Tatbestandselemente teilweise ganz beseitigt oder deren Nachweis durch Neuordnung der Beweislastregeln und Einführung einer Beweislastumkehr zu Lasten des Anfechtungsgegners erleichtert. Eine weitere Neuerung bestand darin, den einzelnen Regelungen das Tatbestandsmerkmal der Gläubigerbenachteiligung zusammen mit den Voraussetzungen jeder Insolvenzanfechtung in einer Art „Allgemeinem Teil" voranzustellen. Das Tatbestandsmerkmal war bereits vorher als allgemeine Voraussetzung der §§ 29 ff. KO anerkannt,[110] aber lediglich in § 30 Nr. 1 Alt. 1 und § 31 Nr. 2 KO genannt. Die exponierte Stellung der Gläubigerbenachteiligung zu Beginn der §§ 129 ff. InsO wird nunmehr ihrer zentralen Bedeutung im System der Insolvenzanfechtung gerecht. Dennoch führte diese Änderung nach allgemeiner Auffassung nicht zu einer anderen Auslegung des Begriffs.[111] Auch zu dem Streit über die Rechtsnatur der Anfechtungsregeln wollte der Gesetzgeber mit seinen Änderungen ausdrücklich keine Stellung nehmen.[112]

---

108 *Gessner/Rhode/Strate/Ziegert*, Konkursabwicklung, S. 38.

109 Regierungsentwurf, BT-Drucksache 12/2443, S. 156; *Gerhardt*, ZIP 1985, 582.

110 Vgl. *BGH*, WM 1959, 888, 890; *BGHZ* 86, 349, 354; *Kilger/K. Schmidt*, Insolvenzgesetze, § 29 Anm. 13.

111 *Henckel*, in: Jaeger, InsO, § 129 Rdnr. 1.

112 Regierungsentwurf, BT-Drucksache 12/2443, S. 157. Anders als § 29 KO heißt es § 129 InsO aber nicht mehr, dass die Rechtshandlung gegenüber den Gläubigern unwirksam ist. Zudem weicht der Wortlaut des § 143 InsO von dem des § 37 KO ab. Vgl. *Henckel*, in: Jaeger, InsO, § 143 Rdnr. 4.

Neuerungen gab es auch im Rahmen der Absichtsanfechtung. Auffällig ist hier zunächst das Herabsetzen ihrer Anforderungen an den subjektiven Tatbestand. Aus der Absichtsanfechtung wird somit die Vorsatzanfechtung, was aber rechtspraktisch keine Neuerung darstellt; bereits zu Zeiten der Konkursordnung wurde für die Anwendung der Norm, trotz des eindeutigen Wortlauts, bedingter Vorsatz als ausreichend angesehen.[113] Die Anfechtungsfrist wurde von 30 auf 10 Jahre verkürzt und mit § 133 Abs. 1 S. 2 InsO eine Vermutung der Kenntnis des anderen Teils mit aufgenommen. Im zweiten Absatz wurde die Beweislast nicht nur für die Kenntnis des Benachteiligungsvorsatzes des Schuldners umgekehrt, sondern auch für den Zeitpunkt, für den der Vertrag abgeschlossen worden ist. Außerdem wurde durch die Verweisung auf § 138 InsO der Kreis der beweisbelasteten Personen erheblich erweitert. Die Entwicklung der Vorsatzanfechtung hat an dieser Stelle aber nicht halt gemacht, sondern sie wurde durch die Rechtsprechung fortgeführt. Insbesondere die Anforderungen an den Nachweis der subjektiven Tatbestandsmerkmale wurden immer weiter herabgesetzt.[114]

VII. Zusammenfassung

Die *actio pauliana* hat sich von einer deliktsrechtlichen Gehilfenhandlung zu einer schuldrechtlichen Regelung gewandelt, bei der die Beseitigung der Wirkungen der gläubigerbenachteiligenden Rechtshandlung des Schuldners im Vordergrund stand. Im mittelalterlich-deutschen Recht entwickelten sich daneben Anfechtungsvorschriften, die den Schutz der gleichmäßigen Gläubigerbefriedigung bezweckten. Insbesondere die letzten Entwicklungsstufen der Anfechtungsvorschriften zeichnen sich durch eine Verobjektivierung der Regelungen aus.

113 *RG*, JW 1902, 24, 25; *RG*, Gruchot, 51 (1907), 396, 398; *Baur/Stürner*, Insolvenzrecht, Rdnr. 19.13

114 Dazu ausführlich S. 37 ff.

Zweites Kapitel: Der subjektive Tatbestand in der Rechtsprechung des Bundesgerichtshofs

Die Vorsatzanfechtung wird durch ihren subjektiven Tatbestand bestimmt. Er enthält die Tatbestandsmerkmale, die letztlich dafür ausschlaggebend sind, ob ein Anfechtungsrecht besteht oder nicht.[115] Wie bereits angesprochen, wurden die subjektiven Anforderungen in den ersten zehn Jahren nach Einführung der Insolvenzordnung durch die Rechtsprechung stetig herabgesetzt.

I. Der subjektive Tatbestand in der Konkursordnung

Schon zur Zeit der Konkursordnung wurde die Absichtsanfechtung durch Rechtsprechung und Lehre weiterentwickelt. Diese Entwicklung betraf vor allem die Anfechtungstheorien, umfasste aber auch Änderungen bei den Anforderungen an die Gläubigerbenachteiligungsabsicht und den Nachweis des subjektiven Tatbestands. Letztere waren aber nicht so weitgehend, dass sie die Relevanz der Absichtsanfechtung in der Rechtspraxis hätten steigern können.

1. Die Gläubigerbenachteiligungsabsicht in der höchstrichterlichen Rechtsprechung

In den Ursprüngen der Konkursordnung war für eine Anfechtung nach § 24 Nr. 1 KO 1879[116] noch die Absicht des Verfahrensschuldners, die Gläubiger durch seine Handlung zu benachteiligen, erforderlich.[117] Relativ zügig bildete sich eine Rechtsprechung heraus, die bei den Anforderungen an den Vorsatz zwischen kongruenten und inkongruenten Rechtsgeschäften differenzierte. Der Gesetzeswortlaut von § 31 KO dürfe nicht so aufgefasst werden, dass die Benachteiligung der Gläubiger das treibende Motiv und das überwiegende Ziel des Handelns wäre, da man ihn sonst seiner praktischen Bedeutung fasst vollständig berauben würde.[118] Für inkongruenten Deckungen[119] und die Verschleuderung von Vermögenswerten[120]

---

115 Vgl. *BGH*, NZI 2000, 116, 118; *Bork*, ZIP 2004, 1684, 1687. Vgl. auch *RGZ* 162, 292, 297.

116 RGBl. 1877, S. 351, 356.

117 Begründung des RegE, in: *Hahn*, Reichsjustizgesetze, Vierter Band, S. 138.

118 *RG*, JW 1919, 244; *Lent*, in: Jaeger, KO[8], § 31 Anm. 5.

119 *RG*, Gruchot, 51 (1907), 396, 398.

120 *RG*, JW 1902, 24, 25.

hat das Reichsgericht bereits zu Beginn des 20. Jahrhunderts die Anforderungen an die Benachteiligungsabsicht abgeschwächt und sich damit vom Wortlaut des Gesetzes entfernt. Es genüge hier bereits, wenn der Schuldner die Benachteiligung der Gläubiger billigend in Kauf nehme. Bedingter Vorsatz wurde also als ausreichend angesehen. Schon in der Tatsache, dass der Schuldner eine inkongruente Deckung gewährt, wurde ein starkes Beweisanzeichen für das Bewusstsein und den Willen gesehen, andere Gläubiger zu benachteiligen.[121]

Dagegen gehen die Motive zur Konkursordnung davon aus, dass bei der Anfechtung geschuldeter Leistungen außerhalb der besonderen Insolvenzanfechtung eine „fraudulöse Übereinkunft" erforderlich sei.[122] Zu Beginn der Geltungszeit der Konkursordnung gingen die höchstrichterliche Rechtsprechung und auch die Literatur sogar noch einen Schritt weiter und lehnten die Anwendung der Absichtsanfechtung auf Leistungen, auf die der Gläubiger einen Anspruch hat, ganz ab.[123] Von der erforderlichen betrügerischen Absicht könne keine Rede sein, wenn einer das leiste, wozu er verpflichtet sei.[124] Der Tatbestand der „Gläubigerkonkurrenzanfechtung"[125] in der Konkursordnung zur Anfechtung kongruenter Deckungen sei eine Ausnahme und für diese Art der Deckung abschließend.[126] Kurz darauf fand aber ein Umdenken statt. Erhielt der Gläubiger das, was er zu fordern hatte, ging man zwar weiter davon aus, dass der Schuldner in erster Linie handelte, um seine Verbindlichkeiten zu erfüllen.[127] Eine Benachteiligungsabsicht wurde mit den Motiven zur Konkursordnung[128] aber dann als gegeben angesehen, wenn es dem Schuldner weniger auf die Erfüllung seiner Vertragspflichten als auf die Schädigung der anderen Gläubiger ankam und die Benachteiligung der Gläubiger als treibendes Motiv seiner Handlung hervortrat.[129] Die nun einsetzende Rechtsprechung zur Konkursordnung knüpft die Anfechtung kongruenter Deckungen nach § 31 Nr. 1 KO also an ein unlauteres oder betrügerisches Verhalten des Schuldners.[130] Bei der Anfechtung kongruenter Deckungen ist nunmehr als

121 *Henckel*, in: Jaeger, KO[9], § 31 Rdnr.10; *BGH*, WM 1975, 1182, 1184.

122 Begründung des RegE, in: *Hahn*, Reichsjustizgesetze, Vierter Band, S. 139.

123 Vgl. *RGZ* 6, 44, 45, das aber die Anfechtung von Rechtshandlungen nach dem Anfechtungsgesetz betrifft. Für die Literatur, *Cosack*, Anfechtungsrecht, S. 114.

124 *RGZ* 6, 44, 45.

125 So bezeichnet *Thole*, ZZP 121 (2008), 67, 73 die besondere Insolvenzanfechtung.

126 Vgl. *RGZ* 6, 44, 45.

127 Vgl. *RG*, JW 1902, 24, 25.

128 Begründung des RegE, in: *Hahn*, Reichsjustizgesetze, Vierter Band, S. 139.

129 *RGZ* 33, 120, 125.

130 *RGZ* 33, 120, 125; 57, 161, 163; *BGHZ* 12, 232, 238; 121, 179, 185.

die Anfechtung auslösendes Motiv nicht nur erforderlich, dass der Schuldner mit der Gewährung der Deckung vorwiegend die anderen Gläubiger benachteiligen wollte, sondern vor allem die bewusste und gewollte Erschwerung des Zugriffs anderer und damit die Bevorzugung des Anfechtungsgegners.[131]

2. Die Kenntnis des Anfechtungsgegners in der höchstrichterlichen Rechtsprechung

Schon in der Konkursordnung bestand der subjektive Tatbestand der Absichtsanfechtung aus zwei Tatbestandsmerkmalen. Auch in § 31 Nr. 1 KO wurde neben dem Benachteiligungsvorsatz des Schuldners verlangt, dass der Anfechtungsgegner Kenntnis von diesem Vorsatz hatte. Fahrlässige Unkenntnis genügte nicht. Der Anfechtungsgegner musste aber nicht nachforschen, da es für dessen Kenntnis nicht als ausreichend angesehen wurde, wenn Umstände vorlagen, die ihn auf den Schuldnervorsatz hätten hinweisen müssen.[132] Indessen reichte die bloße Kenntnis aber aus. Es war nicht erforderlich, dass der Anfechtungsgegner bei der Herbeiführung des nachteiligen Erfolges mitwirkte oder selber den Erfolg anstrebte.

Auch im Rahmen des Tatbestandsmerkmals der Kenntnis des anderen Teils gewann die Einordnung einer Deckung als kongruent oder inkongruent an Bedeutung. Das Gewähren einer inkongruenten Deckung wurde als starkes Beweisanzeichen dafür angesehen, dass der Anfechtungsgegner die Benachteiligungsabsicht des Schuldners gekannt hat.[133]

II. Der subjektive Tatbestand in der Insolvenzordnung

Für die Rechtspraxis wesentlich bedeutender ist die Entwicklung der Vorsatzanfechtung seit der Insolvenzrechtsreform im Jahre 1999. Es wurde bereits auf *Bork* verwiesen, der die Entwicklung zunächst als „Renaissance des § 133 InsO"[134] und wenig später als „Karriere der Vorsatzanfechtung" bezeichnet.[135] *Huber* sieht in der Rechtsprechung des Bundesgerichtshofs eine wiederholte Schärfung des Schwerts der Vorsatzanfechtung.[136]

---

131 Vgl. *Plander*, BB 1972, 1480, 1485.

132 *Uhlenbruck*, in: Kuhn/Uhlenbruck, KO, § 31 Rdnr. 14.

133 *BGH*, WM 1961, 387, 388.

134 *Bork*, ZIP 2004, 1684. Siehe auch schon S. 13.

135 *Bork*, ZIP 2008, 1041, 1045. Siehe auch schon S. 13.

136 *Huber*, NZI 2003, 599, 600.

1. Der Benachteiligungsvorsatz in der höchstrichterlichen Rechtsprechung

Einen ersten Pfeiler zur Erweiterung des Anwendungsbereichs der Vorsatzanfechtung errichtete der Bundesgerichtshof am 27. Mai 2003.[137] Die Entscheidung betraf die Anfechtbarkeit von Zahlungen, die ein Schuldner außerhalb der Krise – also außerhalb der Drei-Monats-Frist des § 131 Abs. 1 InsO – zur Abwendung der drohenden Zwangsvollstreckung erbracht hatte. Im Ergebnis wurde dem Insolvenzverwalter ein Anfechtungsrecht aus § 133 InsO zugestanden. Zunächst bejahte der erkennende Senat die Frage, ob es sich bei der durch Drohung mit Zwangsvollstreckung veranlassten Zahlung um eine Rechtshandlung des Schuldners im Sinne des § 133 InsO handelt,[138] um sich anschließend genauer mit der Inkongruenz einer solchen Zahlung auseinanderzusetzen.

Im Rahmen der Vorsatzanfechtung wird die Inkongruenz einer Deckungshandlung als Beweisanzeichen für den Benachteiligungsvorsatz des Schuldners angesehen.[139] Der Bundesgerichtshof hatte sich nun damit auseinanderzusetzen, ob die Zahlung des Schuldners auf eine fällige Geldschuld zur Abwendung einer begonnenen oder angedrohten Zwangsvollstreckung auch außerhalb der Krise eine inkongruente Deckung darstellt. Er verneinte diese Frage. Das Prioritätsprinzip würde durch die besondere Insolvenzanfechtung eben nur für den Zeitraum der Krise verdrängt.[140] Druckzahlungen, die der Schuldner über drei Monate vor Stellung des Insolvenzantrages erbracht hat, seien daher nicht mit dem Makel der Inkongruenz behaftet. Trotzdem hatte der IX. Zivilsenat keine Schwierigkeiten, den Benachteiligungsvorsatz des Schuldners zu bejahen.[141] Damit zeichnet sich auch die größte Neuerung der Entscheidung ab, wobei erst ein kurz darauf ergangenes Urteil desselben Senats diese auch klar benennt.[142] Erstmalig wird für die Anfechtung einer kongruenten Deckung der „reine" bedingte Vorsatz als ausreichend angesehen.[143] Es wird zwar noch nicht ausdrücklich erklärt, dass von

137 *BGHZ* 155, 75.

138 *BGHZ* 155, 75, 79.

139 *BGH*, NZI 2002, 175, 176; NZI 2004, 376, 378; *Henckel*, in: Jaeger, InsO, § 133 Rdnr. 35 zweifelt aber daran, dass diese Rechtsprechung auch für die Insolvenzordnung Bestand haben kann.

140 *BGHZ* 155, 75, 83.

141 *BGHZ* 155, 75, 84.

142 Vgl. *BGH*, NZI 2003, 597.

143 *BGHZ* 155, 75, 84. Laut *Henckel*, in: Kölner Schrift zur Insolvenzordnung, S. 813, 836 war es schon für § 31 Nr. 1 KO ausreichend, dass der Schuldner mit bedingtem Vorsatz handelte. Die von ihm als Beleg angegebenen Urteile mögen eine entsprechende

der bisherigen Rechtspraxis abgewichen wird, das bislang geforderte Merkmal der Unlauterkeit wird jedoch nicht mehr angesprochen. Der Schuldner handelte nach Auffassung des Senats mit dem jetzt ausreichenden Eventualvorsatz, da er die in Frage stehende Zahlung vorwiegend deshalb leistete, um den Gläubiger davon abzuhalten, einen Insolvenzantrag zu stellen und es ihm daher weniger auf die Befriedigung, als vielmehr auf die Bevorzugung des Gläubigers angekommen sei.[144] Ob nun die Zahlung zur Vermeidung einer drohenden Zwangsvollstreckung ein Beweisanzeichen darstellt, das für den Nachweis des Vorsatzes ausreicht oder aber das Drohen mit einem Insolvenzantrag erforderlich ist, kann der Entscheidung nicht eindeutig entnommen werden. Klarheit bringen hier wenig später ergangene Urteile.

Bereits die Entscheidung des Bundesgerichtshofs vom 17. Juli 2003 wird deutlicher.[145] Wiederum ging es um die Anfechtung von Leistungen, die der Schuldner außerhalb der Krise zur Abwendung einer drohenden Zwangsvollstreckung erbracht hatte. Diesmal wird in den Urteilsgründen ausdrücklich Abschied von dem Merkmal der Unlauterkeit genommen.[146] Die Begründung der Aufgabe seiner bisherigen Rechtsprechung leitet der IX. Zivilsenat aus dem im Zuge der Insolvenzrechtsreform geänderten Wortlaut des § 133 InsO her. Die frühere Abgrenzung zwischen kongruenten und inkongruenten Deckungen gehe auf den Wortlaut des § 31 KO zurück, der eine Benachteiligungsabsicht voraussetze. Für § 133 InsO, der ausdrücklich einen Benachteiligungsvorsatz ausreichen lässt, greife sie insoweit zu kurz, als ein unlauteres Zusammenwirken zwischen Gläubiger und Schuldner nicht der einzige Fall sei, in dem der Schuldner die Benachteiligung der Gläubiger billige.

Auch unterhalb der Schwelle der Unlauterkeit könnten Umstände die tatsächliche Vermutung erschüttern, dass es dem Schuldner bei einer kongruenten

---

Tendenz erkennen lassen, eindeutig sind sie aber nicht. In *BGH*, NJW 1987, 1269, 1270 wird nicht einmal *dolus eventualis* bejaht. *BGH*, NJW 1991, 2144, 2145 fordert für die Benachteiligungsabsicht ein unlauteres Handeln. In *BGH*, NJW 1993, 1640, 1641 geht es um die Anfechtung eines schuldrechtlichen Vertrages und ist daher keine Aussage zur Anfechtung kongruenter Deckungen zu entnehmen. Zudem kann bei einem Vertrag, der nachteilige Rechtsfolgen für die übrigen Gläubiger im Falles des Konkurses vorsieht und die auch bezweckt wurden ein unlauteres Verhalten des Schuldners bejaht werden. Das Gleiche gilt für *BGH*, WM 1994, 171, 175, dort geht es um die Anfechtung für den Konkursfall vereinbarter Lösungsklauseln.

144 *BGHZ* 155, 75, 84.

145 *BGH*, NZI 2003, 597.

146 *BGH*, NZI 2003, 597, 598.

Deckung primär auf die Erfüllung seiner Zahlungspflicht ankäme.[147] So sieht der IX. Zivilsenat in dem gesetzesmäßigen, aber dennoch massiven Druck des Gläubigers – der für die Einziehung der Steuerschulden verantwortliche Beamte des Finanzamtes hatte dem späteren Verfahrensschuldner gedroht, „die Bude ansonsten dicht zu machen" – ein starkes Beweiszeichen für den Benachteiligungsvorsatz des Schuldners. Er geht davon aus, dass ein Schuldner, der einerseits weiß, dass er nicht mehr in der Lage ist, alle seine Gläubiger zu befriedigen, und andererseits die Forderung eines Gläubigers vorwiegend erfüllt, um diesen von der Stellung eines Insolvenzantrages abzuhalten, nicht handelt, um seine gesetzlichen oder vertraglichen Pflichten zu erfüllen. Vielmehr nehme er die Benachteiligung der anderen Gläubiger regelmäßig billigend in Kauf.[148] Es bestehe immer dann ein starkes Beweiszeichen für den Benachteiligungsvorsatz des Schuldners, wenn der zur Vermeidung einer unmittelbar bevorstehenden Zwangsmaßnahme an einen einzelnen Gläubiger leiste, obwohl er aufgrund seiner Zahlungsunfähigkeit wisse, dass er nicht mehr alle seine Gläubiger befriedigen kann und infolge der Zahlung an einen einzelnen Gläubiger andere Gläubiger benachteiligt werden.[149]

Im Hinblick auf das zuvor besprochene Urteil wird also präzisiert: Die strenge Differenzierung zwischen kongruenten und inkongruenten Deckungen wird nun auch ausdrücklich aufgegeben, auch bei kongruenten Deckungen genügt für eine Anfechtung nach § 133 InsO „reiner" bedingter Vorsatz ohne die zusätzliche Unlauterkeit der Handlung. Zudem wird auch das Beweisanzeichen für den Benachteiligungsvorsatz genauer herausgearbeitet. Der Schuldner muss in Kenntnis der eigenen Zahlungsunfähigkeit gehandelt haben und die Zahlung muss durch die drohende Zwangsvollstreckung motiviert sein.

Mit seiner Entscheidung vom 18. Dezember 2003 vervollständigt der Bundesgerichtshof seine Rechtsprechung zur Anfechtung von Druckzahlungen.[150] Während die beiden vorherigen Urteile die Anfechtung von Zahlungen zur Abwendung einer angedrohten Zwangsvollstreckung betrafen, geht es jetzt um solche zur Abwendung eines angekündigten Insolvenzantrages. Wiederum liegt ein Schwerpunkt der Entscheidung in der Abgrenzung zwischen kongruenten und inkongruenten Deckungen, zudem werden Aussagen über den Umfang der aus letzterer folgenden Indizwirkung für den Benachteiligungsvorsatz gemacht.

Grundsätzlich sei die Ankündigung eines Insolvenzantrages als solche nicht zu beanstanden, da ein frühzeitig gestellter Antrag mit den gesetzlichen Zielen

147 *BGH*, NZI 2003, 597, 598.
148 *BGH*, NZI 2003, 597, 598.
149 *BGH*, NZI 2003, 597, 599.
150 *BGHZ* 157, 242.

der Gläubigergleichbehandlung und einer eventuellen Sanierung des Schuldners einhergehe.[151] Trotzdem seien dadurch erlangte Leistungen als inkongruent einzustufen, und dabei müsse weder zwischen einem tatsächlich gestellten oder einem nur angedrohten Insolvenzantrag, noch zwischen den Zeiträumen inner- und außerhalb der Krise unterschieden werden. Die von einer inkongruenten Deckung ausgehenden Beweisanzeichen träfen sogar in einem ganz besonderen Maße zu, wenn der Empfänger die ihm gewährte Sicherheit durch Drohung mit einem Insolvenzantrag erhalten habe.[152] Alle dadurch bewirkten Leistungen seien inkongruent, weil sie weder dem Inhalt des Schuldverhältnisses entsprächen noch mit Zwangsmitteln erlangt worden seien, die – wie die Maßnahmen der Einzelzwangsvollstreckung – dem einzelnen Gläubiger zur Durchsetzung seiner Ansprüche vom Gesetz zur Verfügung gestellt worden sind. Die aufgrund der Drohung mit einem Insolvenzantrag erlangten Leistungen müssten stets als inkongruent eingestuft werden, da der Insolvenzantrag niemals ein geeignetes Mittel sei, um Ansprüche außerhalb eines Insolvenzverfahrens durchzusetzen. Wer die Ankündigung eines Insolvenzantrages an Stelle der gesetzlich vorgesehenen Zwangsvollstreckungsmaßnahmen einsetze, um Befriedigung zu erlangen, dürfe anfechtungsrechtlich keinesfalls besser gestellt werden.[153]

Die dargestellte Rechtsprechung zu den Druckzahlungen enthält also im Hinblick auf den Benachteiligungsvorsatz des Schuldners im Wesentlichen Folgendes: Auch bei kongruenten Deckungen genügt bedingter Benachteiligungsvorsatz des Schuldners, eine Einschränkung des Tatbestandes durch ein Unlauterkeitsmerkmal wird nicht mehr gefordert. Die Inkongruenz einer Deckungshandlung gilt weiterhin als starkes Indiz für den Benachteiligungsvorsatz. Eine solche Inkongruenz der Deckungshandlung liegt bei durch die Androhung der Einzelzwangsvollstreckung motivierten Zahlungen dann nicht vor, wenn diese außerhalb der Krise getätigt wurden. Auch ein solcher Zwangsvollstreckungsdruck ist aber ein Beweisanzeichen für den Benachteiligungsvorsatz des Schuldners. Inner- wie außerhalb der Krise bewirkt die Drohung mit einem Insolvenzantrag eine inkongruente Deckung.

Weitergeführt hat der Bundesgerichtshof die Ausweitung der Vorsatzanfechtung in seinem Urteil vom 13. April 2006.[154] Im Unterschied zu den vorangegangenen Entscheidungen stritten die Parteien diesmal nicht um eine Druckzahlung. Gegenstand der gerichtlichen Auseinandersetzung war vielmehr die Rückzahlung

---

151 *BGHZ* 157, 242, 246.
152 *BGHZ* 157, 242, 246.
153 *BGHZ* 157, 242, 247.
154 *BGHZ* 167, 190.

eines Anwaltshonorars, das der Anfechtungsgegner für seine nach Eintritt der Krise aufgenommene beratende Tätigkeit erhalten hatte. Genauer ging es bei der nach § 133 Abs. 1 InsO anfechtbaren Handlung um den Teil des Honorars, der erst nach der Stellung des Eröffnungsantrages gezahlt wurde und damit zu einem Zeitpunkt, als der Schuldnerin und dem beratenden Anwalt die (drohende) Zahlungsunfähigkeit bekannt war.

Das Gericht sieht hier bereits dann ein starkes Beweisanzeichen für den Benachteiligungsvorsatz des Schuldners, wenn dieser in Kenntnis seiner eigenen Zahlungsunfähigkeit handelt.[155] Die Erweiterung zu der bisher dargestellten Rechtsprechung besteht also darin, dass daneben eine Drucksituation oder die Inkongruenz der erhaltenen Leistung nicht als erforderlich angesehen wird. Allein die Kenntnis von der Zahlungsunfähigkeit begründet damit eine tatsächliche Vermutung für das Wissen und Wollen der Gläubigerbenachteiligung. Es wird davon ausgegangen, dass ein Schuldner, dem die eigene Zahlungsunfähigkeit bekannt ist, sich auch regelmäßig darüber im Klaren ist, zukünftig nicht mehr alle Gläubiger befriedigen zu können und somit einzelne Zahlungen zu Lasten der Gläubigergesamtheit gehen. Und der IX. Zivilsenat geht sogar noch einen Schritt weiter. Mit Hilfe eines Erst-Recht-Schlusses greift er zur Erleichterung des Beweises des Benachteiligungsvorsatzes auf die Vermutungsregel des § 133 Abs. 1 S. 2 InsO zurück, nach dem die Kenntnis des Anfechtungsgegners zu vermuten ist, wenn dieser wusste, dass die Zahlungsunfähigkeit des Schuldners drohte und dass die Handlung die Gläubiger benachteiligte. Daraus ergebe sich mittelbar, dass das Vorliegen des Benachteiligungsvorsatzes schon dann zu vermuten sei, wenn der Schuldner seine drohende Zahlungsunfähigkeit kennt. Die Kenntnis des Anfechtungsgegners von dem Vorsatz würde vermutet, wenn dieser wusste, dass die Zahlungsunfähigkeit des Schuldners drohte; für den Schuldner selbst könnten keine strengeren Anforderungen gelten.[156]

In dem Senatsurteil vom 24. Mai 2007[157] ging es um die Anfechtung von Zahlungen der Schuldnerin auf Steuerrückstände, die dem Finanzamt bis zu sieben Monaten vor dem Insolvenzantrag zugeflossen waren; es kam also lediglich eine Vorsatzanfechtung in Betracht. Grundsätzlich ging der Bundesgerichtshof auch hier wieder davon aus, dass an den Nachweis des Benachteiligungsvorsatzes bei kongruenten Deckungen erhöhte Anforderungen zu stellen sind. Das hinderte ihn aber nicht daran, an die Rechtsprechung vom 13. April 2006 anzuknüpfen

155 *BGHZ* 167, 190, 195.
156 *BGHZ* 167, 190, 195.
157 *BGH*, NZI 2007, 512.

und den Benachteiligungsvorsatz des Schuldners aus dessen Kenntnis von der drohenden Zahlungsunfähigkeit herzuleiten.[158]

In dem Urteil sind zudem Ausführungen zu finden, in welchen Fällen nicht von der Kenntnis der Zahlungsunfähigkeit auf das subjektive Schuldnermerkmal geschlossen werden kann. Der Schuldner handele bei bestehender Kenntnis von der eigenen Zahlungsunfähigkeit[159] dann nicht mit Wissen und Wollen um die Benachteiligung seiner Gläubiger, wenn er aufgrund konkreter Umstände – etwa der sicheren Aussicht, demnächst Kredite zu erhalten oder Forderungen realisieren zu können – mit einer baldigen Überwindung der Krise rechnen könne.[160]

In seiner – bereits erwähnten[161] – Entscheidung vom 5. März 2009 hatte sich der Bundesgerichtshof mit der Anfechtung der Sicherheitenbestellung bei Existenzgründungskrediten auseinanderzusetzen. Die Schuldnerin hatte sich von der beklagten Bank einen Kontokorrentkredit bereit stellen lassen, der durch Grundschulden am Betriebsgrundstück, eine Globalzession und die Sicherungsübereignung der Maschinen, Geräte und Einrichtungsgegenstände der Schuldnerin gesichert wurden. Das Geschäftskonzept scheiterte und das Insolvenzverfahren wurde eröffnet. Der Insolvenzverwalter stritt nun mit der Bank um den Erlös aus der Verwertung des Sicherungsgutes. Der Bundesgerichtshof sprach den Erlös der Bank zu.

Das Urteil setzt sich im Wesentlichen mit der Frage auseinander, ob der Schuldnerin nachgewiesen werden kann, dass sie bei der Besicherung des Kredits mit dem Vorsatz handelte ihre Gläubiger zu benachteiligen. Der Bundesgerichthof lehnt das ab. Die Entziehung von Haftungsmasse durch die Bestellung von Sicherheiten könne für sich allein einen Gläubigerbenachteiligungsvorsatz noch nicht begründen. Ansonsten würde die Finanzierung von Unternehmensgründungen zu einem unkalkulierbaren Risiko.[162] Auch wenn das Berufungsgericht festgestellt habe, dass das Gründungskonzept ersichtlich nicht das Überleben des Unternehmens gewährleistet habe, genüge das nicht für § 133 Abs. 1 InsO. Die Schuldnerin habe die tatsächliche Hoffnung gehabt, sein Unternehmen werde Erfolg haben. War diese Hoffnung unberechtigt, begründe das nur den Vorwurf der Fahrlässigkeit.[163]

---

158 *BGH*, NZI 2007, 512.

159 Das Urteil ist hier ungenau und lässt seinem Wortlaut nach das objektive Vorliegen der Zahlungsunfähigkeit für den Nachweis des Benachteiligungsvorsatzes genügen.

160 *BGH*, NZI 2007, 512.

161 S. 7.

162 *BGHZ* 180, 98, 103.

163 *BGHZ* 180, 98, 104.

2. Die Kenntnis des Anfechtungsgegners

Die Insolvenzrechtsreform erstreckte sich auch auf das auf Seiten des Anfechtungsgegners erforderliche subjektive Element. Die Neufassung beschränkte sich aber darauf, dem Insolvenzverwalter die Beweisführung und damit die schwierige praktische Durchführung des Anfechtungsanspruchs zu erleichtern, während die Anforderungen an das eigentliche Tatbestandsmerkmal unverändert blieben. Es wurde mit § 133 Abs. 1 S. 2 InsO lediglich eine Beweislastregel aufgenommen. Danach wird die – weiterhin erforderliche – Kenntnis des Anfechtungsgegners vermutet, wenn dieser weiß, dass die Zahlungsunfähigkeit droht und die Handlung die Gläubiger benachteiligt, sie also die Befriedigung der Gläubiger beeinträchtigt.[164] Die Unkenntnis des Anfechtungsgegners wird nur dann berücksichtigt, wenn er diese beweisen kann. Das wird ihm aber regelmäßig nicht leicht fallen, da innere Tatsachen grundsätzlich schwer zu beweisen sind und der Gegenbeweis der Vermutung einer inneren Tatsache den ihn Führenden vor große Hürden stellt. Der Anfechtungsgegner muss darlegen und beweisen, dass entweder der Schuldner nicht mit Benachteiligungsvorsatz handelte oder dass er nichts von dem Benachteiligungsvorsatz des Schuldners wusste. Für das Vorliegen der Beweislastregel wird es als ausreichend angesehen, wenn die Verbindlichkeiten des Schuldners bei dem Gläubiger über einen längeren Zeitraum hinweg ständig in beträchtlichem Umfang nicht ausgeglichen, sondern allenfalls Teilleistungen erbracht wurden, und dass den Gläubigern den Umständen nach bewusst war, dass es noch weitere Gläubiger mit ungedeckten Ansprüchen gab.[165]

In der schon dargestellten Entscheidung des Bundesgerichtshofs vom 17. März 2003 erweiterte dieser den Vermutungstatbestand des § 133 Abs. 1 S. 2 InsO um eine weitere Beweisregel. So könne es bereits genügen, wenn der Insolvenzverwalter die Kenntnis des Anfechtungsgegners von Umständen beweise, die zwingend auf eine drohende Zahlungsunfähigkeit hinweisen. Zwar stelle § 133 Abs. 1 InsO – anders als §§ 130 Abs. 2, 132 Abs. 3 und 131 Abs. 2 S. 1 InsO – keine entsprechende Rechtsvermutung auf. Das hindere jedoch nicht, im Rahmen von § 286 ZPO insoweit von einer (allerdings widerleglichen) tatsächlichen Vermutung auszugehen. Von einem Gläubiger, der Umstände kennt, die zwingend auf eine mindestens drohende Zahlungsunfähigkeit schließen lassen, sei deshalb zu vermuten, dass er auch die drohende Zahlungsunfähigkeit selbst kennt.[166] In einem wenige Jahre später ergangenen Urteil konkretisierte der IX. Zivilsenat dann auch die Anforderungen an die Entkräftung dieser Vermutung. Der Anfechtungsgegner, der die

164 Regierungsentwurf, BT-Drucksache 12/2443, S. 160.

165 *BGHZ* 155, 75, 85.

166 *BGH*, NZI 2003, 597, 599.

drohende Zahlungsunfähigkeit und die Benachteiligung der Gläubigergesamtheit kenne, müsse zur Widerlegung der daraus resultierenden Vermutung konkrete Umstände darlegen und beweisen, die es nahe liegend erscheinen lassen, dass ihm der Gläubigerbenachteiligungsvorsatz des Schuldners nicht bekannt war.[167]

In dem Urteil vom 18. Dezember 2008 bestätigt der Bundesgerichtshof seine zu § 31 Nr. 1 KO gefestigte Rechtsprechung auch hinsichtlich des Nachweises der Kenntnis des Gläubigers von der Gläubigerbenachteiligungsabsicht.[168] Auch bei der Anfechtung nach § 133 Abs. 1 InsO würde das Gewähren einer inkongruenten Deckung als Beweisanzeichen für eine Kenntnis des Anfechtungsgegners von dem Vorsatz des Schuldners gewertet. Die tatsächliche Lebenserfahrung, dass der Gläubiger eine andere als die ihm gebührende Leistung sehr oft nur deshalb fordern und annehmen will, weil er Sorge hat, dass er die an sich geschuldete Leistung wegen eines befürchteten Vermögensverfalls des Schuldners nicht mehr erhalten werde, bestehe unabhängig von der jeweiligen Ausgestaltung der materiellrechtlichen Anfechtungstatbestände. Auch die Vermutungsregel des § 133 Abs. 1 S. 2 InsO würde die Berücksichtigung der mit einer inkongruenten Deckung verbundenen Indizwirkung nicht verdrängen. Schließlich sei es ein wesentliches Anliegen des Gesetzgebers der Insolvenzordnung, das Anfechtungsrecht gegenüber den Anfechtungstatbeständen der Konkursordnung zu verschärfen.[169]

Die Ausformung der Beweislastregel aus § 133 Abs. 1 S. 2 InsO setzt der Bundesgerichtshof in seiner Entscheidung vom 17. Februar 2004 fort.[170] Der Schwerpunkt der Urteilsbegründung beschäftigt sich mit Fragen der Anfechtbarkeit von Zahlungen, die aus Kontokorrentkrediten (aus sogenannten „offenen Kreditlinien") geleistet wurden. Daneben hatte sich das Gericht aber auch mit der Kenntnis des Anfechtungsgegners von dem Vorsatz des Schuldners auseinanderzusetzen. Die Berufungsinstanz hatte das Vorliegen dieses Tatbestandsmerkmals verneint. Ohne nähere Begründung erweiterte der IX. Zivilsenat die zuvor entwickelte tatsächliche Vermutung, indem er aus der Kenntnis des Anfechtungsgegners von Umständen, die zwingend auf eine drohende Zahlungsunfähigkeit des Schuldners hinweisen, auf deren Kenntnis schließt. Weiter leitet er daraus aber auch die Kenntnis von der gläubigerbenachteiligenden Wirkung der Rechtshandlung ab.[171]

Die Begründung dieser Auffassung reicht der Bundesgerichtshof am 20. November 2008 nach.[172] Es ging hier um die Anfechtbarkeit von wiederholt unvollständig

---

167 *BGH*, NZI 2007, 512, 513.
168 *BGHZ* 157, 242, 251.
169 *BGHZ* 157, 242, 251.
170 *BGH*, NZI 2005, 690.
171 *BGH*, NZI 2005, 690, 69
172 *BGH*, NZI 2009, 168.

erbrachten Mietzinszahlungen, die der spätere Verfahrensschuldner außerhalb der Krise an seinen Vermieter gezahlt hatte. Das Berufungsgericht hatte eine Anfechtung nach § 133 Abs. 1 S. 2 InsO noch mit der Begründung abgelehnt, dass der Nachweis der Kenntnis des Anfechtungsgegners von der Benachteiligung der Gläubiger auch dann noch vom Insolvenzverwalter zu führen sei, wenn dieser bereits bewiesen hätte, dass dem Anfechtungsgegner Umstände bekannt waren, die zwingend auf eine zumindest drohende Zahlungsunfähigkeit des Schuldners hinwiesen. Für die Kenntnis von der gläubigerbenachteiligenden Wirkung der Rechtshandlung müsse zumindest dargelegt werden, dass der Anfechtungsgegner wusste, dass neben ihm noch weitere Gläubiger mit ungedeckten Forderungen auf Befriedigung warteten.[173] Der Bundesgerichtshof bestätigte aber seine vorherige Rechtsprechung und bejahte die Anfechtbarkeit der Zahlungen. Für die Vermutung aus § 133 Abs. 1 S. 2 InsO genüge es, wenn dem Anfechtungsgegner bekannte Umstände zwingend auf die drohende Zahlungsunfähigkeit des Schuldners hingewiesen hätten. Derjenige, der wisse, dass der Schuldner nicht in der Lage ist oder voraussichtlich nicht in der Lage sein wird, die bestehenden Zahlungspflichten im Zeitpunkt der Fälligkeit im Wesentlichen zu erfüllen (§ 18 Abs. 2 InsO), wisse in der Regel auch, dass dessen Rechtshandlung die Gläubiger benachteiligt. Entscheidende Voraussetzung für die Anwendung des § 133 Abs. 1 S. 2 InsO sei deshalb in der Praxis vor allem die Kenntnis der drohenden Zahlungsunfähigkeit.[174]

III. Zusammenfassung

Die zuvor dargestellte Rechtsprechung des Bundesgerichtshofes zur Vorsatzanfechtung hat Anlass zu vielfacher kritischer Auseinandersetzung in der Literatur gegeben.[175] Die geringen Anforderungen an das kognitive und das voluntative Element beim Eventualvorsatz eröffnen in zahlreichen Konstellationen ein Anfechtungsrecht nach § 133 Abs. 1 InsO. Die Rechtsprechung ist an dieser Stelle aber nicht stehen geblieben, sondern hat sich weiterentwickelt.[176] Es folgten nun leichte Korrekturen, auf die im weiteren Verlauf dieser Arbeit noch näher eingegangen wird.

---

173 Zitiert nach *BGH*, NZI 2009, 168.

174 *BGH*, NZI 2009, 168, 169.

175 Zur Kritik vgl. insbesondere *Bork*, ZIP 2008, 1041, 1045; *Foerste*, NZI 2006, 6; *Jacoby*, KTS 2009, 3; *Schoppmeyer*, ZIP 2009, 600.

176 Hingewiesen sei an dieser Stelle insbesondere auf die Rechtsprechung zur „bargeschäftsähnlichen Lage" (vgl. etwas *BGHZ* 202, 59, 74) auf die weiter unten auf den S. 163 ff. noch näher eingegangen wird.

Drittes Kapitel: Der Zweck der Anfechtungstatbestände

„Daß Schuldner in ihrer Noth beträchtliche Werthe verschleudern, um den drohenden Konkurs abzuwenden, daß bedrängte Schuldner ihr Vermögen unter den Gläubigern vertheilen, nicht nach Recht und Billigkeit, sondern nach Zufall und eigener Willkür, daß Schuldner, leicht zugänglich und in Erwartung von Gegendiensten, die letzten Augenblicke ihrer Verfügungsfreiheit dazu benutzen, einzelne Gläubiger vor anderen zu begünstigen, daß böswillige Schuldner oft schon von langer Hand Vermögensstücke beiseite schaffen, um dann „in Konkurs zu gehen", oder daß sonst die Gläubiger, wenn es endlich zum Konkurs kommt, ein leeres Nachsehen finden, ist eine zu häufige Erscheinung des Lebens, als daß die Gesetzgebung sich dazu schweigend verhalten dürfte. Es gilt, dem Befriedigungsverfahren die Grundlage, die Befriedigungsmasse, zu sichern, unrechtmäßig entzogene Vermögensstücke derselben wieder zuzuführen."[177]

Mit diesen Worten begründete der Gesetzgeber im Jahr 1874 die Einführung eines einheitlichen deutschen Konkursanfechtungsrechts.

Auch über 100 Jahre später werden die in den Motiven zur Konkursordnung beschriebenen Erfahrungen weiter gemacht. Weiterhin kann man beobachten, dass lange vor Stellung eines Insolvenzantrages einzelne Gläubiger, die ein enges Verhältnis zum Schuldner, einen besonders guten Einblick in dessen wirtschaftliche Situation haben oder ihre Interessen außergewöhnlich hart durchsetzen, wegen ihrer Forderungen noch voll oder wenigstens in erheblichem Maße befriedigt werden. Dagegen erhalten viele andere Gläubiger im späteren Insolvenzverfahren nur die Insolvenzquote auf ihre Forderungen.[178] Ein Beispiel ist hier der Unternehmer, der nur sehr zögerlich in das Vermögen des Schuldners vollstreckt, wenn seine wirtschaftliche Existenz davon abhängt, dass der Schuldner ihm als Vertragspartner erhalten bleibt. Stattdessen zieht er es vor, abzuwarten und auf die wirtschaftliche Genesung des Schuldners zu hoffen. Handelt es sich bei dem Gläubiger dagegen um den Fiskus oder um einen Sozialversicherungsträger, treten solche Konflikte nicht auf. Aufgrund ihres gesetzlichen Auftrags und der bei ihnen fehlenden Abhängigkeit vom Schuldner werden sie ihre Forderungen vielmehr konsequent einziehen.[179] Zudem wird der Schuldner im Sozial- und Steuerrecht

177 Begründung des RegE, in: *Hahn*, Reichsjustizgesetze, Vierter Band, S. 108.

178 *Kirchhof*, in: Münchener Kommentar, InsO, vor §§ 129 bis § 147, Rdnr. 2.

179 Ein weiterer Vorteil des Fiskus gegenüber „einfachen" Gläubiger besteht darin, dass er aufgrund seiner umfassenden Prüfungsmöglichkeiten einen erheblichen Informationsvorsprung hat (der häufig auch Banken und Sparkassen zugute kommt);

wegen der straf- (§ 266 a StGB) und ordnungsrechtlichen Sanktionen (§ 26 b UStG) regelmäßig um vollständige und rechtzeitige Leistung bemüht sein.[180] Das Anfechtungsrecht soll dabei helfen, solche Unterschiede zwischen den Gläubigern auszugleichen.[181] Die Besserstellung „starker" Gläubiger soll verhindert werden, sofern sie nicht aus besonderen Gründen privilegiert zu behandeln sind.[182]

Nach Eröffnung des Verfahrens erfolgt der Schutz der Gläubiger über die §§ 80 bis 82, 89, 91 und 96 Abs. 1 Nr. 1 und 2 InsO, die eine Verringerung der Aktivmasse und eine Vermehrung der Passivmasse zu verhindern suchen. Durch § 21 InsO kann ein vergleichbarer Schutz ab dem Zeitpunkt der Stellung des Insolvenzantrags erreicht werden. Auch die §§ 129 ff. InsO erweitern den Schutz der Gläubiger für bestimmte Rechtsgeschäfte auf den Zeitraum vor Verfahrenseröffnung. Unterstützt werden sie zum einen durch § 96 Abs. 1 Nr. 3 InsO, der die Regelung des § 94 InsO einschränkt, nach der das Insolvenzverfahren die Berechtigung einer vor Verfahrenseröffnung begründeten Aufrechnungslage nicht berührt. Eine Aufrechnung ist danach unzulässig, wenn deren Möglichkeit durch eine anfechtbare Rechtshandlung erlangt wurde. Zum anderen werden die Vorschriften der Insolvenzanfechtung durch die Rückschlagsperre aus § 88 InsO unterstützt, die die Rechtsfolgen der Anfechtung für im letzten Monat vor Insolvenzantragsstellung durch Zwangsvollstreckung erlangte Sicherungen „verdinglicht" und insofern systematisch den §§ 129 ff. InsO zuzuordnen ist.[183] Das ab Insolvenzeröffnung bestehende Schutzniveau wird

---

dazu *Gessner/Rhode/Strate/Ziegert*, Konkursabwicklung, S. 383 ff. Zudem müssen Fiskus und Sozialversicherungsträger sich ihren Vollstreckungstitel nicht langwierig erstreiten, sondern können ihn sich häufig schnell selbst beschaffen (vgl. § 66 SGB X sowie §§ 249 ff. AO).

180 Vgl. hierzu *Piekenbrock*, ZZP 122 (2009), 63, 81.

181 Ausführlich zu den auch heute noch bestehenden Vorrechten bestimmter Gläubiger, vgl. *Piekenbrock*, ZZP 122 (2009), 63 ff.

182 Zum Beispiel bei der Befriedigung der Forderungen von Gläubigern, die durch anfechtungsfeste Aus- oder Absonderungsrechte gesichert sind.

183 *Eckard*, in: Jaeger, InsO, § 88 Rdnr. 1. Es wird vorliegend in Frage gestellt, ob § 88 InsO als Grundregel der Deckungsanfechtung bezeichnet werden kann. So aber *Thole*, ZZP 121 (2008), 67, 74 mit Verweis auf *Gerhardt*, in: Festschrift Greiner, S. 31, 37, der jedoch lediglich von einem *„vereinfachten Anfechtungsfall"* spricht. In den Verhandlungen zur Konkursordnung wurde bewusst von einem System Abstand genommen, das rückwirkend ab Eintritt der materiellen Insolvenz die Dispositionsunfähigkeit des Schuldners anordnete, vgl. Begründung des RegE, in: *Hahn*, Reichsjustizgesetze, Vierter Band, S. 116. Ein solcher Gedanke ist aber in § 88 InsO zu finden. Dagegen wurde mit den Anfechtungsregeln eine Entscheidung gegen ein solche „absolute Wirkung" der materiellen Insolvenz gefällt.

durch Insolvenzanfechtungstatbestände und Rückschlagsperre aber nicht erreicht. Die Anfechtungsnormen eröffnen die Möglichkeit, Verringerungen des Schuldnervermögens rückgängig zu machen, die vor Eröffnung des Insolvenzverfahrens erfolgt sind. Dabei werden die Voraussetzungen an eine Anfechtung immer höher, je größer die zeitliche Entfernung des anzufechtenden Rechtsgeschäftes von der Stellung des Insolvenzantrages ist.

Neben den Insolvenzanfechtungstatbeständen schützt auch § 138 BGB die Gläubiger.[184] Relevant sind hier insbesondere die Fälle der sog. Gläubigergefährdung.[185] Eine solche Gläubigergefährdung könnte in jeder Sicherungsübertragung gesehen werden, da die einem einzelnen Gläubiger als Sicherheit zur Verfügung gestellten Gegenstände aus der Haftungsmasse ausscheiden. Ein derartiges Verständnis sittenwidriger Rechtsgeschäfte im Sinne des § 138 Abs. 1 BGB führte aber deshalb zu weit, weil hier mit den §§ 129 ff. InsO speziellere Vorschriften vorhanden sind. Die Nichtigkeitsfolge von § 138 BGB ist daher nur dann angezeigt, wenn das Rechtsgeschäft besonders verwerfliche, über die Gläubigerbenachteiligung hinausgehende Umstände aufweist.[186] Letztlich geht der durch das Insolvenzanfechtungsrecht erreichte Gläubigerschutz aber wesentlich weiter als das durch die Nichtigkeit sittenwidriger Rechtsgeschäfte bestehende Schutzniveau. Das folgt vor allem daraus, dass der Bundesgerichtshof die Rechtsfolgen dort dadurch empfindlich beschneidet, dass er die Rückabwicklung sittenwidriger Leistungen nach § 817 S. 2 BGB auch im Insolvenzverfahren ausschließt.[187] Zudem birgt die generalklauselartige Regelung in § 138 BGB auch die Gefahr von Rechtsunsicherheiten.

Gemäß dem Regierungsentwurf zur Insolvenzordnung ist es das Ziel der Anfechtungstatbestände, die Insolvenzmasse wieder anzureichern, eine Abweisung des Insolvenzverfahrens mangels Masse (§ 26 InsO) zu vermeiden und die Ziele des Insolvenzverfahrens insgesamt zu fördern.[188] Zu beachten ist aber, dass zumindest bis zur Insolvenzantragsstellung die Verfügungsbefugnis des Schuldners noch besteht. Aus Gründen der Rechtssicherheit und des Vertrauensschutzes geht die Insolvenzordnung grundsätzlich von der Beständigkeit rechtsgeschäftlichen Erwerbs von Vermögen des späteren Schuldners aus und spricht ihm die Wirksamkeit nicht von vornherein ab. Auf der einen Seite findet sich das Interesse der

184 *Häsemeyer*, Insolvenzrecht, Rdnr. 21.04.

185 Vgl. *BGHZ* 138, 291, 300; *Hefermehl*, in: Soergel, BGB, § 138 Rdnr. 171.

186 *BGHZ* 138, 291, 299. Genauer zu den besonderen Umständen siehe *Hefermehl*, in: Soergel, BGB, § 138 Rdnr. 171 sowie *Mansel*, in: Jauernig, BGB, § 138 Rdnr. 16.

187 *BGHZ* 106, 169, 178.

188 Regierungsentwurf, BT-Drucksache 12/2443, S. 82.

Insolvenzgläubiger an einer Anreicherung der Insolvenzmasse, auf der anderen Seite das Interesse des Anfechtungsgegners, dass er die ihm gewährte Leistung behalten kann.[189] Aus diesem Spannungsverhältnis berechtigter Interessen ergeben sich die Grenzen des Anfechtungsrechts. Insbesondere der gutgläubige Geschäftspartner muss weitgehend geschützt werden. Andernfalls bestünde die Gefahr, dass zahlreiche Geschäftsbeziehungen durch schwer einzuschätzende Anfechtungsrisiken belastet werden und nicht zuletzt die Gewährung von Krediten beeinträchtigt wird.[190]

Und noch ein weiteres, ähnlich gelagertes Spannungsverhältnis bestimmt die Insolvenzanfechtungstatbestände. Einerseits müssen sie den angeschlagenen Schuldner behutsam in das Insolvenzverfahren drängen, ihm aber andererseits auch genügend Spielraum dafür lassen, den Kopf eigenständig wieder aus der Schlinge zu ziehen. Das sanfte Drängen in die Insolvenz soll dabei helfen,[191] eines der wesentlichen Ziele der Insolvenzrechtsreform zu erreichen. Neben einer häufigeren Eröffnung von Insolvenzverfahren über das Vermögen angeschlagener Schuldner wurde auch eine frühere Eröffnung der Verfahren gewünscht, als das noch unter der Konkursordnung der Fall war. Dadurch sollten entweder die Chancen einer Sanierung im Insolvenzverfahren oder die Quoten der Gläubiger bei einer Liquidation des Schuldnervermögens gesteigert werden.[192] Dass die Insolvenzanfechtungstatbestände dem Schuldner aber auch noch „Luft zum Atmen" lassen sollen, ergibt sich bereits daraus, dass der Gesetzgeber auf dieses Mittel an der Schnittstelle zwischen Prioritätsprinzip und Gläubigergleichbehandlungsgrundsatz zurückgegriffen hat. Wäre eine weitergehende Beschneidung der Schuldnerautonomie im Vorfeld des Insolvenzverfahrens erwünscht gewesen, hätte man sich auch der bereits für die Konkursordnung diskutierten Möglichkeit der rückwirkenden Unwirksamkeit aller vom Schuldner in einem bestimmten Zeitraum vor der Krise vorgenommener Rechtsgeschäfte bedienen können.[193]

Die Ausführungen zur historischen Entwicklung des Anfechtungsrechts haben gezeigt, dass bei seiner Betrachtung zwischen den einzelnen Anfechtungstatbeständen differenziert werden muss.[194] Während Vorsatz- und Schenkungsanfechtung auf die römische *actio pauliana* zurückzuführen sind und damit auf

---

189 Vgl. *Baur/Stürner*, Insolvenzrecht, § 18 Rdnr. 2.

190 *Kirchhof*, in: Münchener Kommentar, InsO, vor §§ 129 bis § 147, Rdnr. 4.

191 Den Hauptbeitrag leisten die im Vergleich zur Konkursordnung erweiterten Eröffnungsgründe. Vgl. Regierungsentwurf, BT-Drucksache 12/2443, S. 81.

192 Regierungsentwurf, BT-Drucksache 12/2443, S. 81.

193 Vgl. Begründung des RegE, in: *Hahn*, Reichsjustizgesetze, Vierter Band, S. 110.

194 Siehe S. 25 ff.

eine Klage, die zumindest in ihren Ursprüngen deliktsrechtlicher Natur war, entwickelten sich die Anfechtungstatbestände der besonderen Insolvenzanfechtung erst später und beruhen auf dem Grundsatz der Gläubigergleichbehandlung. Insgesamt ist für die Entstehung des Rückgewähranspruches aber immer eine Schmälerung der Zugriffsmöglichkeit unter besonders auffälligen, anstößigen Umständen erforderlich. Bei der Vorsatzanfechtung besteht dieser Umstand darin, dass der Schuldner mit dem Vorsatz gehandelt hat, seine Gläubiger zu benachteiligen. Die Schenkungsanfechtung beruht auf dem allgemeinen Grundsatz, dass unentgeltliche Zuwendungen generell weniger schutzwürdig sind.[195] Bei der besonderen Insolvenzanfechtung ist es die zeitliche Nähe der Rechtshandlung zur Insolvenzeröffnung sowie die Kenntnis von der Zahlungsunfähigkeit des Schuldners beziehungsweise bei der Anfechtung inkongruenter Deckungen deren besondere Verdächtigkeit, die sich auch dem Gläubiger aufdrängen muss.

I. Besondere Insolvenzanfechtung

Die besondere Insolvenzanfechtung ist in den §§ 130–132 InsO geregelt. Ihre Bezeichnung ergibt sich daraus, dass sie im Gegensatz zu Vorsatz- und Schenkungsanfechtung nur im Insolvenzverfahren zu finden ist und das Einzelanfechtungsrecht keine entsprechenden Paralleltatbestände aufweist. Im Grundsatz geht sie davon aus, dass spätestens mit Eintritt der materiellen Insolvenz das Vermögen des Schuldners seinen Gläubigern zur Befriedigung ihrer Forderungen haftet und sich ab jetzt der Gläubigergleichbehandlungsgrundsatz gegenüber den Interessen einzelner Gläubiger, vollständige Befriedigung ihrer Forderungen zu erlangen, durchsetzen muss.[196] Die Insolvenzgläubiger werden über die „Gläubigerkonkurrenzanfechtung"[197] dazu verpflichtet, die Benachteiligung, die durch die jeweilige Handlung während der kritischen Zeit eingetreten ist, auszugleichen, indem anfechtbar erworbene Gegenstände wieder der Insolvenzmasse zugeführt werden und damit den Insolvenzgläubigern als Haftungsobjekt zur Verfügung stehen (§§ 130, 131 InsO) oder anfechtbare schuldrechtliche Verträge ihre Wirkung gegenüber der Masse verlieren (§ 132 InsO). Mit dem Institut der besonderen Insolvenzanfechtung

---

195 Vgl. z. B. § 528 BGB; §§ 816 Abs. 1 S. 2, 822 BGB; § 988 BGB; § 1390 Abs. 1 BGB; §§ 2287, 2325, 2329 BGB. Zudem zeichnet sich die Schenkungsanfechtung auch schon in ihren Ursprüngen dadurch aus, dass sie beim Empfänger der unentgeltlichen Leistung keinerlei Kenntnis in Bezug auf die Krise beim Geber voraussetzt.

196 *BGHZ* 58, 240, 242 f.; *Ede/Hirte*, in: Uhlenbruck/Hirte/Vallender, InsO, § 130 Rdnr. 1; *Piekenbrock*, WM 2007, 141, 144.

197 Vgl. *Thole*, ZZP 121 (2008), 67, 73.

findet ein fließender Übergang vom Prioritätsprinzip zum Gleichbehandlungsgrundsatz statt. Der Zweck der Tatbestände der besonderen Insolvenzanfechtung besteht darin, dem insolvenzrechtlichen Grundsatz der Gleichbehandlung aller Gläubiger schon zu dem Zeitpunkt zur Geltung zu verhelfen, ab dem der Schuldner materiell insolvent ist.[198] Die Wirkung des Gläubigergleichbehandlungsgrundsatzes setzt aber erst rückwirkend ein: zum Zeitpunkt der Vermögensverschiebung kann der Schuldner diese zunächst noch vornehmen.

Im Unterschied zur Vorsatzanfechtung bedarf es für die Gläubigerkonkurrenzanfechtung keines missbilligenswerten vorsätzlichen Schuldnerhandelns.[199] Sie begegnet den vielen, dem Schuldner weniger vorwerfbaren Einwirkungen, denen sein Vermögen vor der Antragsstellung ausgesetzt ist. Die Befriedigung andrängender Gläubiger ist häufig von Umständen abhängig, die eine Privilegierung gegenüber den anderen Gläubigern nicht rechtfertigen können. Im Sinne einer „gerechten" Gläubigerbefriedigung erscheint es willkürlich, dass Gläubiger noch voll befriedigt werden, die durch schnellere Informationen von der drohenden Insolvenz Kenntnis erlangen, die aufgrund der ihnen zur Verfügung stehenden Mittel besser gegen den Schuldner vorgehen können oder die eine persönliche Bindung zu ihm haben. Auch das häufig auftretende Phänomen, dass der Schuldner im Vorfeld seiner Insolvenz risikoreiche Geschäfte abschließt, um dem nahenden Bankrott doch noch zu entgehen, wird nicht gebilligt.

Mit dem Zeitpunkt der materiellen Insolvenz des Schuldners erscheint es gerechtfertigt, dass das gesamte noch vorhandene Vermögen des Schuldners zur gemeinschaftlichen Befriedigung der Gläubiger verwendet wird. Soweit die §§ 130–132 InsO reichen, besteht eine Pflicht des Schuldners, diesen Anspruch nicht zu verletzen, sondern Gleichbehandlung zu gewährleisten.[200] Eine ebensolche Pflicht trifft auch die späteren Insolvenzgläubiger. Die Verfügungsfähigkeit des Schuldners wird durch die „Krisenanfechtung" stark eingeschränkt. *„Von dem Augenblick an, wo der Rechtsanspruch seiner Gläubiger besteht, darf der Schuldner nicht mehr frei schalten und walten, er muß sich so zu sagen als Verwalter seines eigenen Gutes betrachten."*[201] Mit zunehmender Nähe zum Eröffnungszeitpunkt verliert die Privatautonomie samt Einzelvollstreckung als korrespondierendem Prinzip an Geltungskraft.

---

198 *BGHZ* 162, 143, 149; *Henckel*, in: Jaeger, InsO, § 130 Rdnr. 8; *Thole*, Gläubigerschutz, S. 293.

199 Vgl. Begründung des RegE, in: *Hahn*, Reichsjustizgesetze, Vierter Band, S. 115.

200 Ähnlich Begründung des RegE, in: *Hahn*, Reichsjustizgesetze, Vierter Band, S. 115 und *Häsemeyer*, KTS 1982, 507, 526 f.

201 Begründung des RegE, in: *Hahn*, Reichsjustizgesetze, Vierter Band, S. 115.

Bereits mit der Konkursordnung wurde von einem System Abstand genommen, das mit Eintritt der materiellen Insolvenz von einer absoluten Dispositionsunfähigkeit des Schuldners und der damit verbundenen Nichtigkeit aller seit diesem Zeitpunkt getätigten Rechtshandlungen ausging.[202] Vielmehr wurde erkannt, dass die Rechtssicherheit und der Verkehrsschutz eine Beschränkung des Anfechtungsrechts verlangen und es damit grundsätzlich subjektiver Voraussetzungen auf Seiten des Anfechtungsgegners bedarf, bei deren Vorliegen eine Beschränkung nicht mehr gerechtfertigt werden kann.[203] Im Rahmen der besonderen Insolvenzanfechtung ist die subjektive Voraussetzung das Wissen um den Eingriff in die Gleichbehandlungspflicht, also das Wissen um die materielle Insolvenz des Schuldners. Bei der Höhe der subjektiven Schranken der Anfechtung unterscheidet die Insolvenzordnung danach, ob es sich um eine kongruente oder eine inkongruente Deckung handelt, also danach, ob der Schuldner einen Anspruch auf die erlangte Sicherung oder Befriedigung hatte. Die Anfechtung inkongruenter Deckungen setzt nur in § 131 Abs. 1 Nr. 3 InsO die Erfüllung eines subjektiven Tatbestandsmerkmals voraus. Die geringen Anforderungen werden damit gerechtfertigt, dass einer in der Krise erhaltenen Leistung, die von

202 In den Materialien zur Konkursordnung wird zwischen den verschiedenen zuvor bestehenden Systemen abgewogen. Im römischen und gemeinen Recht gab es die Verfügungsunfähigkeit des späteren Insolvenzschuldners nicht vor der Konkurseröffnung. Im älteren französischen Recht galt die unbedingte Nichtigkeit aller von der Zahlungseinstellung ab erfolgten Verfügungen. Vgl. Begründung des RegE, in: *Hahn*, Reichsjustizgesetze, Vierter Band, S. 113. Das neuere französische Recht geht schließlich ebenfalls von der Nichtigkeit aller Verfügungen des Gemeinschuldners aus, aber nur, wenn der jeweilige Geschäftspartner des Schuldners von der erfolgten Zahlungseinstellung Kenntnis hatte. Der Anfechtungszeitraum heißt in Frankreich période suspecte (vgl. Art. L 632-1 c.com.). Die période suspecte umfasst einen Zeitraum von bis zu 18 Monaten vor der Verfahrenseröffnung (Art. L 631-8 c.com.) und sie gilt für alle Anfechtungstatbestände. Innerhalb dieses Zeitraums können alle Rechtshandlungen angefochten werden, die nach dem Eintritt der cessation des paiements (dem Eintritt der Zahlungsunfähigkeit) vorgenommen wurden. Anders ist dies nur bei der Anfechtung unentgeltlicher Verfügungen, die insgesamt 24 Monate angefochten werden können (Art. L 632-1 Abs. 2 c.com.). Insgesamt zum französischen Anfechtungsrecht vgl. *Droege Gagnier*, in: Cranshaw/Hinkel, Gläubigerkommentar Anfechtungsrecht, 904 ff. Vgl. hierzu zudem *v. Campe*, Insolvenzanfechtung, S. 66, 73 u. 76, dessen Arbeit aber nicht mehr den heutigen Stand wiedergibt.

203 Das damit auch im Insolvenzanfechtungsrecht zur Anwendung kommende Gutglaubensprinzip gewährleistet, dass die haftungsrechtliche Zuordnung von Gegenständen nicht in weiterem Maße erfolgt, als dies im Sachenrecht der Fall ist. Vgl. *Henckel*, ZIP 1982, 391, 394.

der vertraglich vereinbarten abweicht, ein besonderes Verdachtsmoment anhaftet.[204] Muss der Schuldner bei der Gläubigerbefriedigung auf Ersatzleistungen ausweichen, wird davon ausgegangen, dass dieser seine Vermögensverhältnisse nicht mehr zu steuern vermag. Das ist auch für den Gläubiger offensichtlich, weswegen ein erweitertes Anfechtungsrecht begründet ist. Demgegenüber ist für die Anfechtung kongruenter Deckungen nach § 130 InsO stets die Erfüllung subjektiver Merkmale erforderlich. Erhält der Gläubiger das, was ihm auch vertraglich zugesichert war, kann er die Zahlungsschwierigkeiten des Schuldners alleine aus dieser Deckung nicht erkennen; eine Anfechtung ist hier nur dann möglich, wenn ihm eine entsprechende Kenntnis nachgewiesen werden kann.

Die Massearmut in dem früheren Konkursverfahren wurde in einem erheblichen Teil darauf zurückgeführt, dass Schuldner im Vorfeld einer nahenden Insolvenz Vermögenswerte auf Dritte übertrugen und so ihren Gläubigern entzogen.[205] Im Zuge der Insolvenzrechtsreform wurde es für „allgemein wünschenswert" befunden, dass insolvente Schuldner früher als bislang in das Insolvenzverfahren gelangen.[206] Dadurch sollte eine wesentliche Anreicherung der Insolvenzmasse und damit eine Erleichterung der Verfahrenseröffnung erreicht werden. Neben der Erweiterung der Eröffnungsgründe leistet seitdem also auch die Verschärfung der Gläubigerkonkurrenzanfechtung ihren Beitrag zur rechtzeitigen Eröffnung des Verfahrens. In ihrer heutigen Form trägt sie zudem dazu bei, dass materielle Insolvenz und formelle Verfahrenseinleitung möglichst rasch aufeinanderfolgen.

Die vom Reformgesetzgeber angestrebte Masseanreicherung sollte auch durch eine Anpassung der Anfechtungszeiträume der Vorschriften der besonderen Insolvenzanfechtung erreicht werden.[207] Vergleicht man die Anfechtungszeiträume vor und nach der Einführung der Insolvenzordnung im Jahr 1999, fällt auf, dass Konkursordnung und Gesamtvollstreckungsordnung bei der Bemessung der Anfechtungszeiträume überwiegend auf die Verfahrenseröffnung (§§ 31 Nr. 2, 32, 32 a S. 2, 33 KO, § 10 Abs. 1 Nr. 2, 3 GesO) abstellten.[208] Für die Vorschriften der besonderen *Konkurs*anfechtung war § 33 KO relevant, der die Anfechtbarkeit wegen Kenntnis der Zahlungseinstellung auf sechs Monate vor der Eröffnung des Konkursverfahrens begrenzte. Unter der Geltung der Konkursordnung konnte ein ausgedehntes Insolvenzeröffnungsverfahren also zu einer Vereitelung des

204 Vgl. *Zeuner*, in: Leonhardt/Smid/Zeuner, InsO, § 131 Rdnr. 1.

205 Regierungsentwurf, BT-Drucksache 12/2443, S. 82.

206 Regierungsentwurf, BT-Drucksache 12/2443, S. 81.

207 Regierungsentwurf, BT-Drucksache 12/2443, S. 156.

208 In § 30 KO und § 10 Abs. 1 Nr. 4 GesO wurde zudem auch an die Zahlungseinstellung oder den Eröffnungsantrag angeknüpft.

Anfechtungsrechts führen. Dies war insbesondere deshalb problematisch, weil die Insolvenzgläubiger, denen die durch die Anfechtung bezweckte Massemehrung letztlich zu Gute kommen sollte, keinen Einfluss auf die Dauer des Insolvenzeröffnungsverfahren hatten.[209] Als einheitlicher Anknüpfungszeitpunkt wurde für sämtliche Vorschriften der Insolvenzanfechtung daher der Zeitpunkt der Stellung des Insolvenzantrages gewählt und für die besondere Insolvenzanfechtung ein maximaler Anfechtungszeitraum von drei Monaten bestimmt.

II. Vorsatzanfechtung

Die Vorsatzanfechtung unterscheidet sich von den Tatbeständen der besonderen Insolvenzanfechtung sehr deutlich durch zwei Merkmale: einerseits durch den langen Anfechtungszeitraum von zehn Jahren; andererseits dadurch, dass sie auch außerhalb des Insolvenzverfahrens in § 3 AnfG zu finden ist. Aufgrund des zuletzt genannten Unterschieds kann bereits festgestellt werden, dass die Vorsatzanfechtung einen vom Insolvenzverfahren unabhängigen Zweck verfolgt. Diesen genauer zu fassen, erweist sich jedoch als nicht ganz einfach.[210] Dagegen erscheint der Zweck der Vorsatzanfechtung mit der aus dem römischen Recht entnommenen und bis in die Anfänge der Konkursordnung vertretenen Einordnung der Absichtsanfechtung greifbarer. Hierauf soll zunächst eingegangen werden.

1. Deliktstheorie

Der Streit um die systematische Einordnung der Anfechtung ist heute vor allem für das Verständnis des § 143 InsO entscheidend, der die Rechtsfolgen der Insolvenzanfechtung regelt.[211] Im Folgenden wird nun ein kurzer Blick auf die Deliktstheorie geworfen, die den Anspruch aus § 133 Abs. 1 InsO als deliktsrechtlichen einordnet.[212] Die Deliktstheorie wird heute aber nicht mehr vertreten. Eine Auseinandersetzung mit den aktuell vorgebrachten Anfechtungstheorien ist indessen nicht erforderlich. Weder die haftungsrechtlichen noch die schuldrechtlichen Theorien geben einen Hinweis auf den Zweck der Vorsatzanfechtung, sondern erklären allein deren Rechtsfolgen.[213]

---

209 Regierungsentwurf, BT-Drucksache 12/2443, S. 156.

210 So schon *Thole*, ZZP 121 (2008), 67, 76.

211 *Henckel*, in: Jaeger, InsO, § 143 Rdnr. 3.

212 Vgl. etwa *RGZ* 10, 334, 336 sowie die weiteren Nachweise bei *Henckel*, in: Jaeger, InsO, § 143 Rdnr. 3.

213 Ausführlich zu den Anfechtungstheorien *Henckel*, in: Jaeger, InsO, § 143 Rdnr. 3 ff. m.w.N sowie *Allgayer*, Gläubigeranfechtung, S. 5 ff.

Auch weitgehende Eingriffe in das Vermögen des Anfechtungsgegners könnten leicht gerechtfertigt werden, wenn man ihm vorwerfen könnte, eine unerlaubte Handlung unterstützt zu haben. Für eine solche Einordnung müsste man auf die früher zur Erklärung der Absichtsanfechtung herangezogene Deliktstheorie zurückgreifen, die heute aber allgemein abgelehnt wird.[214] Im deutschen Recht vollzieht sich der Wandel des Verständnisses der Paulianischen Anfechtung im Mittelalter. Wie bereits gezeigt, rückte zu dieser Zeit statt der Haftung des Erwerbers für die Schuld des veräußernden Schuldners die Beseitigung der Wirkung der die Gläubigerbenachteiligung verursachenden Rechtshandlung in den Vordergrund.[215] Endgültig aufgegeben wurde die Deliktstheorie zur Erklärung der Vorsatzanfechtung zu Beginn des 20. Jahrhunderts.

Bejahte das *Reichsgericht* Ende des 19. Jahrhunderts den Gerichtsstand der unerlaubten Handlungen noch für fast alle Anfechtungstatbestände,[216] entfernte es sich davon anschließend etappenweise. Frühzeitig abgelehnt wurde, dass Rückgewähranspruche aufgrund inkongruenter Deckungen auf einer unerlaubten Handlung beruhen und im Gerichtsstand des § 32 ZPO verfolgt werden können.[217] Diese Rechtsprechung wurde dann allmählich auf alle Fälle der besonderen Konkursanfechtung und auf die Schenkungsanfechtung übertragen.[218] Lediglich bei der Vorsatzanfechtung hat das *Reichsgericht* zunächst an der Deliktsnatur und der Verfolgbarkeit im Gerichtsstand der unerlaubten Handlung festgehalten.[219] Letztlich wurde aber auch diese Rechtsprechung aufgegeben,[220] wofür die folgenden Erwägungen ausschlaggebend waren.

Für einen Schadensersatzanspruch aus unerlaubter Handlung bedarf es eines widerrechtlichen und schuldhaften Handelns, das eine in den §§ 823 ff. BGB geschützte Rechtsposition verletzt.[221] Die Rechtsfolge der Vorsatzanfechtung trifft den Anfechtungsgegner, obwohl allein der Schuldner gehandelt haben muss. Der

---

214 *Henckel*, in: Jaeger, InsO, § 143, Rdnr. 8.

215 *Gaugler*, Paulianische Anfechtung, Band 1, S. 60.

216 So wurde in *RGZ* 10, 334, 336 auch für eine Anfechtung nach dem damaligen § 23 Nr. 2 KO – aus dem der heutige § 131 InsO weiterentwickelt wurde – noch den Gerichtsstand der unerlaubten Handlungen angenommen.

217 *RGZ* 21, 420, 435.

218 *RG*, LZ 1915, 369, 370.

219 *RGZ* 21, 420, 425; 74, 224, 226.

220 *BGH*, WM 1962, 1316, 1317; *BGHZ* 97, 87, 95; 104, 355, 360.

221 Vgl. *Looschelders*, Schuldrecht BT, § 57 Rdnr. 1174. Anders die Gefährdungshaftung, die nicht auf dem Verschuldensprinzip beruht. Vgl. dazu *Wagner*, in: Münchener Kommentar, BGB, vor § 823, Rdnr. 16 f.

Anfechtungsgegner muss aber nach § 143 Abs. 1 InsO das aus dem Vermögen des Schuldners Erhaltene zurückgewähren. Daher ist bei einem Vergleich von Voraussetzungen und Rechtsfolgen der Vorsatzanfechtung mit dem Deliktsrecht auf die Teilnahmehandlung an einer unerlaubten Handlung zu schauen. Damit zeigt sich auch bereits der erste Unterschied zwischen den Anforderungen der Vorsatzanfechtung an den Anfechtungsgegner und den Anforderungen an den Beteiligten an einer unerlaubten Handlung. Die anfechtbare Rechtshandlung des Gemeinschuldners kann unabhängig vom Willen des Anfechtungsgegners sein und vorgenommen werden, ohne dass dieser den Eintritt der Gläubigerbenachteiligung verhindern kann. Es ist hier keine Mitwirkungshandlung des anderen Teils erforderlich, sondern nur Kenntnis von dem Gläubigerbenachteiligungsvorsatz des späteren Insolvenzschuldners. So könnte sich ein Anfechtungsrecht daraus ergeben, dass der spätere Insolvenzschuldner eine zu seinen Gunsten bestehende Grundstücksbelastung aufgibt und die Löschung der Belastung beantragt (vgl. § 875 Abs. 1 S. 1 BGB), nachdem er den Eigentümer des Grundstücks davon in Kenntnis gesetzt hat. Anknüpfungspunkt ist also das Verhalten des Schuldners. Dagegen knüpft das Deliktsrecht hinsichtlich der Beteiligungsformen an die Strafrechtsdogmatik an.[222] Die geringsten Anforderungen an eine Schadenersatzpflicht eines Teilnehmers werden hier für Beihilfehandlungen an unerlaubten Handlungen verlangt. Erforderlich ist dafür entsprechend § 27 StGB das vorsätzliche Hilfeleisten zu einer vorsätzlich begangenen unerlaubten Handlung eines anderen. Das Tatbestandsmerkmal des Hilfeleistens kann zwar auch durch ein psychisches Unterstützen erfüllt werden, bloße Kenntnis, wie sie in § 133 Abs. 1 InsO gefordert wird, reicht dafür aber nicht aus.[223]

Ein weiterer Unterschied besteht darin, dass das Anfechtungsrecht nach der Insolvenzordnung und dem Anfechtungsgesetz einen zusätzlichen formellen Verfahrensakt erfordert. Ein fruchtloser Versuch der Zwangsvollsteckung in das Schuldnervermögen beziehungsweise dessen offensichtliche Fruchtlosigkeit (vgl. § 2 AnfG) oder aber die Eröffnung eines Insolvenzverfahrens ist bei einem Schadensersatzanspruch aus unerlaubter Handlung nicht erforderlich. Hier ist der Begriff der unerlaubten Handlung weiter als das Anfechtungsrecht, das nicht in jedem Fall mit der jeweiligen Rechtshandlung entsteht.[224] Abweichungen finden sich auch bei den Rechtsfolgen. Während die Folge der Deliktshaftung ein zunächst auf Naturalrestitution gerichteter Schadensersatzanspruch ist, der

---

222 *Wagner*, in: Münchener Kommentar, BGB, § 830 Rdnr. 7.
223 Vgl. *Wagner*, in: Münchener Kommentar, BGB, § 830 Rdnr. 15.
224 *Jaeger*, KO$^{6/7}$, § 29 Anm. 4.

auch einen tatsächlich entgangenen Gewinn umfasst (vgl. § 252 BGB), ist der Rückgewähranspruch eines anfechtbaren Rechtsgeschäfts auf Herausgabe zur Zwangsvollstreckung bzw. Herausgabe an die Insolvenzmasse gerichtet; entgangene Gewinne können hier nicht herausverlangt werden.[225] Es ist damit ein zutreffender Befund, dass eine wegen vorsätzlicher Gläubigerbenachteiligung anfechtbare Rechtshandlung nicht zwangsläufig eine unerlaubte Handlung im Sinne der §§ 823 ff. BGB, 32 ZPO darstellt und der Tatbestand der Absichtsanfechtung nicht deliktsrechtlicher Natur ist.

2. Die Normzweck der Vorsatzanfechtung in der Literatur

In der Literatur werden verschiedene Versuche unternommen, den Zweck der Vorsatzanfechtung genauer zu fassen.

a. Der Gläubigergleichbehandlungsgrundsatz zur Erklärung der Vorsatzanfechtung

Die Motive zur Konkursordnung gingen davon aus, dass der Grundsatz der gleichmäßigen Gläubigerbehandlung bereits ab dem Zeitpunkt der materiellen Insolvenz des Schuldners Geltung beansprucht:

> *Und in der That, der Anspruch der Konkursgläubiger, den zu sichern und in Ausführung zu bringen das Verfahren bestimmt ist, kann nicht erst der richterlichen Entscheidung, welche das Verfahren eröffnet, seine Entstehung und Wirkung verdanken. [...] Weil der Schuldner seine Zahlungen eingestellt hat, zahlungsunfähig ist, [...] erlangen alle Gläubiger des Schuldners [...] den Anspruch auf Verwendung des gesammelten Vermögens zu ihrer gemeinschaftlichen Befriedigung.*[226]

Man muss den Anspruchsbegriff von 1877 mit Vorsicht betrachten, war seine genaue Bedeutung doch noch Gegenstand reger Diskussion.[227] Der materiellrechtliche Anspruchsbegriff wurde zwar schon 1856 von *Windscheid* herausgearbeitet[228] und fand sich auch in § 154 des Ersten Entwurfs eines bürgerlichen Gesetzbuchs für das deutsche Reich von 1888. Unabhängig davon, ob man den Anspruch damit als Recht einer Person, von einer anderen eine Leistung zu verlangen, oder ihn

---

225 *Jaeger*, KO$^{6/7}$, § 29 Anm. 4.

226 Begründung des RegE, in: *Hahn*, Reichsjustizgesetze, Vierter Band, S. 115.

227 Auch noch 1891, vgl. *Leonhard*, ZZP 15 (1891), 327 m.w.N.

228 *Windscheid*, Die Actio des römischen Zivilrechts, S. 228 ff., der sich dafür ausspricht, den aus dem römischen Recht übernommenen Begriff der *actio* nicht mehr zu verwenden und dafür unter anderem den Begriff des Anspruchs zu verwenden. Vgl. auch *Peters/Jacoby*, Staudinger, BGB, § 194 Rdnr. 2 f.

verfahrensrechtlich als Oberbegriff für alle klagbaren Rechte einordnet,[229] können die Motive zur Konkursordnung aber tatsächlich so verstanden werden, dass die Gläubiger mit der materiellen Insolvenz des Schuldners Gleichbehandlung verlangen können sollten. Übertragen auf das heutige Recht würde der Gläubigergleichbehandlungsgrundsatz damit schon im Vorfeld des Insolvenzverfahrens Wirkung entfalten, ohne dass die Insolvenzanfechtungstatbestände erforderlich wären. Infolgedessen ergäbe sich mit dem Eintritt der Zahlungsunfähigkeit des Schuldners ein schlagkräftiges Argument zur Rechtfertigung einschneidender Rechtsfolgen der Vorsatzanfechtung. Derart argumentieren *Jacoby* und *Ganter*, die ab Eintritt der materiellen Insolvenz des Schuldners den Gläubigergleichbehandlungsgrundsatz zur Begründung der Vorsatzanfechtung heranziehen.[230]

Es gibt aber keine Geltung des Gläubigergleichbehandlungsgrundsatzes losgelöst von den Regelungen der Insolvenzordnung.[231] Wirkung entfaltet er grundsätzlich nur dort, wo er normiert ist. Darüber hinaus kann er lediglich als Auslegungshilfe herangezogen werden, aber erst nach der Eröffnung des Insolvenzverfahrens. Auch ab diesem Zeitpunkt findet nur eine eingeschränkte Gleichbehandlung der Gläubiger statt.[232] Es war zwar ein wesentliches Ziel der Insolvenzrechtsreform, den Gleichbehandlungsgrundsatz zu stärken,[233] eine absolute Wirkung ist ihm aber nicht zuteil geworden, erst recht nicht im Vorfeld des Verfahrens. Das erklärt sich schon daraus, dass die Begründung einer Gleichbehandlung der Gläubiger auch innerhalb des Insolvenzverfahrens große Schwierigkeiten bereitet. Am ehesten überzeugt hier noch das Konstrukt *Häsemeyers*, der sie aus den gemeinsamen Einwirkungsmöglichkeiten der Gläubiger auf die Rechts- und Haftungsverhältnisse des Schuldners ableitet.[234] Gemeinschaftlich

---

229 Vgl. *Leonhard*, ZZP 15 (1981), 327.

230 *Jacoby*, KTS 2009, 3, 20; *Ganter*, WM 2009, 1441, 1443.

231 Ähnliches gilt auch für die in § 1 InsO genannten Verfahrensziele, auch diese haben nur eingeschränkte Wirkung und können nicht gerichtlich geltend gemacht werden. Vgl. *Prütting*, in: Kübler/Prütting/Bork, InsO, § 1 Rdnr. 3; zustimmend *Pape*, in: Uhlenbruck/Hirte/Vallender, InsO, § 1 Rdnr. 4.

232 Vgl. dazu *Häsemeyer*, KTS 1982, 507, 511, dessen Ausführungen aber die Konkursordnung betreffen.

233 *Henckel*, in: Festschrift Uhlenbruck, S. 19.

234 *Häsemeyer*, KTS 1982, 507, 511; zustimmend *Windel*, JURA 2002, 230, 232. Dagegen ist die wohl herrschende Meinung abzulehnen, die aufgrund eines gleichlaufenden Interesses an einer bestmöglichen und gleichmäßigen Verwertung des Schuldnervermögens eine Interessengemeinschaft der Insolvenzgläubiger annimmt. Vielmehr kollidieren die Interessen der Gläubiger, ist doch jeder darauf bedacht, eine möglichst hohe Quote zu erhalten. So schon *Häsemeyer*, KTS 1982, 507, 523. Für die herr-

hätten die Gläubiger dazu beigetragen, dass die von dem Schuldner abgeschlossenen Rechtsgeschäfte im Ergebnis zu einem Überwiegen seiner Passiva gegenüber seinen Aktiva führten.[235] Auch dem kann aber entgegengehalten werden, dass die jeweilige Quote sich entsprechend der Begründung danach richten müsste, wie groß der Einfluss des jeweiligen Gläubigers auf den Eintritt der Vermögensinsuffizienz des Schuldners war; je größer seine Forderung, desto geringer müsste seine Befriedigung ausfallen. Zudem vermag die Theorie nicht zu erklären, weshalb es für die Gläubiger nachteilig sein kann, dass sie durch ihre Handlungen auf das Vermögen des Schuldners eingewirkt haben.[236]

Lässt sich der Gleichbehandlungsgrundsatz zwar nicht zur vollen Zufriedenheit begründen, ist er dennoch als sinnvoller Rechtszustand zu begrüßen. Den bei einer Insolvenz regelmäßig eintretenden Verlust auf alle Insolvenzgläubiger zu verteilen, erscheint der beste Weg zur Lösung des Problems der Vermögensinsuffizienz. Unter den Insolvenzgläubigern wird damit eine ausgleichende Gerechtigkeit geschaffen. Fällt die Rechtfertigung der *par conditio* aber derart schwer, kann sie ihre Wirkung grundsätzlich nur dort entfalten, wo sie gesetzlich geregelt ist. Das gilt insbesondere für den Zeitraum vor der Insolvenzeröffnung, fällt es doch umso schwerer, mit ihrer Hilfe rückwirkende Eingriffe in die Privatautonomie zu rechtfertigen.[237] Der Gläubigergleichbehandlungsgrundsatz gilt vor dem Insolvenzverfahren nur dort, wo die besondere Insolvenzanfechtung oder die in § 88 InsO geregelte Rückschlagsperre ihm zur Geltungskraft verhilft, in keinem Fall aber darüber hinaus.[238] *Jacoby* muss daher an dieser Stelle entgegengetreten

---

schende Meinung *Jaeger*, Konkursrecht, S. 63 f.; *Uhlenbruck*, in: Kuhn/Uhlenbruck, KO, § 3 Rdnr. 2; *Berges*, KTS 1957, 49, 56 f.; *Jauernig*, ZIP 1980, 318, 323.

235 *Windel*, JURA 2002, 230, 232.

236 *Foerste*, Insolvenzrecht, § 1 Rdnr. 11.

237 Vgl. *Foerste*, Insolvenzrecht, § 1 Rdnr. 12. Ausführlich zur Insolvenzanfechtung als Grenze der Privatautonomie *Paulus*, Insolvenzrecht, S. 105 sowie *Paulus/Zenker*, JuS 2001,1, 8 f. Dagegen hält *v. Gleichenstein*, NZI 2015, 49, 52 u. 54 eine Rechtfertigung der Ausdehnung der Wirkungen des Gläubigergleichbehandlungsgrundsatzes auf den Zeitpunkt vor Insolvenzeröffnung nicht für erforderlich. Prioritätsprinzip und Gleichbehandlungsgrundsatz seien Bestandteil einer einheitlichen Gerechtigkeitsregel und damit beide Ausformung des Art. 3 GG.

238 Dagegen bezweckt die in § 64 GmbHG geregelte Haftung des Geschäftsführers nach richtiger Auffassung den Schutz der Gläubiger und nicht deren Gleichbehandlung. *K. Schmidt*, in: Scholz, GmbHG, § 64 Rdnr. 6; *Bitter*, WM 2001, 666, 669 in F. 34; andere Auffassung *Schulze-Osterloh*, in: Baumbach/Hueck, GmbHG[18], § 64 Rdnr. 78. Nach *Haas*, in: Baumbach/Hueck, GmbHG[20], § 64 Rdnr. 1a stimmt der Schutzzweck teilweise mit dem des § 15a InsO überein. Tatsächlich sanktioniert § 64 GmbHG ein

werden. Die Anfechtung wegen vorsätzlicher Benachteiligung bezweckt nicht den Schutz einer gleichmäßigen Gläubigerbehandlung. Das ergibt sich eindeutig aus Historie und Systematik, aus der dargestellten Abstammung von der *actio pauliana* sowie aus dem Paralleltatbestand in § 3 AnfG:

Das römische Recht kannte keinen Rechtsbehelf, der eine Vorverlagerung des Grundsatzes der *par conditio* über den Zeitpunkt der Beschlagnahme des Vermögens bewirkte. Die *actio pauliana* verfolgte einen davon abweichenden Zweck, nämlich das betrügerische Vorgehen des Schuldners in Kenntnis des Anfechtungsgegners zu verhindern.[239] Erst zu einem späteren Zeitpunkt wurde die Beschränkung des Gläubigergleichbehandlungsgrundsatzes als unbefriedigend empfunden und man bemühte sich, den Zeitpunkt vorzuverlegen, von dem an dieser zu gelten hatte. Hierzu wurde die besondere Insolvenzanfechtung geschaffen, deren Normzweck aber von der *actio pauliana* unterschieden werden muss. Alleine bei der Gläubigerkonkurrenzanfechtung findet eine Ausweitung des das Insolvenzrecht beherrschenden Grundsatzes auf den Zeitraum vor Antragsstellung bzw. vor der materiellen Insolvenz statt.

Die Regelungen der Vorsatzanfechtung in § 133 InsO und § 3 AnfG sind nahezu deckungsgleich, wenn man von den Unterschieden absieht, die sich zwangsläufig aus der Anwendung in den unterschiedlichen Verfahren ergeben. Im römischen Recht war eine solche Doppelregelung nicht notwendig, der Schuldner war auch noch nach der Beschlagnahme seines Vermögens verfügungsbefugt. Finden die Regelungen des Anfechtungsgesetzes aber ausschließlich im Vollstreckungsverfahren Anwendung und gilt hier der Prioritätsgrundsatz, so liegt einer deckungsgleichen Vorschrift der Insolvenzordnung der gleiche Grundsatz zugrunde. Daran ändern auch Überschneidungen im Zeitraum der Krise nichts, wie gezeigt, gilt der Gleichbehandlungsgrundsatz hier noch nicht vollumfänglich.

Auch *Hoffmann* äußert Bedenken, den Eingriff, der aufgrund der Insolvenzanfechtungstatbestände erfolgt, alleine mit dem Prinzip der Gläubigergleichbehandlung zu begründen.[240] Am Beispiel der besonderen Insolvenzanfechtung, wobei

---

Fehlverhalten des Schuldners gegenüber der Gläubigergesamtheit, es handelt sich nicht um ein Problem der Gläubigerkonkurrenz. Ansonsten wäre § 64 GmbHG der Insolvenzanfechtung zuzuordnen und seine Rechtsfolgen müssten den bevorzugten Gläubiger und nicht den Geschäftsführer treffen. Gleiches gilt für die Zahlungsverbote in § 130a HGB, § 92 AktG, § 99 GenG und § 42 BGB.

239 So *Kummer*, in: Festschrift Kreft, S. 393, 394.

240 *Hoffmann*, Prioritätsgrundsatz und Gläubigergleichbehandlung, S. 40, dessen Ausführungen sich an dieser Stelle aber auf die besondere Insolvenzanfechtung be-

sich die Argumentation auch auf die Vorsatzanfechtung übertragen lässt,[241] führt er aus, dass diese dem Gläubigergleichbehandlungsgrundsatz diene, dies jedoch darauf zurückzuführen sei, dass der Gläubigergleichbehandlungsgrundsatz der Verteilungsmaßstab in der Insolvenz ist.[242]

Eine Rechtfertigung des mittels der besonderen Insolvenzanfechtung erfolgenden Eingriffes sei aber unabhängig davon möglich, welcher Verteilungsmaßstab in der Insolvenz angewendet wird.[243] *Hoffmann* ist der Auffassung, dass die Grundlagen der besonderen Insolvenzanfechtung auch dann nicht in Frage gestellt werden würden, wenn die Verteilung des Schuldnervermögens aufgrund eines Losverfahrens erfolgen würde.[244] Gerechtfertigt sei die besondere Insolvenzanfechtung dadurch, dass Verfügungen, die der Schuldner unter Geltung des Prioritätsprinzips vornimmt, keine Wertung dazu enthalten, ob der Schuldner sein Vermögen mit dieser Verfügung gerecht verteilt hat.[245] Um diese These zu stützen verweist *Hoffmann* auf das Beispiel des Doppelverkaufs.[246] Die Verfügung über den Kaufgegenstand sei unabhängig davon wirksam, welche der beiden schuldrechtlichen Verpflichtungen zuerst fällig und durchsetzbar wurde.[247]

b. Schutz vor sozial inadäquatem Verhalten

Teilweise wird der Normzweck der Vorsatzanfechtung auch dahingehend verstanden, dass diese die Gläubiger vor sozial inadäquaten Vermögensverschiebungen bewahrt. Sie bekämpfe missbilligenswertes Schuldnerverhalten und das unabhängig von einem Insolvenzverfahren.[248] *Thole* präzisiert zum sozial inadäquaten Verhalten, dass es um bestimmte Übermaßrisiken geht, die von dem zur wirtschaftlichen Entfaltung des späteren Insolvenzschuldners notwendigen Freiraum nicht mehr gedeckt seien.[249]

---

schränken. Auf *Hoffmann,* Prioritätsgrundsatz und Gläubigergleichbehandlung, S. 53 f. weitet er seine Überlegungen aber auch auf die Vorsatzanfechtung aus.

241 *Hoffmann,* Prioritätsgrundsatz und Gläubigergleichbehandlung, S. 53 f.

242 *Hoffmann,* Prioritätsgrundsatz und Gläubigergleichbehandlung, S. 40.

243 *Hoffmann,* Prioritätsgrundsatz und Gläubigergleichbehandlung, S. 40.

244 *Hoffmann,* Prioritätsgrundsatz und Gläubigergleichbehandlung, S. 36 u. 40.

245 *Hoffmann,* Prioritätsgrundsatz und Gläubigergleichbehandlung, S. 10 ff., 40 u. 498.

246 *Hoffmann,* Prioritätsgrundsatz und Gläubigergleichbehandlung, S. 11 f.

247 *Hoffmann,* Prioritätsgrundsatz und Gläubigergleichbehandlung, S. 11.

248 *Bork*, ZIP 2004, 1684, 1691; *Bork*, ZIP 2008, 1041, 1046; *Bork*, ZIP 2014, 797, 803; *Thole*, KTS 2007, 293, 300; *Thole*, ZZP 121 (2008), 67, 76; *Lind*, Zur Auslegung von § 133 InsO, S. 114.

249 *Thole*, ZZP 121 (2008), 67, 76.

Es ist zutreffend, den Normzweck der Vorsatzanfechtung damit zu umschreiben, dass sie sozial inadäquates, also missbilligenswertes Verhalten der Beteiligten sanktioniert. Richtig ist auch, dass die Vorsatzanfechtung dann nicht greifen sollte, wenn der Schuldner sich sozial adäquat verhalten hat.[250] Ob eine solche Umschreibung aber bei dem Verständnis der Norm behilflich ist, wird hier in Frage gestellt. Schließlich ist es ein Leichtes, Normen mit dem Be-griff der sozialen Inadäquanz zu kennzeichnen. Jeder Straftatbestand und auch das gesamte verschuldensabhängige Schadensersatzrecht kann so beschrieben werden. Die Rechtsfolge tritt in allen drei Bereichen ein, weil sich die handelnde Person „falsch verhalten hat". Der damit gefundene „kleinste gemeinsame Nenner" von Normen aus verschiedenen Bereichen, vermag es aber nicht, § 133 InsO insoweit zu erklären, als damit in Einzelfällen genauere Ergebnisse ermöglicht werden. Der Begriff weist den richtigen Weg, zu präzisen Ergebnissen verhilft er nicht. Es ist damit für die Vorsatzanfechtung genauso wenig geholfen, wie wenn man versucht, die Frage der Strafbarkeit der körperlichen Misshandlung oder der Schadensersatzpflicht wegen der wirtschaftlichen Schädigung einer anderen Person mit Hilfe der sozialen Inadäquanz zu bewerten.

Ein solcher Erklärungsansatz muss sich die Kritik der Unbestimmtheit gefallen lassen, ist er doch nicht in der Lage, der Vorsatzanfechtung genauere Konturen zu verleihen. Vielmehr müssen die geforderten Gerechtigkeits- und Billigkeitserwägungen noch präzisiert werden. Dies wird auch daran deutlich, dass auch Verhaltensweisen, die ein Anfechtungsrecht nach den §§ 130–132 InsO eröffnen, als sozial inadäquat oder als missbilligenswert beschrieben werden können. Die soziale Inadäquanz des Verhaltens ist bei der besonderen Insolvenzanfechtung darin begründet, dass ein Verstoß gegen den Gläubigergleichbehandlungsgrundsatz vorliegt. Eine entsprechende weiterführende Erklärung der Vorsatzanfechtung lassen die Ansätze aber vermissen, ein eigenständiger Normzweck wird der Vorsatzanfechtung damit nicht zugestanden.

c. Schutz des Fortbestehens gleicher Befriedigungs- und Zugriffschancen

Detaillierter sind die Ausführungen *Schoppmeyers*.[251] Dieser greift einen Gedanken auf, der bereits Ende des 19. Jahrhunderts von *Jaeckel* vorgebracht wurde[252] und der auch in der Rechtsprechung des Bundesgerichtshofs zu finden ist.[253] Da-

250 Vgl. *Bork*, ZIP 2008, 1041, 1046.

251 *Schoppmeyer*, NZI 2005, 185, 187 sowie *Schoppmeyer*, ZIP 2009, 600, 602.

252 Vgl. *Jaeckel*, Anfechtung von Rechtshandlungen, S. 40.

253 *BGHZ* 162, 143, 150.

nach schützt die Vorsatzanfechtung das Fortbestehen gleicher Befriedigungs- und Zugriffschancen.[254] *Schoppmeyer* vergleicht die im Rahmen von § 133 Abs. 1 InsO widerstreitenden Interessen und kommt zu dem Schluss, dass dieser den Normbefehl an Schuldner und Gläubiger enthalte, die Balance zwischen freier Verteilung und freien, gleichen Ausgangschancen zu wahren. Soweit das der Fall sei, würden sich die Interessen des Schuldners und des profitierenden Gläubigers gegenüber den übrigen Gläubigern durchsetzen. Die Vorsatzanfechtung dürfe erst dann eingreifen, wenn das Schuldnerverhalten diese Balance beeinträchtige. Darin sieht er ihre tragende Wertung, sie untersage dem Schuldner, die Chancengleichheit aller Gläubiger bei dem Zugriff auf das Schuldnervermögen zu beeinträchtigen.[255]

Schoppmeyers Ausführungen kann zugestimmt werden. Es ist zutreffend, dass § 133 InsO den Fortbestand gleicher Befriedigungs- und Zugriffschancen der Gläubiger schützt, zumal eine solche Deutung der Vorsatzanfechtung sicherlich einen Erkenntnisgewinn gegenüber dem Be-griff der sozialen Inadäquanz beinhaltet. Ziel des § 133 InsO ist nicht, die gleiche Befriedigung der Gläubiger zu gewährleisten, sondern die Gleichheit der Befriedigungschance der Gläubiger zu wahren. Der Schuldner kann aussuchen, wen er befriedigt. Dagegen greift die Vorsatzanfechtung ein, wenn er die Zugriffschance der Gläubiger auf die Haftungsmasse vorsätzlich beeinträchtigt.

Letztlich vermag es aber auch der Begriff der Chancengleichheit nicht, bei der Anwendung der Vorsatzanfechtung zu helfen. Wann eine solche Beeinträchtigung der Chancengleichheit vorliegt, bestimmt § 133 InsO, entscheidendes Kriterium ist der Vorsatz des Schuldners. Bedingter Vorsatz ist ausreichend, also beeinträchtigt der Schuldner die Chancengleichheit immer dann, wenn er eine Rechtshandlung vornimmt, obwohl er erkannt hat, dass diese andere Gläubiger benachteiligt.

d. Präventive Wirkung der Vorsatzanfechtung

Mit der verhaltenssteuernden Wirkung der besonderen Insolvenzanfechtung setzt sich *Thole* auseinander, im Ergebnis sieht er sie aber nur sehr schwach ausgeprägt. Eine solche präventive Funktion der Anfechtungsregeln werde zu wenig gewürdigt. Die ökonomische Analyse habe längst erkannt, dass die Existenz der Anfechtungsregeln das Verhalten der beteiligten Normadressaten bereits im Vorfeld der Insolvenz zu bestimmen vermöge. Der Zweck der Deckungsanfechtung bestehe auch darin, die Gläubigerbevorzugung gar nicht erst eintreten zu lassen.[256] Dem

254 *Schoppmeyer*, ZIP 2009, 600, 609.
255 *Schoppmeyer*, ZIP 2009, 600, 602.
256 *Thole*, ZZP 121 (2008), 67, 75.

ist im Ergebnis zuzustimmen, schließlich ist es allgemein anerkannt, dass durchsetzbare Gesetze menschliche Willensentscheidungen beeinflussen können.[257]

Im Hinblick auf den deliktsrechtlichen Ursprung der Vorsatzanfechtung drängt sich die Frage, inwieweit diese präventiv auf das Verhalten der Beteiligten einwirkt, auf. *Schulte* und *Lind* haben sich mit der Ordnungsfunktion der Absichts- bzw. Vorsatzanfechtung auseinandergesetzt.[258] Ersterer kommt bei seiner Funktionsbestimmung der Absichtsanfechtung zu dem Ergebnis, dass diese, in Ergänzung der strafrechtlichen Konkursdelikte, generalpräventiv auf alle Schuldner einwirkt, auch und insbesondere in wirtschaftlich existenzbedrohenden Situationen keine gläubigerbenachteiligende Handlung vorzunehmen.[259] Die strafrechtlichen Konkurstatbestände ließen die zivilrechtlichen Folgen der betrügerischen Handlung des Schuldners unberührt, daher bedürfe es der Absichtsanfechtung, um diese Lücke zu schließen. Die Absichtsanfechtung sei die Verlängerung der strafrechtlichen Konkurstatbestände in das Zivilrecht. Sie verkörpere den Appell an die Allgemeinheit, die anfechtbaren Handlungen nicht vorzunehmen, indem sie entsprechendes Verhalten sanktioniere.[260]

Dass ein generalpräventiver Charakter der Vorsatzanfechtung wenig auffällig ist, zeigt sich bei einem Vergleich des Wesens einer Bestrafung mit den Rechtsfolgen einer Anfechtung. Jede „*Strafe ist ein öffentlich sozialethisches Unwerturteil*“[261] und beinhaltet ein Übel, in Form einer Beeinträchtigung von Rechten, das der Bestrafte erleiden muss.[262] Das öffentliche Unwerturteil wird dadurch kenntlich gemacht, dass der Bestrafte eine empfindliche Einbuße in seiner Freiheit oder seinem Vermögen und damit in seinem sozialen Ansehen erfährt.[263] Die Rechtsfolge einer Anfechtung erschöpft sich aber regelmäßig in einem Anspruch auf Rückgewähr zur Insolvenzmasse. Dieser Anspruch richtet sich aber gegen den Anfechtungsgegner, der die „Tat“ des Schuldners nicht einmal unterstützt haben muss, wie das Beispiel einer Banküberweisung zeigt.[264] Der Anfechtungsgegner

257 Vgl. *Larenz/Canaris*, Methodenlehre der Rechtswissenschaft, S. 71; *Zippelius*, Juristische Methodenlehre, S. 2.

258 *Schulte*, Anwendungsverständnis der Absichtsanfechtung, S. 104 ff.; *Lind*, Zur Auslegung von § 133 InsO, S. 37 f.

259 *Schulte*, Anwendungsverständnis der Absichtsanfechtung, S. 105. Ausführungen dazu, ob eine solche Sichtweise die deliktsrechtliche Einordnung der Absichtsanfechtung voraussetzt, werden von *Schulte* aber nicht gemacht.

260 *Schulte*, Anwendungsverständnis der Absichtsanfechtung, S. 105.

261 *Jescheck/Weigend*, Strafrecht AT, S. 65.

262 Vgl. *Jescheck/Weigend*, Strafrecht AT, S. 65.

263 Vgl. *Jescheck/Weigend*, Strafrecht AT, S. 65.

264 Aus § 290 Abs. 1 Nr. 1 InsO ergeben sich *de lege lata* auch zivilrechtliche Konsequenzen aus der Begehung von Insolvenzstraftaten.

hat das zu ersetzen, was durch die anfechtbare Handlung dem haftenden Vermögen des Verfahrensschuldners entzogen worden ist. Er muss haftendes Vermögen des Schuldners herausgeben, einen darüber hinausgehenden Eingriff in sein Vermögen aber nicht fürchten. Die Nutzungen des Anfechtungsgegenstandes sind Früchte oder Gebrauchsvorteile, die der Sache oder dem Recht und damit der Haftungsmasse zugeordnet sind (vgl. § 100 BGB), daher ist auch ihre Herausgabe keine abschreckende Strafe. Auch der Hinweis *Tholes* auf die verschärfte Bereicherungshaftung des Anfechtungsgegners nach § 143 Abs. 1 S. 2 InsO ist kein starkes Argument für eine generalpräventive Funktion der Vorsatzanfechtung.[265] Richtig ist, dass die damit verbundene Herausgabepflicht über das hinausgeht, was ursprünglich erlangt wurde, allerdings erstreckt sich diese Pflicht nur auf schuldhaft nicht gezogene Nutzungen. Bei Verschulden des Anfechtungsgegners ist es aber ein leichtes, auch weitergehende Eingriffe in dessen Vermögen zu rechtfertigen.

Die Rückgewährpflicht weist selbst bei kongruenten Deckungen keinen Sanktionscharakter auf.[266] Natürlich wird der Anfechtungsgegner im Insolvenzverfahren nur noch mit der Insolvenzquote befriedigt; die Härte dieser Rechtsfolge träfe ihn aber auch dann, wenn er nicht vor der Insolvenzeröffnung befriedigt worden wäre, mithin stellt sie kein zusätzliches Übel dar. Das Risiko eines eventuellen Rückgewährverlangens durch den Insolvenzverwalter wird daher regelmäßig nur wenig abschreckend wirken,[267] diese Funktion kommt mehr den Insolvenzstraftaten zu, deren Tatbestand bei Vorliegen der Voraussetzung der Absichtsanfechtung häufig auch erfüllt sein wird. Durch die mit der Einführung der Insolvenzordnung erstarkten Anfechtungsnormen mögen einige Gläubiger von der Vornahme anfechtbarer Rechtshandlungen absehen, das ist aber kein Resultat einer Angst vor Strafe, sondern eines der inzwischen sehr wahrscheinlichen Zwecklosigkeit der Vornahme der Rechtshandlung. Hält die Absichtsanfechtung dadurch von der Vornahme masseschmälernder Rechtshandlungen ab, geht das nicht über die allgemeine Ordnungsfunktion des Rechts hinaus. Die Absichtsanfechtung hatte also keine generalpräventive Wirkung, gleiches gilt für die Vorsatzanfechtung nach § 133 InsO.[268] Damit zeigt sich ein weiteres Argument gegen eine deliktsrechtliche Einordnung des Rechtsinstituts.

---

265 *Thole*, ZZP 121 (2008), 67, 75.

266 Anders *Schulte*, Anwendungsverständnis der Absichtsanfechtung, S. 107.

267 Zur Geltungszeit der Konkursordnung hätten man Gläubigern die Vornahme anfechtbarer Rechtshandlungen aufgrund der mangelnden Durchschlagskraft der Anfechtungsregeln sogar häufig empfehlen können.

268 Weitere Argumente gegen ein dahingehendes Verständnis der Absichtsanfechtung bei *Lind*, Auslegung von § 133 InsO, S. 37.

e. *Schutz der Haftungsordnung*

Nach *Häsemeyer* besteht der Zweck der Vorsatzanfechtung in dem Schutz der Haftungsordnung vor zielgerichteten Beeinträchtigungen.[269] Eine solche Formulierung mag für die frühe Absichtsanfechtung noch zutreffend gewesen sein. Nachdem aber zwischenzeitlich bereits bedingter Vorsatz für die Anfechtung als ausreichend angesehen wird, ist sie spätestens damit nicht mehr haltbar. Eine zielgerichtete Beeinträchtigung ist etwas anderes, als eine solche nur billigend in Kauf zu nehmen. Letzteres reicht für die heutige Vorsatzanfechtung aber nunmehr ausdrücklich aus.

Den Schutz der Haftungsordnung bezweckt der Vorsatzanfechtungstatbestand auch nach *Guski*. Die Vorsatzanfechtung diene der Beseitigung von Massemanipulationen, also von Handlungen, die die Haftung des Schuldners vereiteln sollen. Die grundsätzlich dem freien Willen anheim gestellte Verfügungsmacht des Schuldners sei zur Verwirklichung seiner Haftung gegenüber den Gläubigern einzuschränken.[270] Die Haftungsmasse dürfe nicht durch willkürliche, haftungsreduzierend wirkende Manipulationen beeinträchtigt werden.[271] Eine erfolgreiche Anfechtung nach § 133 Abs. InsO bewirkt, dass den Gläubigern mehr Haftungsmasse zur Verfügung steht. Es ist also zutreffend, dass die Haftungsmasse zugunsten der Gläubiger geschützt wird. Unglücklich erscheint der von *Guski* verwendete Begriff der *Masse*manipulation, der aufgrund der insolvenzrechtlichen Prägung des Begriffs der Masse (vgl. § 35 InsO) auch einen allein insolvenzrechtlichen Zweck der Vorsatzanfechtung vermuten lässt, auch wenn *Guski* sich damit allgemein auf die Haftungsmasse bezieht.[272] Das wird dem sowohl außerhalb als auch innerhalb der Insolvenzverfahren zu findenden Tatbestand aber nicht gerecht. Diese Universalität der Vorsatzanfechtung[273] wird aber auch von *Guski* beschrieben.[274]

---

269 *Häsemeyer*, Insolvenzrecht, Rdnr. 21.78.

270 *Guski*, WM 2009, 1071; *Guski*, Sittenwidrigkeit und Gläubigerbenachteiligung, S. 141.

271 *Guski*, Sittenwidrigkeit und Gläubigerbenachteiligung, S. 142. Dem folgt *Schwartz*, Vorsatzanfechtung, S. 28.

272 *Guski* bezieht sich aber auf die allgemeine Haftungsmasse, vgl. *Guski*, Sittenwidrigkeit und Gläubigerbenachteiligung, S. 142.

273 *Thole*, KTS 2007, 293, 300 beschreibt den Geltungsgrund der Vorsatzanfechtung als universell.

274 *Guski*, Sittenwidrigkeit und Gläubigerbenachteiligung, S. 139; WM 2009, 1071, 1072.

3. Der Normzweck der Vorsatzanfechtung in der Rechtsprechung des Bundesgerichtshofs

Auch der Bundesgerichtshof sah den Zweck sämtlicher Insolvenzanfechtungstatbestände zunächst in der Gleichbehandlung der Gläubiger,[275] unterschied aber wenig später verschiedene Normzwecke von Deckungs- und Vorsatzanfechtung.[276]

Der Bundesgerichtshof verbindet nunmehr bei seiner Bestimmung des Normzwecks zwei der bereits genannten Ansichten. In Abkehr von seiner früheren Rechtsprechung stellt er zunächst fest, dass § 133 Abs. 1 InsO nicht in unmittelbarem Zusammenhang mit der materiellen Insolvenz steht, sondern bestimmte Verhaltensweisen des Schuldners missbilligt.[277] Auch der Bundesgerichtshof geht also davon aus, dass der Vorsatzanfechtungstatbestand dem Schutz der Gläubiger vor sozial inadäquatem Verhalten des Schuldners dient.[278] Wann ein solch missbilligenswertes Verhalten des Schuldners vorliegt, wird aber mit der auch von *Schoppmeyer* vertretenen Ansicht, § 133 Abs. 1 InsO wahre die Chancengleichheit der Gläubiger bei der Befriedigung,[279] präzisiert. Die Vorschrift sei Ausdruck des Gedankens, dass ein Schuldner nicht berechtigt ist, vorsätzlich einzelne Gläubiger gegenüber anderen zu bevorzugen, soweit die ihnen gegenüber bestehenden Verpflichtungen gleichrangig sind. Sie schütze also das Interesse der Gläubiger daran, dass der Schuldner ihre prinzipiell gleichen Befriedigungschancen nicht beeinträchtigt. Zentraler Anknüpfungspunkt sei der in einer Rechtshandlung zum Ausdruck gebrachte Wille des Schuldners, den Anfechtungsgegner zum Nachteil anderer Gläubiger zu bevorzugen.[280]

4. Der Normzweck der Vorsatzanfechtung

Nachdem gezeigt wurde, dass Vorsatzanfechtung und Gläubigergleichbehandlungsgrundsatz in keinem direkten Zusammenhang stehen, wird zur Ermittlung des Normzwecks zunächst ein Blick auf die Ausgangslage geworfen, in die § 133 InsO eingreift.

Unabhängig davon, ob mit der Vorsatzanfechtung Rechtshandlungen angegriffen werden, die vor oder während der Krise vorgenommen wurden, gilt das Prioritätsprinzip. Streiten sich mehrere Gläubiger um die Befriedigung aus einem Vermögensgegenstand des Schuldners, ist der Gläubiger im Vorteil, der sein

---

275 *BGH*, ZIP 1999, 406.
276 *BGHZ* 162, 143, 148 ff.
277 *BGHZ* 162, 143, 150.
278 Zu den weiteren Vertretern dieser Ansicht siehe S. 62 ff.
279 Zur Ansicht *Schoppmeyers* vgl. S. 63.
280 *BGHZ* 162, 143, 150.

Recht an dem Vermögensgegenstand zuerst erlangt hat.[281] Aus der Perspektive des Schuldners ist auf die Privatautonomie hinzuweisen, die es ihm ermöglicht, Rechtsverhältnisse in dem durch die Rechtsordnung vorgegebenen Rahmen nach seinem Willen zu gestalten.[282] Ihre Grenze findet die Privatautonomie vor allem in den Verbotsgesetzen im Sinne von § 134 BGB und den in § 138 BGB geschützten guten Sitten. Unterhalb dieser Schwellen kann der Schuldner sowohl schuldrechtliche als auch dingliche Verträge nach weitgehend freiem Belieben vornehmen. Die hinter den jeweiligen Rechtsgeschäften stehende Motivation wird nicht bewertet. Eine dahingehende Korrektur findet sich aber in den Vorsatzanfechtungstatbeständen in § 3 AnfG und § 133 InsO.

Bevor auf diese Tatbestände zurückgegriffen werden kann, muss sich das Schuldnervermögen aber in einem bestimmten Zustand befinden. Beide setzen eine Insuffizienz des Schuldnervermögens voraus, die aber qualitative Unterschiede aufweist. Bei der Einzelgläubigeranfechtung genügt gemäß § 2 AnfG bereits die vorübergehende Unfähigkeit, die Forderung des Gläubigers zu erfüllen, wofür der Zeitpunkt der letzten mündlichen Tatsachenentscheidung ausschlaggebend ist.[283] Ausreichend ist hier bereits, wenn der Schuldner sein Vermögen ins Ausland verschafft hat, jedenfalls wenn der Schuldtitel dort keine Anerkennung findet.[284] Dagegen ist die Vermögensinsuffizienz kein Tatbestandsmerkmal des § 133 Abs. 1 InsO. Es muss aber ein Insolvenzeröffnungsgrund (§§ 17, 18, 19 InsO) vorliegen, damit das insolvenzrechtliche Regime zur Anwendung kommt und die Möglichkeit, die Vorsatzanfechtung geltend zu machen, von einem einzelnen Gläubiger auf den Insolvenzverwalter übergeht. Solange eine solche Vermögensinsuffizienz noch nicht vorliegt, gilt die Privatautonomie, die auch bei Rechtsgeschäften, die mit Gläubigerbenachteiligungsvorsatz vorgenommen werden, nicht beschnitten wird.[285]

Wesentlich zur Bestimmung des Zwecks einer Norm sind die der Regelung zu Grunde liegenden Interessen.[286] Bei der Vorsatzanfechtung sind es drei Gruppen widerstreitender Interessen, die gegeneinander abzuwägen sind und die bereits von *Schoppmeyer* zusammengefasst wurden.[287] Da ist zum ersten der Schuldner,

281 *Henckel*, in: Jaeger, InsO, § 133 Rdnr. 2.

282 *Flume*, Allgemeiner Teil II, S. 1.

283 *Huber*, AnfG, § 2 Rdnr. 22.

284 *RGZ* 145, 341, 343.

285 Natürlich ist zu berücksichtigen, dass es es sich bei dem Insolvenzverfahren um ein Antragsverfahren handelt (vgl. § 13 Abs. 1 InsO). Für die Anwendbarkeit von § 133 Abs. 1 InsO ist also auch ein Insolvenzantrag erforderlich.

286 *Hassold*, in: Festschrift Larenz, S. 211, 228.

287 *Schoppmeyer*, ZIP 2009, 600, 602.

der das Verwaltungs- und Verfügungsrecht über sein Vermögen längstmöglich behalten möchte. Zum zweiten sind die Interessen des Anfechtungsgegners zu nennen, der regelmäßig ein Interesse daran haben wird, dass die von ihm ausgehandelten Verträge bestehen bleiben und er bereits erhaltene Leistungen behalten kann, statt lediglich quotal befriedigt zu werden. Die dritte Gruppe ist die der übrigen Gläubiger des Schuldners. Insbesondere bei einem wirtschaftlich angeschlagenen Schuldner haben diese ein Interesse daran, dass andere Gläubiger nicht vor ihnen befriedigt werden. Es liegt ihnen daran, dass die später zur Befriedigung zur Verfügung stehende Masse möglichst groß ist.[288]

Der subjektive Tatbestand des § 133 InsO ist einerseits ausschlaggebend für die Bestimmung seines Normzwecks, andererseits ermöglicht er, wie auch bei der besondern Insolvenzanfechtung, die Berücksichtigung von Vertrauensschutz. Auch hier stellt sich wieder das Problem des Gleichgewichts zwischen den sich gegenüber stehenden Interessen. Der Rechtsverkehr sollte nicht unter das Damoklesschwert einer Insolvenzeröffnung gestellt werden, trotzdem aber ein taugliches Instrument zum Schutz der Insolvenzmasse gegen vorsätzlich beeinträchtigende Rechtsakte zur Verfügung stehen; beide Waagschalen sind besetzt. Auf der einen Seite wird der Tatbestand in die Nähe sittenwidriges Handeln gerückt, indem nur Rechtshandlungen erfasst werden sollen, die mit betrügerischem Vorsatz durchgeführt werden,[289] oder es wird ein unlauteres Handeln des Schuldners bzw. ein kollusives Zusammenwirken mit dem anderen Teil verlangt.[290] Dabei besteht aber die Gefahr, dass § 133 InsO wieder zu einer Regelung verkommt, die nur in seltenen Ausnahmefällen wie dem Verkauf des Schuldnervermögens zur Liquiditätsbeschaffung für seine Flucht oder der Befriedigung der Vergnügungssucht des Schuldners greift.[291] Auf der anderen Schale steht eine Auffassung, die das Vorsatzerfordernis wesentlich extensiver versteht und bedingten Vorsatz ausreichen lässt.[292] Eine solche Auslegung kann aber dazu führen, dass auch langfristige Kreditsicherheiten betroffen werden. Gerade das Bestellen von Sicherheiten dient letztendlich dazu, das Risiko einer Insolvenz auf andere Gläubiger zu verlagern, der Sicherungsnehmer wird die Gefahr, dass die anderen Gläubiger dadurch benachteiligt werden, also stets erkennen.[293] Dieser Seite treten in letzter Zeit einige Stimmen bei, die die Vorsatzanfechtung als Vorschrift zum Schutz vor

---

288 Vgl. *Schoppmeyer*, ZIP 2009, 600, 602.
289 *Paulus*, in: Festschrift Fischer, S. 445, 457.
290 *Foerste*, NZI 2006, 6, 8.
291 Vgl. *Pagenstecher/Grimm*, Der Konkurs, S. 86.
292 Regierungsentwurf, BT-Drucksache 12/2443, S. 160. *BGH*, NZI 2003, 597, 598.
293 *Häsemeyer*, ZIP 1994, 418, 419.

gläubigerschädigenden Vermögensverschiebungen entdecken und sie als Auffangbecken für die Verlagerung des Gläubigerschutzes vom gründungsbezogenen Gesellschaftsrecht in das territorial geprägte Insolvenzrecht sehen.[294]

Den Vorsatzanfechtungstatbeständen liegt das Prioritätsprinzip zu Grunde. Grundsätzlich kann der Schuldner darüber bestimmen, in welcher Reihenfolge er seine Gläubiger befriedigt; Gläubiger, deren Forderungen erfüllt wurden, können regelmäßig davon ausgehen, dass sie das Erhaltene auch behalten dürfen. Es besteht hier ein Gleichgewicht zwischen der freien Auswahl des Schuldners bei der Verteilung seines Vermögens und den gleichen Zugriffsmöglichkeiten der Gläubiger auf dieses Vermögen.[295] Erst wenn ein Ungleichgewicht dergestalt eintritt, dass einzelne Gläubiger noch Befriedigung erhalten, andere aber leer ausgehen, kommt § 133 InsO bzw. § 3 AnfG ins Spiel. Bevorzugt der Schuldner jetzt einzelne Gläubiger vorsätzlich vor anderen, wird dieser Weg rückwirkend versperrt.[296]

a. Bestimmung des Normzwecks mit Hilfe der klassischen Auslegungsmethoden

Zur Ermittlung des Zwecks einer Norm ist auf die bekannten Auslegungsmethoden zurückzugreifen.[297] Schaut man daher zunächst auf den Wortlaut von § 133 InsO, finden sich vor allem subjektive Tatbestandsmerkmale. Da ist einerseits der Vorsatz des Schuldners, seine Gläubiger zu benachteiligen, und die Kenntnis des Anfechtungsgegners von diesem Vorsatz. Als weitere Voraussetzungen treten noch der objektive Eintritt einer Benachteiligung der Gläubiger aufgrund einer Rechtshandlung des Schuldners und die soeben erwähnte Vermögensinsuffizienz hinzu, die sich in der Verfahrenseröffnung niedergeschlagen hat. Umfangreiche Erkenntnisse können daraus aber zunächst nicht gewonnen werden. Festhalten lässt sich nur, dass die Vorsatzanfechtung den Schutz der Gläubiger vor vorsätzlichen Beeinträchtigungen durch den Schuldner bezweckt. Damit ist das subjektive Merkmal auf Seiten des Anfechtungsgegners noch unberücksichtigt, es leistet aber auch keinen Beitrag zum Normzweck der Vorsatzanfechtung. Die Kenntnis des Gläubigerbenachteiligungsvorsatzes dient dem Vertrauensschutz, § 133

---

294 *Thole*, KTS 2007, 293, 297; *Haas*, ZIP 2006, 1373, 1376; *Fischer*, ZIP 2004, 1477, 1478 u. 1483. Vgl. dazu ausführlich *Thole*, Gläubigerschutz, S. 30 ff.

295 *Schoppmeyer*, ZIP 2009, 600, 602.

296 So *Schoppmeyer*, ZIP 2009, 600, 602, in Anlehnung an *Plander*, BB 1972, 1480, 1484. Beide betrachten die Vorsatzanfechtung aber als äußerste Grenze, die hier in § 138 BGB gesehen wird.

297 Vgl. *Hassold*, in: Festschrift Larenz, S. 211, 229.

InsO kommt nur gegenüber dem unredlichen Gläubiger zur Anwendung. Sie hat keinen Einfluss auf den Zweck der Norm, auch ohne das Merkmal der Kenntnis würden die Gläubiger vor vorsätzlichen Beeinträchtigungen geschützt. Es wird lediglich der redliche Gläubiger von diesem Schutz ausgenommen.

Noch weniger kann den in den Materialien niedergelegten Motiven des Gesetzgebers entnommen werden, wird doch in der Gesetzesbegründung der Insolvenzordnung nicht ausdrücklich auf den Normzweck eingegangen.[298] Spielraum zur Interpretation lässt allein die Abkehr von der Absicht hin zur vorsätzlichen Benachteiligung der Gläubiger, auch wenn im Regierungsentwurf betont wird, dass damit keine Änderung des geltenden Rechtszustandes bezweckt werde.[299] Man könnte hierin den Schlusspunkt der bereits im historischen Teil beschriebenen Entwicklung der Vorsatzanfechtung sehen.[300] Der Weg von einem deliktsrechlichen Verständnis, das die verwerfliche Gesinnung des Schuldners in den Vordergrund stellt, hin zu einem Tatbestand, dessen Ziel es ist, die benachteiligende Wirkung der Vermögensverschiebung zu beseitigen, ist damit vollendet.

Auch bei einer systematischen Auslegung der Anfechtungstatbestände kann auf die bereits gewonnenen Erkenntnisse zurückgegriffen werden. Der Zweck der Vorsatzanfechtung ist ein anderer als der der besonderen Insolvenzanfechtung; sie dient nicht der Gleichbehandlung der Gläubiger. Vielmehr verfolgt sie einen allgemeineren, von den Zielen des Insolvenzverfahrens unabhängigen Zweck. Belegt wird das durch die Parallelvorschrift in § 3 AnfG, die einen identischen Normzweck bei fortwährender Geltung des Prioritätsprinzips verfolgt. Die Vorsatzanfechtungstatbestände aus § 3 AnfG und § 133 InsO schützen die allgemeine Haftungsordnung. Mit ihrer Hilfe kann bewirkt werden, dass auch aus dem Vermögen des Schuldners Weggegebenes zur Haftung eines oder mehrer Gläubiger zur Verfügung gestellt werden muss. Die Vorschrift ist Ausdruck des Gedankens, dass ein Schuldner nicht berechtigt ist, vorsätzlich einzelne Gläubiger gegenüber anderen zu bevorzugen, soweit die ihnen gegenüber bestehenden Verpflichtungen gleichrangig sind. Sie schützt also das Interesse der Gläubiger daran, dass der Schuldner ihre prinzipiell gleichen Befriedigungschancen nicht beeinträchtigt. Zentraler Anknüpfungspunkt der gesetzlichen Regelung ist der in einer Rechtshandlung zum Ausdruck gekommene Wille des Schuldners, den Anfechtungsgegner zum Nachteil anderer Gläubiger zu bevorzugen.[301] Damit kann festgehalten werden, dass die Vorsatzanfechtung den Schutz der Haftungsordnung vor vorsätzlichen Beeinträchtigungen bezweckt.

---

298 Vgl. Regierungsentwurf, BT-Drucksache 12/2443, S. 160.

299 Vgl. Regierungsentwurf, BT-Drucksache 12/2443, S. 160.

300 Siehe S. 25 ff.

301 *BGHZ* 162, 143, 150.

b. Die Haftungsordnung

Dabei ist die Haftungsordnung die Gesamtheit der Normen und deren Regelungsgehalt, *„die der Verwirklichung der zivilrechtlichen Vermögenshaftung des Schuldners zugunsten der Gläubigerbefriedigung“* dienen.[302] Sie umfasst daher Teile des Zwangsvollstreckungsrechts und die Insolvenzordnung. Welche Vermögensgegenstände für die Gläubiger des Schuldners zur Verfügung stehen, ist dabei grundsätzlich einheitlich zu beurteilen, geht es doch jeweils um die Haftung des Schuldners für seine Verbindlichkeiten. Der entscheidende Unterschied zwischen Einzel- und Gesamtvollstreckungsrecht besteht darin, dass ersteres der Befriedigung einzelner Gläubiger und letzteres der gemeinsamen Befriedigung aller Gläubiger dient. Bei der Einzelzwangsvollstreckung haften einzelne Gegenstände des Schuldnervermögens und bei der Gesamtvollstreckung das gesamte Schuldnervermögen.[303] Gemeinsam haben beide Verfahren, dass sie die Befriedigung der Gläubiger durch *„hoheitlichen Eingriff in privatrechtlich organisierte Vermögensallokation“* ermöglichen.[304] Die Eröffnung des Insolvenzverfahrens bildet eine Zäsur, die die Haftungsordnung in zwei Bereiche teilt.

aa. Einzelzwangsvollstreckung

Das Zwangsvollstreckungsrecht soll die Befriedigung des Gläubigeranspruchs bewirken.[305] Nachdem mit dem Urteil (oder einem anderen Vollstreckungstitel) der Abwägungs- oder Entscheidungsprozess beendet wurde, erfolgt nun der Zugriff auf das Vermögen des Schuldners.[306] Dabei erfolgt die Befriedigung des Gläubigers nicht durch freiwillige Erfüllungshandlung, sondern durch staatlichen Hoheitsakt wird Vermögen des Schuldners auf den Gläubiger übertragen.[307] Bestimmendes Prinzip der Einzelzwangsvollstreckung ist das Prioritätsprinzip (vgl. §§ 804 Abs. 3, 930 Abs. 1 ZPO, § 11 Abs. 2 ZVG).

Das Prioritätsprinzip ist ein den Wertungen des materiellen Rechts folgendes (§§ 1209, 1273 Abs. 2 BGB) Verteilungsprinzip.[308] Soweit es um die Auseinan-

---

302 In Anlehnung an *Gaul*, ZZP 112 (1999), 135, 177, der damit die staatliche Justizgewährung durch Zwangsvollstreckung beschreibt.

303 *Gaul/Schilken/Becker-Eberhard*, Zwangsvollstreckungsrecht, § 1 Rdnr. 42.

304 *v. Gleichenstein*, NZI 2015, 49, 51.

305 Vgl. *Gaul*, ZZP 112 (1999), 135, 150.

306 Vgl. *Baur/Stürner/Bruns*, Zwangsvollstreckungsrecht, Rdnr. 2.2 Eine Abwägung findet gegebenenfalls wieder statt, wenn Rechtsmittel gegen die Vollstreckung eingelegt werden.

307 Vgl. *Gaul*, ZZP 112 (1999), 135, 151.

308 *Gaul/Schilken/Becker-Eberhard*, Zwangsvollstreckungsrecht, § 5 Rdnr. 84.

dersetzung mehrerer Gläubiger bei der Einzelzwangsvollstreckung geht, ist es das Grundprinzip dieser Haftungsordnung. Bei der Vollstreckung in bewegliche Gegenstände und Forderungen wird es durch das Pfändungspfandrecht gesichert (§ 804 Abs. 3 ZPO).[309] *„Das Prioritätsprinzip räumt der Parteiinitiative, der Handlung des Individuums, eine große Bedeutung ein. Von ihr hängt die Begründung eines Vorzugsrechts ab."*[310] Das Prioritätsprinzip kann aber nur so lange Wirksamkeit beanspruchen, wie für alle Gläubiger noch die Aussicht besteht, dass ihre Ansprüche aus dem Vermögen des Schuldners befriedigt werden können. Mit dem Eintritt der Vermögensinsuffizienz beim Schuldner wird es erforderlich, dass das Prioritätsprinzip durch ein Verfahren abgelöst wird, in dem die Gläubiger gleichmäßig befriedigt werden.[311]

bb. Insolvenzrecht

Mit der Insolvenzeröffnung tritt die insolvenzrechtliche Haftungsordnung in Kraft. Dem Schuldner wird die Verwaltungs- und Verfügungsbefugnis über seine Vermögenswerte zwangsweise entzogen und diese auf den Insolvenzverwalter übertragen. Es gilt nun die insolvenzrechtliche Haftungsordnung mit dem übergeordneten Ziel, die Forderungen der Insolvenzgläubiger möglichst weitgehend zu befriedigen (vgl. § 1 S. 1 InsO).[312] Während das Zwangsvollstreckungsrecht grundsätzlich der Durchsetzung des materiellen Zivilrechts dient,[313] finden sich in der Insolvenzordnung zahlreiche Abweichungen. Geläufiges Beispiel ist die insolvenzrechtliche Unterscheidung zwischen dem ein Aussonderungsrecht nach § 47 InsO gewährendem Vorbehaltseigentum und dem ein Absonderungsrecht nach § 51 Nr. 1 InsO gewährendem Sicherungseigentum. Dagegen steht dem Sicherungsnehmer in der Einzelzwangsvollstreckung in beiden Fällen das Recht aus § 771 ZPO zu.[314]

Neben den Rechten des Schuldners werden aber auch die Gläubigerrechte beschnitten. Das macht sich für die (ungesicherten) Gläubiger vor allem wirtschaftlich bemerkbar. Sie erhalten auf ihre Forderungen nur noch eine Quote, die aber für alle die gleiche ist. Bestimmte Forderungen werden im Rang zurück-

---

309 *Gaul/Schilken/Becker-Eberhard*, Zwangsvollstreckungsrecht, § 5 Rdnr. 87; *Becker*, in: Musielak/Voit, ZPO, § 804 Rdnr. 14.

310 *Phrankistas*, Das Präventionsprinzip in der Zwangsvollstreckung, S. 78.

311 *Gaul*, ZZP 112 (1999), 135, 157.

312 *Reischl*, Insolvenzrecht, § 1 Rdnr. 7.

313 Eine Ausnahme von diesem Grundsatz findet sich in den Regelungen des Anfechtungsgesetz.

314 *Reischl*, Insolvenzrecht, § 1 Rdnr. 8.

gesetzt (§ 39 InsO), und die Zwangsvollstreckung in das Schuldnervermögen ist nicht mehr möglich (§ 89 Abs. 1 InsO).[315] Darüber hinaus besteht nun ein Spannungsverhältnis zwischen privatrechtlichen Vertragspflichten und dem Insolvenzhaftungsrecht. Zur Lösung dieses Konflikts stattet das Insolvenzrecht den Insolvenzverwalter in den §§ 103 ff. InsO mit einem weitgehenden Wahlrecht aus, ob er unerfüllte Verträge erfüllen oder beenden möchte.[316]

Mit der Insolvenzeröffnung verliert das System, das die Verteilung von Schuldnervermögen nach dem Zugriffszeitpunkt regelt, seine Berechtigung. Dem Schuldner wird die Verantwortung für sowie die Entscheidungsfreiheit bei der Schuldenregulierung genommen. Gilt das Prioritätsprinzip aber nicht mehr, bedarf es für das insolenzrechtliche Haftungssystem eines anderen Verteilungsprinzips.[317] Der deutsche Gesetzgeber hat sich für eine *„Haftungsordnung im Dienste der Gläubigergleichbehandlung“*[318] entschieden. Individuelle Vorteile einzelner Gläubiger sollen eingedämmt oder zumindest abgeschwächt werden, um eine möglichst gleichmäßige Befriedigung der Insolvenzgläubiger zu gewährleisten. Sie ist vorrangiges Ziel und wichtigster materieller Verfahrensgrundsatz und führt zu einer anteiligen Verlustgemeinschaft der Gläubiger.[319] Die *par conditio* ist *„als tragendes und beherrschendes Prinzip“* des Insolvenzverfahrens anerkannt, obgleich sie der Insolvenzordnung nicht ausdrücklich zu entnehmen ist.[320] Am deutlichsten wird noch § 1 S. 1 InsO, nach dem das gesamte Insolvenzverfahren der gemeinschaftlichen Befriedigung der Gläubiger des Schuldners dient.[321]

Da § 133 InsO – anders als § 3 AnfG – Bestandteil der insolvenzrechtlichen Haftungsordnung ist, besteht auch ein Zusammenhang zwischen dem Grundsatz der Gläubigergleichbehandlung und § 133 InsO. Genau wie allen anderen Verfahrenzielen ordnet sich das gesamte Anfechtungsrecht auch der Gläubigergleichbehandlung unter. Zwangsläufig verhilft die durch eine erfolgreiche Anfechtung herbeigeführte Anreicherung der Masse den Gläubigern im späteren Verteilungsverfahren zu einer höheren Quote. Hierbei handelt es sich aber nicht

---

315 *Häsemeyer*, Insolvenzrecht, Rdnr. 1.16.

316 *Reischl*, Insolvenzrecht, § 8 Rdnr. 461 u. 464.

317 *Häsemeyer*, Insolvenzrecht, Rdnr. 2.23.

318 *Häsemeyer*, Insolvenzrecht, Rdnr. 2.17.

319 *Reischl*, Insolvenzrecht, § 1 Rdnr. 38.

320 *Prütting*, in: Kölner Schrift zur Insolvenzordnung, S. 221, 239.

321 Der Grundsatz gleichmäßiger Befriedigung lässt sich den §§ 89, 294 InsO entnehmen, die die Einzelzwangsvollstreckung untersagen. Die quotale Befriedigung der Gläubiger ist in den §§ 38, 187, 188, 195, 196 InsO zu finden. Vgl. *Prütting*, in: Kölner Schrift zur Insolvenzordnung, S. 221, 239.

um die direkte Rechtsfolge der Anfechtung, sondern um einen Ausfluss der von § 133 InsO geschützten insolvenzrechtlichen Haftungsordnung. Insofern ist es zutreffend, dass die Vorsatzanfechtung eine mittelbare Förderung der Gläubigergleichbehandlung bewirkt, eine solche Förderung wird aber durch jede Mehrung der Insolvenzmasse bewirkt.[322] Die Vorsatzanfechtung nach § 133 InsO führt also nicht zu einer Verbesserung der Gleichbehandlung, sondern zu einer Verbesserung der Insolvenzquote der Gläubiger. § 133 InsO bezweckt nicht den Schutz der Gleichbehandlung der Gläubiger, sondern den Schutz der insolvenzrechtlichen Haftungsordnung. Da dieser aber der Gleichbehandlungsgrundsatz als tragendes Prinzip zugrunde liegt, fördert § 133 InsO den Gleichbehandlungsgrundsatz auf der Rechtsfolgenseite.

Anders ist das bei der Vorsatzanfechtung nach § 3 AnfG. Da § 3 AnfG nicht Bestandteil des insolvenzrechtlichen Haftungsregimes ist, dient dieser nicht einmal auf der Rechtsfolgenseite dem Gläubigergleichbehandlungsgrundsatz. Deutlich wird das an dem folgenden Beispiel: Stellt der Gegner einer Anfechtungsklage nach § 3 AnfG das aus dem Schuldnervermögen anfechtbar Erlangte zur Befriedigung des Klägers zur Verfügung, bekommt er selbst gar nichts von dem Erlangten. Der Anfechtungsgegner geht also leer aus. Anders ist es, wenn der Anfechtungsgegner bei Vorliegen eines Insolvenzeröffnungsgrundes einen Insolvenzantrag stellt und er damit erreicht, dass der Anfechtungsprozess vom Insolvenzverwalter aufgenommen wird (§ 17 AnfG) und er das Erlangte in die Insolvenzmasse zahlt. Soweit der Anfechtungsgegner einen Anspruch gegen die Insolvenzmasse hat, ist er nun auch bei der Verteilung der Insolvenzmasse zu berücksichtigen und erhält zumindest noch einen kleinen Teil des Anfechtungsgegenstandes (vgl. § 144 InsO).

III. Zusammenfassung

Vorsatzanfechtung und besondere Insolvenzanfechtung verfolgen unterschiedliche Zwecke, was auch anhand der historischen Entwicklung der Tatbestände deutlich wird. Die §§ 130–132 InsO dienen unmittelbar dem Gläubigergleichbehandlungsgrundsatz und weiten dessen Wirkung auf einen kurzen Zeitraum vor der Insolvenzeröffnung aus. Sie beschreiben kein Verhalten, das die Rechtsordnung grundsätzlich als verwerflich kategorisiert. Erst die Eröffnung des Insolvenzverfahrens führt dazu, dass die Rechtshandlungen rückabgewickelt werden können. Die Rechtshandlung stellt kein rechtlich allgemein missbilligenswertes,

---

322 So schon *Thole*, ZZP 121 (2008), 67, 69.

sondern lediglich ein aus insolvenzrechtlicher Sicht nicht hinnehmbares Verhalten dar.[323] Dagegen besteht der Zweck der Vorsatzanfechtung darin, die Haftungsordnung vor vorsätzlichen Beeinträchtigungen zu schützen. Es ist zutreffend, den Zweck der Vorsatzanfechtung damit zu umschreiben, die Gläubiger vor sozial inadäquaten Vermögensverschiebungen zu schützen. Ein Erkenntnisgewinn, insbesondere in Abgrenzung zu den Vorschriften der besonderen Insolvenzanfechtung, ist damit aber nicht verbunden. Die Vorsatzanfechtung erreicht den Schutz der Haftungsordnung, indem sie die Gleichheit und den Fortbestand der Befriedigungschancen der Gläubiger bewahrt. Der Deliktstheorie kann nicht gefolgt werden und die Vorsatzanfechtung hat auch keine über eine allgemeine verhaltenssteuernde Funktion des Rechts hinausgehende präventive Wirkung.

323 Vgl. *Fischer*, NZI 2008, 588, 591.

Zweiter Teil
Die Vorsatzanfechtung nach § 133 Abs. 1 InsO: Generalklausel des Anfechtungsrechts?

Eines der ausdrücklichen Ziele der Insolvenzrechtsreform im Jahr 1999 war die Verschärfung des Anfechtungsrechts; es sollte die ihm zugedachte Aufgabe endlich erfüllen können.[324] Die auffälligste Änderung der Absichtsanfechtung war, neben der zeitlichen Begrenzung auf zehn Jahre, der Vermutung in § 133 Abs. 1 S. 2 InsO und der Beweislastumkehr in § 133 Abs. 2 InsO, das Ausweiten des subjektiven Tatbestandes auf bedingten Vorsatz, die von der Rechtsprechung aber schon vorweggenommen worden war.[325] Die als „Karriere der Vorsatzanfechtung“[326] beschriebene Entwicklung kann teilweise auf die Insolvenzrechtsreform zurückgeführt werden, die mit § 133 Abs. 1 S. 2 InsO eine wichtige Argumentationshilfe schuf.[327] Letztlich beruht sie aber auf der Rechtsprechung des Bundesgerichtshofs zur Insolvenzanfechtung und seinem extensiven Verständnis der Vorsatzanfechtung. Auch das Schrifttum hat die Judikatur durchaus kritisch beobachtet und verschiedene Einschränkungen vorgeschlagen.[328] Am deutlichsten wird *Paulus*, nach dem die Vorsatzanfechtung in ihrer heutigen Auslegung durch den Bundesgerichtshof zu einem *„allumfassenden, die anderen Anfechtungsregeln de facto überflüssig machenden Tatbestand mutiert ist“*.[329]

---

324 Regierungsentwurf, BT-Drucksache 12/2443, S. 156.

325 *BGH*, WM 1975, 1182, 1184; WM 1981, 1206, 1207.

326 *Bork*, ZIP 2008, 1041, 1045.

327 Vgl. *BGHZ* 167, 190, 195.

328 *Bork*, ZIP 2008, 1041, 1046; *Foerste*, NZI 2006, 6, 8; *Paulus*, in: Festschrift Fischer, 445, 457; *Schoppmeyer*, ZIP 2009, 600, 607; *Jacoby*, KTS 2009, 3, 14; *Lind*, Zur Auslegung von § 133 InsO, S. 114.

329 *Paulus*, in: Festschrift Fischer, S. 445, 458.

Die kritischen Äußerungen in der Literatur zu der Auslegung von § 133 InsO durch die Rechtsprechung haben ihren Ursprung größtenteils in der Systematik der Anfechtungstatbestände. Genauer ist es das durch die Rechtsprechung des Bundesgerichtshofs beeinflusste Verhältnis zwischen Vorsatzanfechtung und den Tatbeständen der besonderen Insolvenzanfechtung, das häufig als Argument gegen ein streng am Wortlaut orientiertes Verständnis von § 133 Abs. 1 InsO vorgebracht wird. Zur Korrektur wird in Anlehnung an die Absichtsanfechtung in der Konkursordnung unter anderem vorgeschlagen, ein zusätzliches Merkmal in den Tatbestand der Vorsatzanfechtung hineinzulesen.[330] Angemerkt wird ein systematisches Problem aber auch von denen, die weniger deutliche Worte wählen und lediglich zur Vorsicht vor einer zu extensiven Auslegung warnen.[331]

An die Anfechtung in der Krise vorgenommener Verpflichtungen oder Verfügungen nach den Tatbeständen der besonderen Insolvenzanfechtung stellt die Insolvenzordnung geringere Anforderungen. Eingriffe in Gläubigerrechte lassen sich hier leicht mit der *par conditio* rechtfertigen, die durch die Vorschriften der besonderen Insolvenzanfechtung auf den Zeitraum vor Insolvenzantragstellung zurückwirkt.[332] Auch die Tatbestände der Gläubigerkonkurrenzanfechtung, ausgenommen die §§ 131 Abs. 1 Nr. 1 und Nr. 2 InsO, enthalten aber subjektive Voraussetzungen. Zwar fand im Zuge der Insolvenzrechtsreform eine Objektivierung statt, aus Vertrauens- und Rechtssicherheitserwägungen konnte aber nicht vollständig auf die subjektiven Merkmale verzichtet werden.[333] Bei der Vorsatzanfechtung sind die Vorstellungen des Schuldners der Maßstab bei der Entscheidung für oder gegen die Anfechtbarkeit der in Frage stehenden Rechtshandlung.[334] Dem Bundesgerichtshof wird vorgeworfen, dass er mit seiner Auslegung der diese Vorstellungen betreffenden Merkmale eine Generalklausel geschaffen habe.[335] Gehe man mit der Rechtsprechung, liege der für die Anfechtung nach § 133 Abs. 1 InsO entscheidende Gläubigerbenachteiligungsvorsatz regelmäßig vor, wenn der Tatbestand des § 130 Abs. 1 InsO erfüllt ist.[336] Richtig ist dabei, dass es häufiger zu Überschneidungen der Anwendungsbereiche von Gläubiger- und Gläubigerkonkurrenzanfechtung kommen kann, die darauf zurückzuführen sind, dass der

330 *Paulus*, in: Festschrift Fischer, S. 445, 458
331 *Foerste*, NZI 2006, 6, 7. *Schoppmeyer*, ZIP 2009, 600, 602 f. diskutiert dieses systematische Problem ausführlich, fordert aber kein zusätzliches Tatbestandmerkmal.
332 Siehe S. 51 ff.
333 Regierungsentwurf, BT-Drucksache 12/2443, S. 156 und 158.
334 Vgl. S. 72.
335 *Paulus*, in: Festschrift Fischer, S. 445, 456 und 458.
336 So *Foerste*, NZI 2006, 6, 7.

Kenntnis der Zahlungsunfähigkeit zwischenzeitlich in beiden Rechtsinstituten entscheidende Bedeutung zukommt. In vielen Tatbeständen der besonderen Insolvenzanfechtung ist die Kenntnis der Zahlungsfähigkeit Tatbestandsvoraussetzung, bei der Vorsatzanfechtung wird die Kenntnis der Zahlungsunfähigkeit zum Beweis der subjektiven Tatbestandsmerkmale verwendet.

Untersuchungsgegenstand des zweiten Teils dieser Arbeit ist die Vorsatzanfechtungsrechtsprechung des Bundesgerichtshof und inwieweit sie tatsächlich zu Überschneidungen des Anwendungsbereichs von besonderer Insolvenzanfechtung und Vorsatzanfechtung führt. Ein Schwerpunkt der Betrachtung wird dabei auf dem Nachweis der subjektiven Tatbestandsmerkmale der Vorsatzanfechtung liegen. Dazu wird zunächst der Nachweis subjektiver Tatbestandsmerkmale im Strafrecht untersucht, um Erkenntnisse über den Nachweis fremdpsychischer Merkmale für die Insolvenzanfechtungstatbestände zu gewinnen. Anschließend wird das Ausmaß der zuvor beschriebenen Überschneidungen überprüft. Hierdurch soll Erkenntnis darüber gewonnen werden, ob eine Korrektur der Vorsatzanfechtung erforderlich ist.

Erstes Kapitel: Vorsätzliches Handeln im Strafrecht: Erkenntnisse für die Vorsatzanfechtung?

Vergleicht man die Bedeutung des Vorsatzes in Zivil- und Strafrecht, zeigt sich ein deutlicher Unterschied; im Strafrecht ist sie wesentlich höher. Das Auflehnen gegen die Rechtsordnung tritt bei vorsätzlichen Taten ungleich deutlicher hervor, als das bei der fahrlässigen Begehung einer Straftat der Fall ist. Im Strafrecht gilt daher mit § 15 StGB der Grundsatz, dass nur vorsätzliches Handeln strafbar ist, wenn nicht das Gesetz fahrlässiges Handeln ausdrücklich mit Strafe bedroht. Zudem ist auch die Schärfe der Rechtsfolgen an die subjektiven Deliktsmerkmale geknüpft.[337] Sichtbar wird das anhand der Strafandrohungen, die bei Vorsatztaten viel höher ist.[338]

Dagegen greift der Vermögensintegritätsschutz in Sonderrechtsbeziehungen im Zivilrecht gemäß § 276 Abs. 1 BGB regelmäßig schon bei einfacher Fahrlässigkeit. Außerhalb von Sonderrechtsbeziehungen gibt es einen solchen Schutz aber in aller Regel nur in Fällen vorsätzlichen Handelns, wie etwa in § 826 BGB.[339] Dagegen haben bei der zivilrechtlichen Haftung Verkehrsschutz- und Vertrauensgesichtspunkte Priorität, die auch ohne das Vorliegen eines Verschuldens betroffen sein können.[340] Auch die §§ 249–255 BGB enthalten keine Abstufung des Umfangs des zu leistenden Schadensersatzes nach der Schwere des Verschuldens. Die Verfasser des BGB lehnten eine hieran orientierte Differenzierung des Haftungsumfangs ab, da sie eine *„Hereinziehung moralisierender oder strafrechtlicher Gesichtspunkte"* in das Schadensrecht vermeiden wollten.[341] Entsprechend trennt das zivile Haftungsrecht (grundsätzlich)[342] nicht zwischen den Folgen von

---

337 *Loos*, in: Rechtswissenschaft und Rechtsentwicklung, S. 261, 267.

338 Als Beispiel sei hier die Strafandrohung bei Tötungsdelikten genannt. Während die Vorsatztat nach § 212 StGB mit Freiheitsstrafe nicht unter 5 Jahren bestraft wird, kann bei fahrlässiger Begehung gemäß § 222 StGB sogar eine Geldstrafe verhängt werden.

339 *Grundmann*, in: Münchener Kommentar, BGB, § 276 Rdnr. 50; *Wagner*, in: Münchener Kommentar, BGB, § 826 Rdnr. 4.

340 *Grundmann*, in: Münchener Kommentar, BGB, § 276 Rdnr. 150.

341 Motive BGB, Band 2, S. 17.

342 Entscheidend ist die Feststellung, ob vorsätzlich oder fahrlässig gehandelt wurde, im Zivilrecht bei § 823 Abs. 2 BGB, da ein Schutzgesetz, das nur bei vorsätzlichem Handeln greift, auch eine Haftung aus § 823 Abs. 2 BGB auf vorsätzliches Handeln beschränkt.

Vorsatz und Fahrlässigkeit und generalisiert den Schuldvorwurf; der Vorsatz ist hier lediglich eine der beiden Schuldformen. Zudem wird auch das Bewusstsein der Rechtswidrigkeit bei strafbaren bzw. schadensersatzpflichtigen Handlungen unterschiedlich eingeordnet. Rechtsgebietsübergreifend wird es als erforderlich angesehen, dass außer der Vorstellung und dem auf den Erfolg gerichteten Willen ein Bewusstsein des pflichtwidrigen Handelns vorliegt. Während die herrschende Meinung im Zivilrecht das Bewusstsein der Rechtswidrigkeit schon seit jeher als Frage des Vorsatzes einordnet,[343] hat sich im Strafrecht die Meinung durchgesetzt, die für den Vorsatz nur das Wissen und Wollen der Tatumstände voraussetzt und das Bewusstsein der Rechtswidrigkeit davon als Frage der Schuld abtrennt.[344] Bei der Vorsatzanfechtung ist diese Abweichung aber unerheblich. Sie wird nicht mehr als unerlaubte Handlung eingeordnet, also ist weder die Schuldfrage zu erörtern, noch ein Bewusstsein der Rechtswidrigkeit erforderlich.

Dagegen bestehen zwischen den beiden Fahrlässigkeitsbegriffen größere Unterschiede. Im bürgerlichen Recht gilt ein verallgemeinerter objektiver Fahrlässigkeitsbegriff,[345] der auf die Verkehrsmaßstäbe abstellt und von der im Strafrecht herrschenden „Zweistufigkeitslehre“[346], die auch individuelle Fähigkeiten des Täters berücksichtigt, unterschieden werden muss. Das Fehlen einer tiefergehenden eigenständigen Auseinandersetzung mit dem Vorsatz im Zivilrecht kann vor allem mit der Generalisierung des Schuldvorwurfs erklärt werden, die eine Abgrenzung häufig entbehrlich macht. Fahrlässigkeit reicht hier regelmäßig aus, daher ist sie auch viel häufiger Gegenstand wissenschaftlicher Auseinandersetzung als der Vorsatz.[347] Auch die Literatur zur Vorsatzanfechtung ist hinsichtlich der Anforderungen an den Vorsatz des Schuldners nicht sehr ergiebig, obgleich

---

Vgl. *Schlechtriem/Schmidt-Kessel*, Schuldrecht AT, Rdnr. 569. Auch im Rahmen der §§ 249–255 BGB macht die herrschende Meinung eine Ausnahme von diesem Grundsatz, indem sie bei § 254 BGB neben dem im Gesetz genannten Grad der Verursachung nachrangig auch den Grad des Verschuldens berücksichtigt. Dogmatisch ist eine solche Auslegung gegen den Gesetzeswortlaut und ausdrücklichen Willen des Gesetzgebers sicherlich problematisch, im Ergebnis ist ihr aber vollumfänglich zuzustimmen. Vgl. zum Ganzen *Looschelders*, Mitverantwortlichkeit, S. 581 f. Für weitere Abweichungen vgl. *Lange/Schiemann*, Schadensersatz, Einleitung III 3.

343 *Fikentscher*, Schuldrecht, § 55 Rdnr. 649.

344 Im Strafrecht wohl wesentlich umstrittener, durch die Einführung des heutigen § 17 StGB aber letztlich entschieden; für die herrschende Meinung *Roxin*, Strafrecht AT I, § 21 Rdnr. 6.

345 *Grundmann*, in: Münchener Kommentar, BGB, § 276 Rdnr. 55.

346 *Roxin*, Strafrecht AT I, § 24 Rdnr. 54.

347 Vgl. die Literaturübersicht von *Grundmann*, in: Münchener Kommentar, BGB, § 276.

eine genauere Auseinandersetzung mit solchen Grundlagen bei ihrer Anwendung von Interesse ist. Zur Präzisierung dieser Anforderungen erscheint daher ein genauerer Blick auf die strafrechtliche Vorsatzdogmatik lohnenswert.

I. Der Vorsatz im Strafrecht

Zur einheitlichen Kennzeichnung aller drei Vorsatzformen wird meist die Formulierung verwendet, Vorsatz sei Wissen und Wollen aller Umstände des gesetzlichen Tatbestandes.[348] Der Unterschied zwischen den verschiedenen Vorsatzarten besteht in dem jeweiligen Verhältnis intellektueller und voluntativer Elemente. Die Absicht ist geprägt durch das Erstreben des Erfolges, durch ein starkes Wollen. Dagegen genügt auf der Wissensseite die Annahme einer nur geringen Möglichkeit der Erfolgsherbeiführung. Gängiges Beispiel ist hier der schwierige Schuss aus großer Entfernung. Tritt der erstrebte Erfolg, der Tod des Opfers, trotz seiner geringen Wahrscheinlichkeit ein, liegt eine vollendete Vorsatztat vor.[349] Gewissermaßen die Kehrseite stellt der direkte Vorsatz dar, bei dem der Täter mit nahezu sicherem Wissen handelt, obwohl er den Erfolg unter Umständen gar nicht anstrebt. Hier wird häufig der Attentäter genannt, der mit Sicherheit weiß, dass die Bombe, die sein Opfer in die Luft sprengen soll, auch den Tod anderer Personen mit sich bringt.[350] Umstritten ist das Verhältnis der beiden Vorsatzelemente beim bedingten Vorsatz.[351] Der Unterschied zu den beiden vorherigen Vorsatzformen besteht in der graduellen Abschwächung beider Substrate; sowohl die Willensseite als auch das Wissen um die Erfolgsherbeiführung ist wesentlich schwächer ausgebildet. Insgesamt ist also nur eine verkürzte Vorsatzsubstanz erforderlich, wodurch der *dolus eventualis* in den Grenzfällen haarscharf und kaum noch unterscheidbar an die bewusste Fahrlässigkeit heranreicht.[352]

Auch oder gerade im Zivilrecht, wo eine Unterscheidung zwischen den verschiedenen Kategorien des Vorsatzes häufiger entbehrlich ist als im Strafrecht, wäre es von Interesse, die Gemeinsamkeit der drei Vorsatzformen über die forma-

348 *BGHSt* 36, 1, 11; *Fischer*, StGB, § 15 Rdnr. 3; *Kühl*, Strafrecht AT, § 5 Rdnr. 6.

349 Zur Absicht vgl. *Roxin*, Strafrecht AT I, § 12 Rdnr. 7.

350 Zum direkten Vorsatz vgl. *Roxin*, Strafrecht AT I, § 12 Rdnr. 18.

351 Allerdings ist der Begriff des „bedingten Vorsatzes" nicht präzise. Der Täter möchte sein Vorhaben umsetzen, selbst wenn er dabei einen bestimmten Erfolg bewirkt, und handelt insofern unbedingt. Anders als der Eintritt des tatbestandlichen Erfolges, ist der Vorsatz nicht von einer ungewissen Bedingung abhängig. Vgl. *Roxin*, Strafrecht AT I, § 12 Rdnr. 24.

352 Ausführlich zur Abgrenzung von bedingtem Vorsatz und bewusster Fahrlässigkeit vgl. *Roxin*, JuS 1964, 53 ff. und *Brammsen*, JZ 1989, 71 ff.

le Kennzeichnung vom „Wissen und Wollen“ hinaus inhaltlich zu konkretisieren. Im Strafrecht wurde dahingehend bereits 1930 ein Anfang gemacht und die Einstellung des Handelnden zur Rechtsgüterwelt als entscheidender Punkt bei der Qualifizierung der Vorwerfbarkeit der Handlung herausgestellt.[353] Nachdem *Roxin* die Entscheidung des Täters für die mögliche Rechtsgutsverletzung zunächst als Charakterisierung des *dolus eventualis* entwickelte,[354] wird diese inzwischen häufig als generelles Kennzeichen des Vorsatzes verwendet.[355] *Roxin* selbst sieht darin nicht alle Aspekte des Vorsatzes erfasst und geht davon aus, *„dass die Planverwirklichung das Wesen des Vorsatzes ausmacht“*.[356] Ein Erfolg sei dann als vorsätzlich herbeigeführt anzusehen, wenn und weil er bei objektiver Betrachtung dem Plan des Täters entspricht. Das sei bei der Absicht und beim direkten Vorsatz evident, könne aber auch noch als Leitlinie bei der Abgrenzung von bedingtem Vorsatz und bewusster Fahrlässigkeit dienen.[357] Wie das Kriterium der Planverwirklichung bei dieser Abgrenzung behilflich sein kann, wird hier aber nicht erkannt. Vielmehr erscheint es dafür zu eng gefasst. Kennzeichnend für den bedingten Vorsatz ist gerade nicht das Verwirklichen eines Planes, sondern das Geschehenlassen trotz des Erkennens der Gefahr für ein geschütztes Rechtsgut. Der Begriff der Planverwirklichung beinhaltet ein zielgerichtetes Handeln, das bei *dolus eventualis* aber gerade nicht erforderlich ist. Daher erscheint die Entscheidung für die mögliche Rechtsgutsverletzung[358] als generelles Vorsatzkriterium geeigneter. Mit dem Herausarbeiten von Gemeinsamkeiten der verschiedenen Vorsatzformen geht die Abkehr von einer stoischen Ausrichtung der Vorsatzlehre an kognitiven und voluntativen Kriterien einher.[359] Die herrschende Meinung hält aber weiter daran fest, dass jegliche Vorsatzvariante beide Elemente beinhalten muss.[360]

1. Das Bewusstsein der Verwirklichung des objektiven Straftatbestandes

Ganz gewiss kann nicht auf das Wissen als Substrat des Vorsatzes verzichtet werden. Fehlt dem Täter die Einsicht, dass er mit seinem Verhalten eine mögliche

---

353 Vgl. *Engisch*, Vorsatz und Fahrlässigkeit, S. 177.
354 *Roxin*, JuS 1964, 53, 58.
355 *Hassemer*, in: Gedächtnisschrift Armin Kaufmann, S. 289, 295.
356 *Roxin*, Strafrecht AT I, § 12 Rdnr. 6.
357 *Roxin*, Strafrecht AT I, § 12 Rdnr. 6.
358 *Roxin*, JuS 1964, 52, 58.
359 *Hassemer*, in: Gedächtnisschrift Armin Kaufmann, S. 289, 295.
360 *Sternberg-Lieben/Schuster*, in: Schönke/Schröder, StGB, § 15 Rdnr. 60 und 80. Anders *Herzberg*, JuS 1986, 249, 262; NJW 1987, 1461, 1464, der nur ein Wissenselement fordert.

Gefahr für ein Rechtsgut provoziert, handelt er ohne Vorsatz. Für das Wissen muss der Täter zunächst den relevanten Gegenstand in seinem Bewusstsein erfasst haben. Es bedarf eines Minimums an seelischer Beziehung zwischen dem Täter und dem vom Vorsatz zu umfassenden Sachverhalt.[361] In den Fällen, in denen die tatbestandsrelevante Dimension seines Verhaltens unterhalb der Bewusstseinsschwelle des Täters geblieben ist, fehlt es eindeutig an einem Vorsatz.[362] Zudem ist ein Mindestmaß an Reflektion über den erfassten Sachverhalt erforderlich. Die wissende Person muss vom Gegebensein des Sachverhaltes ausgehen. Erst eine solche Reflektion macht aus dem vom Bewusstsein vielleicht nur am Rande Erfassten etwas Gewusstes. Der Sachverhalt muss vom Vorstellungsgehalt zum Inhalt einer verbindlich persönlichen Sicht des Täters geworden sein; erforderlich ist ein subjektives „So-ist-es" des Wissenden.[363] Dagegen ist es kein Bestandteil des kognitiven Elements, dass das vom Täter Angenommene mit der Wirklichkeit, das Objektive mit dem Subjektiven übereinstimmen. Auch bei einem objektiv ungefährlichen Verhalten, dass alleine der Täter als Gefahr für ein Rechtsgut einordnet, zeigt sich ein subjektiver Handlungsunwert.[364] In einem Rechtsgüterstrafrecht genügt diese Entscheidung gegen das Rechtsgut, gegen die Verhaltensmaßstäbe der Rechtsordnung zur Begründung der Strafbewehrtheit eines Verhaltens.[365] Dagegen bedarf es im zivilrechtlichen Deliktsrecht immer des tatsächlichen Eintritts eines Schadens, wie auch bei der Vorsatzanfechtung eine Benachteiligung der Gläubiger eingetreten sein muss.

2. Der Wille zur Verwirklichung des objektiven Straftatbestandes

Das Willenselement ist das zentrale Merkmal für die Charakterisierung des Vorsatzes. Nur über das Tatgeschehen informiert zu sein, alleine die Vorstellung von der Gefährlichkeit des Handelns reicht nicht aus, um eine Entscheidung gegen das Rechtsgut anzunehmen. Das Wissenselement alleine hat keine unrechtserhöhende Funktion, es stellt keinen Nachweis für die Beziehung des Täters zu seinem Verhalten dar; das Infragestellen der Rechtsordnung wird nicht zum Ausdruck gebracht.[366] Der Wille, Rechtsordnung und -gut zu verletzen, ist aber der Grund für die besondere Inkrimi-

361 *Frisch*, Vorsatz und Risiko, S. 164.

362 *Frisch*, Vorsatz und Risiko, S. 164 f.

363 Vgl. *Frisch*, Vorsatz und Risiko, S. 166.

364 Vgl. ausführlich zum sog. untauglichen Versuch und warum dieser bestraft wird *Eser/Bosch*, in: Schönke/Schröder, StGB, § 22 Rdnr. 62 ff.

365 Vgl. ausführlich zu den Anforderungen an das kognitive Vorsatzelement im Strafrecht bei *Frisch*, Vorsatz und Risiko, S. 162 ff.

366 *Brammsen*, JZ 1989, 71, 79.

nierung der Vorsatztaten und prägendes Merkmal des Vorsatzes. Der Wille zur Beeinträchtigung des Rechtsguts bedeutet eine erhöhte Missachtung der Rechtsordnung im Vergleich zu einer Fahrlässigkeitstat.[367] Die Vorsatztat ist dadurch gekennzeichnet, dass der Täter die Information über die Gefahr für das Rechtsgut nicht nur hat, sondern er aufgrund dieser Kenntnis handelt und er die Verletzung des Rechtsguts will.

3. Die Abgrenzung von dolus eventualis und luxuria

Anders als im Zivilrecht ist die Frage der Bestimmung des bedingten Vorsatzes und seine Abgrenzung zur bewussten Fahrlässigkeit im Strafrecht viel diskutiert worden, dort gilt die Frage als eine der *„schwierigsten und umstrittensten"*.[368] Weitgehende Einigkeit bei der Bestimmung des Eventualvorsatzes besteht nur darin, dass der Täter über die Möglichkeit des Erfolgseintritts reflektiert haben und sich im Augenblick der Tathandlung der möglichen Tatbestandsverwirklichung bewusst gewesen sein muss. Den vollständig willensentkleideten Theorien wurde bereits oben eine Absage erteilt, ist doch das Wollen der Tat kennzeichnendes Merkmal des Vorsatzes. Überwiegend wird beim *dolus eventualis* neben dem intellektuellen auch ein voluntatives Element verlangt, an das unterschiedlich hohe Anforderungen gestellt werden. Auf kognitiver Seite muss der Täter den Erfolg jeweils für möglich halten, auf der Wollensseite werden Begriffe gebraucht wie das „Billigen des Erfolges"[369], die „Gleichgültigkeit gegenüber dem Erfolgseintritt"[370] oder das „Abfinden mit der ernst genommenen Tatbestandsverwirklichung"[371]. Insgesamt sollte die wissenschaftliche Tiefe, die bei dem Streiten um objektive und subjektive, intellektuelle und voluntative Elemente entsteht, in ihrer Bedeutung für die Praxis aber nicht überbewertet werden.[372] Wirft man einen Blick auf die Ergebnisse der Theorien anhand eines konkreten Falles, werden regelmäßig wenig Abweichungen feststellbar sein.[373] Die zweifelsohne große praktische Relevanz ergibt sich damit nicht aus dem großen Spektrum an Abgrenzungsvorschlägen, sondern aus den großen Abweichungen bei der Bestrafung aus vorsätzlicher bzw. fahrlässiger Tat. Die große Bedeutung des

---

367 *Brammsen*, JZ 1989, 71, 78.

368 *Sternberg-Lieben/Schuster*, in: Schönke/Schröder, StGB, § 15 Rdnr. 72.

369 *RGSt* 33, 4, 6.

370 *Engisch*, Vorsatz und Fahrlässigkeit, S. 186 ff.

371 *BGHSt* 7, 363, 369.

372 Wesentlich schärfer ist *Herzberg*, JuS 1986, 249, 259 Fn. 40 der die verschiedenen Abgrenzungstheorien als *„Streit um Worte"* abtut.

373 So schon *Roxin*, Strafrecht AT I, § 12 Rdnr. 73. Zu den unklaren Grenzen zwischen Begriff und Beweis subjektiver Merkmale vgl. *Volk*, in: Festgabe 50 Jahre Bundesgerichtshof, S. 739 ff.

Eventualvorsatzes erklärt sich insbesondere aus prozessualen Gesichtspunkten: Bei problematischer Beweislage wird der Beweispflichtige immer auf die Vorsatzform mit den niedrigsten Anforderungen zurückgreifen.[374]

4. Der Vorsatznachweis anhand des kognitiven Elements

In den letzten 20 Jahren entfernt sich die Strafrechtswissenschaft von der Entwicklung materiellrechtlicher Abgrenzungstheorien und wendet sich dem Nachweis des Vorsatzes im Strafrechtsprozess zu.[375] Naturgemäß ergeben sich bei dem Nachweis fremdpsychischer Sachverhalte besondere Schwierigkeiten, weil sie einer direkten Wahrnehmung unzugänglich sind, so dass ihr Beweis – abgesehen von dem vollgeständigen Täter – niemals unmittelbar erbracht werden kann. Es kann grundsätzlich immer nur, vermittelt durch Erfahrungssätze, von einer Hilfstatsache auf die Haupttatsache geschlossen werden; es handelt sich also (fast) immer um einen Indizienbeweis. Bei dem Schluss von vorliegenden Indizien auf subjektive Tatbestandsmerkmale besteht aber ein Problem, das einem vollständig überzeugenden Nachweis entgegensteht.[376] Es ist hier notwendig, dass man sich in den Täter hineinversetzt, um dessen Gedankengänge nachzuvollziehen. Es handelt sich bei dem Täter und der Person, die sich in ihn hineinversetzt, immer um zwei verschiedene Personen, die aufgrund unterschiedlicher Persönlichkeiten deutlich voneinander abweichende Gedankengänge gehabt haben können. Damit besteht immer eine gewisse Wahrscheinlichkeit, dass der Täter aufgrund unerkannter persönlicher Besonderheiten doch anders gedacht hat.[377] Hier greift nun einerseits das Vertrauen in eine umsichtige Beweiswürdigung durch den erkennenden Richter, andererseits ist auch die Wissenschaft gefordert, nach Wegen zu suchen, die solche Abweichungen in der Täterpsyche weitgehend ausschließen können. Die mit Hilfe von Alltagserfahrung und Psychologie zu erreichende „praktische Sicherheit" kann ihre Bedeutung beim Nachweis von Fremdpsychischem aber nicht ganz verlieren. Andernfalls besteht die große Gefahr, dass die Durchsetzung von Strafrecht unmöglich wird.[378] Richtig ist, dass das Rückschließen von objektiven Indizien auf subjektive Merkmale große Probleme in sich birgt;[379] einen anderen Weg gibt es aber nicht.

---

374 Vgl. *Volk*, in: Festschrift Arthur Kaufmann, S. 611, 623.

375 Eine dahingehende Kritik an der bisherigen Literatur ist häufig zu finden. Vgl. *Frisch*, in: Gedächtnisschrift Meyer, S. 533, 552 f.; *Ragues I Valles*, GA 2004, 256, 261.

376 Vgl. *Freund*, Probleme der Tatsachenfeststellung, S. 5.

377 Vgl. *Freund*, Probleme der Tatsachenfeststellung, S. 5.

378 Vgl. *Loos*, in: Rechtswissenschaft und Rechtsentwicklung, S. 261, 268.

379 So *Freund*, Probleme der Tatsachenfeststellung, S. 57.

Die Veröffentlichungen zum Beweis des Vorsatzes lassen sich grob in zwei Gruppen einteilen. Auf der einen Seite gibt es die Untersuchungen, die sich darauf beschränken, verschiedene Indikatoren für und gegen das Vorliegen von *dolus eventualis* herauszuarbeiten. Hier findet sich *Prittwitz*[380] bei dem aber die Grenze zwischen materiellrechtlicher Definition und prozessualem Nachweis nicht ganz eindeutig wird. *Philipps*[381] entwickelte ein Verfahren zur Errechnung von bedingtem Vorsatz mittels eines Computerprogramms. *U. Schroth*[382] schlägt vor, Indikatoren und Gegenindikatoren zu entwickeln, die bei der Bestimmung des *dolus eventualis* gegeneinander abzuwägen sind. *Hassemer*[383] systematisiert die Indikatoren, die zur subjektiven Zurechnung führen, indem er sie in verschiedene gedankliche Stufen einteilt. Auf der anderen Seite finden sich Beiträge, die versuchen, die für den Nachweis des Vorsatzes erforderlichen Gedankengänge zu systematisieren. Hier ist insbesondere *Freund*[384] zu nennen, der ein sog. Alternativhypothesenausschlussverfahren entwickelt. Dabei wird versucht, die den Sachverhalt stützenden Indizien dadurch als richtig zu belegen, dass nachgewiesen wird, dass sämtliche denkbaren Alternativen in dem konkreten Fall nicht zutreffen. Man könnte insofern von einer negativen Beweisführung sprechen: sie erfolgt nicht dadurch, dass durch verschiedene Indizien für das Vorliegen des subjektiven Tatbestandsmerkmals eine hohe Wahrscheinlichkeit erreicht wird, sondern es wird versucht, alle denkbaren Alternativen als widerlegt auszuscheiden. Das positive Feststellen eines subjektiven Tatbestandsmerkmals über eine Wahrscheinlichkeitsprognose aufgrund des Vorliegens eines bestimmten Indizes sei in einer bestimmten Anzahl von Fällen mit Sicherheit falsch. Ein haltbarer Nachweis könne daher nur geführt werden, wenn diese Sachverhaltsalternativen aufgrund von Erfahrungssätzen ausgeschlossen würden.[385]

Zu begrüßen ist nicht nur der Versuch *Freunds,* ein Modell zum Nachweis subjektiver Deliktsmerkmale zu entwickeln, sondern, und das ist auch das allgemeine Ziel seiner Untersuchung, den (noch) hinnehmbaren Bereich von Fehlverurteilungen aufzuzeigen, die darauf beruhen, dass subjektive Tatbestandsmerkmale tatsächlich gar nicht vorliegen.[386] Unter Zuhilfenahme des Alternativhypothesen-

---

380 *Prittwitz,* JA 1988, 486, 487 ff.

381 *Phillips,* in: Festschrift Roxin, S. 365 ff.

382 *U. Schroth,* in: Gerechtigkeitswissenschaft, S. 467, 470.

383 *Hassemer,* in: Gedächtnisschrift Armin Kaufmann, S. 289, 305 ff.

384 *Freund,* Probleme der Tatsachenfeststellung, S. 12 ff. und 22 ff., der damit an Gedanken von *Engisch,* Logische Studien zur Gesetzesanwendung, S. 71 ff. anknüpft.

385 *Freund,* Probleme der Tatsachenfeststellung, S. 23.

386 *Freund,* Probleme der Tatsachenfeststellung, S. 1 f.

ausschlussverfahrens kann das Vorhandensein fremdpsychischer Tatbestandsmerkmale umfassend geprüft werden. Dem Rechtsanwender wird damit ein Modell an die Hand gegeben, bei dessen richtiger Anwendung er sich sicher sein kann, dass die von ihm vorgenommene Beweiswürdigung rechtsstaatlichen Anforderungen genügt. Seine Nutzung erscheint daher sinnvoll, ein umsichtiger Richter wird aber auch ohne seine Anwendung vergleichbar substantiiert urteilen können. In den Grenzbereichen bietet aber auch das Alternativhypothesenausschlussverfahren kein Mehr an Sicherheit. Zudem wird ein starkes Argument gegen ein solches Nachweisverfahren von *Freund* selbst vorgebracht: Vollumfänglich kann es in aller Regel gar nicht durchgeführt werden.[387]

Noch schwerer wiegt allerdings ein anderes Argument. Gemäß § 261 StPO entscheidet das Gericht über das Ergebnis der Beweisaufnahme nach seiner freien, aus dem Inbegriff der Verhandlung geschöpften Überzeugung. Der Richter ist damit zu einer umfassenden aber freien Beweiswürdigung verpflichtet.[388] Dieser Freiheit des Richters in der Überzeugungsbildung werden nur bei gravierenden Fehlern Grenzen gesetzt.[389] Darüber hinaus gibt es aber keine Vorschriften, die vorschreiben, unter welchen Voraussetzungen Tatsachen für bewiesen oder nicht bewiesen zu halten sind. Dass in den Grundsatz der freien Beweiswürdigung eingegriffen wird, wenn man den Richter dabei in ein fest vorgegebenes Denkmodell zwängt, ist offensichtlich. Etwas anderes würde nur dann gelten, könnte das vorgeschlagene Nachweisverfahren Ausschließlichkeit beanspruchen, wenn nur bei seiner Anwendung rechtsstaatlich legitimierbare Ergebnis erzielt werden könnten.[390] Es wurde aber bereits gezeigt, dass dies nicht der Fall ist.

5. Der Schluss von dem kognitiven auf das voluntative Element

Eine in Rechtsprechung und Literatur vielfach erörterte Frage ist die des Rückschlusses vom kognitiven auf das voluntative Vorsatzelement.[391] Will der Täter die Rechtsgutsverletzung, wenn er trotz der Kenntnis ihrer Gefährlichkeit die entsprechende Handlung vornimmt? Es erscheint bei solchen, wohl meist mit direktem Vorsatz vorgenommenen Sachverhalten nicht ersichtlich, worauf das Vertrauen auf einen guten Ausgang gegründet werden kann, zumal *„ein vages*

---

387 *Freund*, Probleme der Tatsachenfeststellung, S. 47.

388 *Schoreit*, in: Karlsruher Kommentar, StPO, § 261 Rdnr. 28.

389 Vgl. dazu *BGHSt* 29, 18, 20; *BGH*, NJW 1982, 2882, 2883.

390 Wovon *Freund*, Probleme der Tatsachenfeststellung, S. 135 ausgeht.

391 Vgl. *BGHSt* 36, 1, 13; *Hruschka*, in: Festschrift Kleinknecht, S. 191, 192; *Scheffler*, JURA 1995, 349, 354.

Vertrauen im Sinne eines bloßen Hoffens" nicht ausreichen kann, um vorsätzliches Verhalten zu verneinen.[392] Daher ist auch der Fall, dass der Täter den Eintritt des tatbestandsmäßigen Erfolgs für höchstwahrscheinlich hält, identisch zu behandeln. Auf den möglicherweise bestehenden Unterschied, der Hoffnung auf einen guten Ausgang, kann sich der Täter nicht berufen. Wer ernsthaft für möglich hält, dass er durch sein Handeln einen bestimmten Erfolg herbeiführt und dennoch handelt, wird mit der Behauptung, den Erfolg nicht gewollt zu haben, nicht gehört werden. Will der Täter nicht, dass ein aufgrund einer bestimmten Handlung möglicher Erfolg eintritt, unterlässt er die Handlung. Ein solcher Schluss von Wissen auf Wollen darf aber keinesfalls mit dem Verzicht auf das – wie dargelegt, zwingend notwendige[393] – voluntative Element verwechselt werden. Zwischen den begrifflichen Voraussetzungen des *dolus eventualis* und den Anforderungen, die an seinen Beweis zu stellen sind, muss genau unterschieden werden.[394]

Unterhalb der Schwelle des als höchstwahrscheinlich eingestuften Erfolges, also erst recht bei dessen nur für möglich gehaltenem Eintritt, ist auch der sich aus dem Wissen ergebende Indikator für das Wollen des Erfolges abgeschwächt. Alleine das Erkennen eines eher geringeren Risikos des Eintritts einer Rechtsgutsverletzung oder der gewissen Gefährlichkeit einer Handlung lässt keinen Rückschluss auf die Einstellung des Täters zu. Eine Beurteilung, ob nun bedingter Vorsatz oder aber nur bewusste Fahrlässigkeit vorliegt, kann alleine daran nicht festgemacht werden. Folgerichtig stellt die Rechtsprechung bei der lediglich erkannten Möglichkeit des Erfolgseintritts für den Schluss von Wissen auf Wollen immer zusätzliche Anforderungen. Für die Begründung des Vorliegens eines Vorsatzes genüge es nicht, wenn allein aus einem so gering ausgeprägten Wissenselement des Täters im Wege der Schlussfolgerung auf das voluntative Element des bedingten Vorsatzes zurückgegriffen würde.[395] Als solche zusätzlichen Anforderungen werden in den Urteilen des Bundesgerichtshofs unter anderem die besondere Gefährlichkeit der Handlung[396] und das dem Zufall Überlassen bzw. das aus der Hand Geben des Geschehensablaufes[397] genannt; nach dem dortigen Verständnis des *dolus eventualis* liegt hier die Annahme widerlegbar nahe, dass der Täter den Erfolg billigend in Kauf genommen hat. Selbst hier mahnt der Bundesgerichtshof

392 *Roxin*, Strafrecht AT I, § 12 Rdnr. 80.

393 Siehe S. 87.

394 Vgl. *BGHSt* 38, 345, 350.

395 *BGH*, NStZ 1984, 19, 19.

396 Meistens handelt es sich dabei um Gewalthandlungen, vgl. *BGH*, NStZ 2003, 603, 604; NStZ 2007, 331, 331.

397 *BGHSt* 36, 1, 11.

aber zur Vorsicht und verlangt eine sorgfältige Prüfung der gegen den Vorsatz sprechenden Indizien. Dementsprechend führt es zu den besonders gefährlichen Handlungen aus, dass auch die generelle Geeignetheit einer Handlung, tödliche Verletzungen herbeizuführen, eine genaue Prüfung des Vorsatzes nicht entbehrlich mache.[398] Auch mit dem Wissen des Täters von der Gefährlichkeit seines Verhaltens sei noch nicht gesagt, dass er den Erfolgseintritt auch akzeptiert, dass er sich innerlich mit ihm abgefunden hat.[399] Dem ist zuzustimmen. Auch wenn es häufig unwahrscheinlich erscheint, ist es doch nicht ausgeschlossen, dass ein Täter, der einen Erfolgseintritt ernsthaft für möglich hält, darauf vertraut, dass die Sache schon gut ausgehen werde. Und das ist selbst in solchen Fällen denkbar, in denen die vom Täter vorgenommene Tathandlung eine große Gefahr für das Rechtsgut beinhaltet und keine Vorkehrungen zum Schutz des Rechtsgutes durch den Täter getroffen wurden.[400]

Zusammenfassend lässt sich sagen, dass das von dem kognitiven Element ausgehende Indiz für das voluntative Element an Wirkung verliert, umso geringer der Täter die Möglichkeit des Erfolgseintritts einschätzt. Für die Vorsatzbegründung verlangt der Bundesgerichtshof eine umfassende Abwägung unter Berücksichtigung der Persönlichkeit des Täters und der Besonderheiten der Tat, an die umso höhere Anforderungen gestellt werden, je geringere Ausprägungen des voluntativen Elements gefunden wurden. Methodisch sucht das Gericht für den Beweis des bedingten Vorsatzes also immer zunächst nach Indizien für das Wissen des Täters. Zeugen diese nicht von einem höchstwahrscheinlichen Erfolgseintritt, wird nach weiteren Indizien gesucht. Werden solche gefunden, wird für die Begründung des Vorsatzes aber immer noch eine umfassende Abwägung aller objektiven und subjektiven Tatumstände gefordert.[401] Dem Nachweis, ob und wie weit der Täter die Möglichkeit des Erfolgseintritts erkannt hat, kommt damit im Strafprozess eine entscheidende Bedeutung zu.

Wie dargelegt, sind auch Feststellungen zum Willenselement unerlässlich, obschon in der gerichtlichen Praxis bei den Ausführungen zum subjektiven Tatbestand eindeutig das Wissenselement im Vordergrund steht. Dass der Täter mit Vorsatz gehandelt hat, wird von den Gerichten meist über den gerade gezeigten Weg bewiesen. Der Grund für diese Konzentration auf das Wissen des Angeklagten erschließt sich schnell: Es ist einfacher nachzuweisen, dass der Täter von der Gefährlichkeit seiner Handlung wusste, als dass er das Rechtsgut auch verletzen

398 *BGH*, NStZ 1986, 449, 550.
399 *BGH*, NStZ 1988, 175, 175.
400 Vgl. *Frisch*, in: Gedächtnisschrift Meyer, S. 533, 561.
401 *BGHSt* 36, 1, 10.

wollte,[402] schließlich ist das Wahrnehmen der aus einer bestimmten Situation drohenden Gefahr vielmehr der objektiven Betrachtung und insofern allgemeinen Erfahrungssätzen zugänglich, als die innere Einstellung des Handelnden zu der Gefahr. Fährt etwa der Täter mit Vollgas auf den an einer Straßensperre stehenden Polizisten zu, wird er mit der Verteidigung, die Gefahr für Leib und Leben des Beamten nicht erkannt zu haben, nicht gehört werden.[403] Dagegen ist seine innere Einstellung zu der Tat aus dem äußeren Geschehen nicht ersichtlich; ob er den Polizisten tatsächlich „erwischen" wollte oder es ihm nur auf das Durchbrechen der Sperre ankam, lässt sich ausschließlich anhand des Geschehens nicht eindeutig feststellen.

Auch der Schluss von Wollen auf Wissen mag grundsätzlich möglich sein.[404] Will der Täter einen Erfolg und handelt er, um diesen zu verwirklichen, so weiß er in aller Regel, dass seine Handlung den Erfolg herbeiführen kann. Wie gezeigt, liegen die Schwierigkeiten beim Nachweis des Vorsatzes aber gerade bei dem voluntativen Element. Ein nahezu sicherer Rückschluss auf das Wissen des Täters ist anhand der Bewertung des objektiven Geschehens möglich. Dagegen beinhaltet der Nachweis auf seine innere Einstellung zu der Tat einiges an Mutmaßungen und ist daher weitaus schwieriger zu führen. Der Nachweis des Wissens eines Täters anhand seines Tatwillens entbehrt somit praktischer Relevanz und es wird ihm hier nicht weiter nachgegangen.

II. Erkenntnisse für die Vorsatzanfechtung

Viel von dem zuvor Gesagten lässt sich auch auf das Zivilrecht und auf die Vorsatzanfechtung übertragen. Eine vollständige Harmonisierung der Rechtsbegriffe ist nicht möglich, von den Besonderheiten des Strafrechts bereinigt lassen sich aber viele Erkenntnisse nutzen. An zwischen Zivil- und Strafrecht bestehenden Unterschieden bereits genannt wurde die Einordnung des Bewusstseins der Rechtswidrigkeit als Vorsatz- bzw. Schuldfrage.[405] Dahingehend wurde festgestellt, dass sich diese Frage im Rahmen der Vorsatzanfechtung nicht stellt; ein Unrechtsbewusstsein des Schuldners ist dort nicht erforderlich. Unerwähnt blieb bisher, dass im Strafrecht auch der Bezugspunkt des Vorsatzes Gegenstand wissenschaftlicher Auseinandersetzung ist.[406] Auch diese Diskussion erübrigt sich aber

402 Vgl. *Brammsen*, JZ 1989, 71, 79.
403 Vgl. *BGH*, NZV 1996, 156, 156.
404 Vgl. *Scheffler*, JURA 1995, 349, 355.
405 Siehe S. 84.
406 Dazu ausführlich *Brammsen*, JZ 1989, 71, 80 f.

im Anfechtungsrecht. Gemäß § 133 Abs. 1 InsO muss der Schuldner mit dem Vorsatz handeln, seine Gläubiger zu benachteiligen; der Bezugspunkt des Vorsatz ist eindeutig bezeichnet.

1. Die Bestandteile des Gläubigerbenachteiligungsvorsatzes

Auch unter Berücksichtigung der höchstrichterlichen Rechtsprechung lässt sich damit für den in § 133 Abs. 1 InsO geforderten Vorsatz der Gläubigerbenachteiligung Folgendes festhalten: Der bedingte Vorsatz setzt sich auch im Anfechtungsrecht aus kognitivem und voluntativem Element zusammen. Entsprechend führt auch der Regierungsentwurf zur Insolvenzordnung aus, dass es nicht erforderlich sei, dass die Gläubigerbenachteiligung Beweggrund oder überwiegender Zweck der Handlung des Schuldners ist. Wichtig sei allein das Vorhandensein von Bewusstsein und Wille, die Gläubiger zu benachteiligen.[407] Begründen lässt sich die Erforderlichkeit beider Elemente mit den bereits für das Strafrecht vorgebrachten Argumenten. Weiß der persönlich haftende Gesellschafter einer wenig später insolventen offenen Handelsgesellschaft nicht, dass er mit seiner Handlung die Gläubiger benachteiligt, etwa weil er davon ausgeht, dass er die in Frage stehende Zahlung aus seinem Vermögen und nicht aus dem Vermögen der Gesellschaft erbracht hat, handelt er ohne Vorsatz.[408] Die Kenntnis von einer möglichen gläubigerbenachteiligenden Wirkung einer Rechtshandlung ist unabdingbarer Bestandteil des Vorsatzes; ohne das Erfassen des Sachverhaltes ist es nicht möglich, sich mit der Handlung wertend auseinanderzusetzen.

Hinsichtlich des voluntativen Elements führte das Reichsgericht zur Absichtsanfechtung aus: *„Das Bewußtsein des Schuldners von einem notwendig oder nach dem gewöhnlichen Verlaufe der Dinge zu erwartenden Benachteiligungserfolge genügt nicht; die „Absicht" setzt vielmehr ein Wollen, nicht bloß ein Wissen voraus.*"[409] Bereits zu Zeiten der Konkursordnung wurden die Anforderungen an das Wollen aber nach und nach herabgesetzt, aus Absicht wurde einfacher Vorsatz, was schließlich mit der Insolvenzrechtsreform auch im Gesetz Niederschlag fand, damit aber nur den bereits geltenden Rechtszustand darstellte.[410] Hierdurch fand aber lediglich eine graduelle Abstufung statt, die besondere Bedeutung des Wollens der Gläubigerbenachteiligung wurde dagegen nicht aufgehoben. Denn

---

407 Regierungsentwurf, BT-Drucksache 12/2443, S. 160.

408 Eine Benachteiligung der Gläubiger liegt nur dann vor, wenn das Schuldnervermögen verkürzt wurde.

409 *RGZ* 162, 292, 297.

410 Siehe S. 35 ff.

auch bei der Vorsatzanfechtung ist es das prägende Merkmal des Vorsatzes. Der Wille zur Beeinträchtigung der Haftungsordnung kennzeichnet den besonderen Unwertgehalt der Schuldnerhandlung und rechtfertigt deren Rückabwicklung.

Auch bei dem Herausarbeiten der Gemeinsamkeiten der drei Vorsatzarten, bei der Suche nach einem generellen Vorsatzkriterium, kann eine Parallele zwischen dem in § 133 Abs. 1 InsO geforderten Vorsatz und dem strafrechtlichen Vorsatzbegriff gezogen werden. Ist es im Strafrecht die Entscheidung des Täters gegen die Rechtsordnung, die den Vorsatz ausmacht und ihn von der bewussten Fahrlässigkeit abgrenzt, haben wir im Anfechtungsrecht die Entscheidung des Schuldners gegen die Haftungsordnung, die ausschlaggebendes Kriterium dafür ist, dass eine an sich wirksame Rechtshandlung nach § 133 Abs. 1 InsO angegangen werden kann. Freilich müssen dem Schuldner die exakten Regelungen der Vermögenshaftung im Insolvenzrecht nicht bekannt sein. Über die genauen rechtlichen Zusammenhänge muss er nicht informiert sein; es genügt, wenn er die Benachteiligung seiner Gläubiger im wirtschaftlichen Sinne will.[411]

2. Der bedingte Vorsatz

Auch bei der Bestimmung des bedingten Vorsatzes und insbesondere bei dessen Abgrenzung von der Fahrlässigkeit können die im Strafrecht gewonnenen Erkenntnisse genutzt werden. Der Gesetzgeber gibt diesen rechtsgebietsübergreifenden Blick hier sogar vor, sieht er doch eine dem bedingten Vorsatz des Strafrechts entsprechende „bedingte Benachteiligungsabsicht“ als ausreichend an.[412] Damit wird in beiden Rechtsgebieten die genaue Bestimmung des *dolus eventualis* der Wissenschaft überlassen.[413] Wie gezeigt, ist für den Vorsatz in § 133 InsO das Wollen des Erfolges erforderlich. Damit kann den rein kognitiven Theorien auch im Rahmen der Vorsatzanfechtung eine klare Absage erteilt werden; eine Entscheidung gegen die Haftungsordnung ist unentbehrlich.

Zwischen den Theorien, die neben einem intellektuellen auch ein voluntatives Element verlangen, bestehen keine großen Unterschiede. Am Ende ist der Inhalt der verwendeten Worthülsen doch sehr ähnlich, so dass die in der Praxis erzielten Ergebnisse weitestgehend übereinstimmen. Bei einem für die Ausbildung entwickelten Sachverhalt mag eine differenzierte Betrachtung des subjektiven Tatbestands

411 *BGH*, WM 1959, 1007, 1009.

412 Regierungsentwurf, BT-Drucksache 12/2443, S. 160.

413 Der Gesetzgeber lehnte eine Definition der Vorsatzarten im StGB ab, da er die Gefahr sah, dass die Rechtsfortbildung durch Rechtsprechung und Wissenschaft begrenzt werde. Zustimmend *Roxin*, JuS 1973, 197, 201.

anhand einer an *„umgangssprachlicher Semantik anknüpfenden Vorsatzumschreibung“*[414] gelingen. In der Praxis wird der Insolvenzschuldner dem Gericht bei der Bestimmung aber nicht entgegenkommen und sich dahingehend festlegen, ob er die Benachteiligung der Insolvenzgläubiger nun billigte, sich mit der ernst genommenen Tatbestandsverwirklichung abgefunden hat oder ob er ihr gleichgültig gegenüberstand. Wichtig ist aber, dass bei der materiellrechtlichen Definition des bedingten Vorsatzes nicht zu niedrige Anforderungen an das voluntative Element gestellt werden. Hier besteht die Gefahr, dass das Wollen des Erfolges, gerade in Anbetracht des dann noch häufiger möglichen Rückschlusses von Wissen auf Wollen, ohne Bedeutung ist und damit letztendlich doch wieder eine rein kognitive Theorie zum Vorschein kommt. Es fehlt dann wieder an dem bewussten Entscheiden gegen die Haftungsordnung, das ausschlaggebend für die Verwerflichkeit der Handlung ist und die Anfechtbarkeit aus § 133 InsO begründet. Damit soll die Bedeutung der anderen Theorien nicht ignoriert werden. Es wird hier aber die Ansicht vertreten, dass sie zwar alle zu der Abgrenzung von *dolus eventualis* und *luxuria* beitragen, ihre Ergebnisse aber so nahe beieinander liegen, dass eine Entscheidung für eine von ihnen nicht notwendig ist. Das Billigen bzw. das sich Abfinden mit der ernst genommenen Benachteiligung oder die Gleichgültigkeit gegenüber der Benachteiligung weisen allesamt auf *dolus eventualis* hin. *Baldus* fasste die Diskussion daher damit zusammen, dass alle dasselbe meinten.[415]

3. Der Vorsatznachweis anhand des kognitiven Elements

Gezeigt wurde, dass das prägende Merkmal des Vorsatzes das Wollen des tatbestandlichen Erfolges ist. Für das Strafrecht wurden Ausführungen zum Nachweis des Vorsatzes anhand des kognitiven Elements gemacht und zu der sich daraus ergebenden praktischen Bedeutung dieses Vorsatzbestandteils.[416] Auch bei der Vorsatzanfechtung gilt: Ist der spätere Insolvenzschuldner sich darüber im Klaren, dass er mit seinem Handeln die Gläubiger benachteiligt, und handelt er trotzdem, dann will er diese Benachteiligung auch. Der unmittelbare Nachweis ist aber auch hier erst ab dem vom Schuldner als höchstwahrscheinlich eingestuften Eintritt einer solchen Benachteiligung möglich. Unterhalb dieser Schwelle muss der Insolvenzverwalter neben dem Erkennen einer Gefahr für die Haftungsordnung seitens des Schuldners zusätzliche Indizien vorbringen, die auf den Gläubigerbenachteiligungsvorsatz hinweisen.

---

414 *Sternberg- Lieben/Schuster*, in: Schönke/Schröder, StGB, § 15 Rdnr. 87b.

415 *Baldus*, in: Niederschriften Sitzungen Große Strafrechtskommission XII, S. 122.

416 Siehe S. 89 ff.

4. Regelfall direkter Vorsatz bei § 133 Abs. 1 InsO

Der Beweis des Schuldnervorsatzes in § 133 Abs. 1 InsO kann also anhand des Nachweises geführt werden, dass der Schuldner in dem Bewusstsein gehandelt hat, durch die Rechtshandlung seine Gläubiger zu benachteiligen. Der klassische Fall der Vorsatzanfechtung beinhaltet aber einen Schuldner, der mit direktem Vorsatz handelt. Regelmäßig wird er sich ob des Erfolges weitestgehend sicher sein und nicht lediglich die Möglichkeit seines Eintritts erkennen. Ein typisches Beispiel für die Vorsatzanfechtung ist der spätere Insolvenzschuldner, der ein Grundstück unentgeltlich an seine Ehefrau überträgt und sich der masseschmälernden Wirkung bewusst ist, und nicht der Ehemann, der sich nicht sicher ist, ob das kurzfristig vor Insolvenzantragsstellung an die Ehefrau übertragene Grundstück zu ihren Gunsten nun tatsächlich wertausschöpfend belastet ist.[417] Der Wille, die Gläubiger zu benachteiligen, wird dagegen meist weniger ausgeprägt sein, es dem Schuldner mehr darauf ankommen, Vermögenswerte auf die Seite zu schaffen oder einzelne Gläubiger bevorzugt zu behandeln.

III. Zusammenfassung

Zum Zweck der Konkretisierung der beiden Vorsatzelemente des Vorsatzanfechtungstatbestandes, der verschiedenen Vorsatzarten und der Frage, ab wann vorsätzliches Handeln vorliegt, kann auf das Strafrecht verwiesen werden. Das Bewusstsein, pflichtwidrig zu handeln, ist bei der Vorsatzanfechtung dagegen nicht erforderlich. Auch im Anfechtungsrecht wird der Nachweis vorsätzlichen Handelns regelmäßig über das kognitive Element erfolgen.

---

417 Bei Übertragung einer wertausschöpfend belasteten Immobilie an den Inhaber des Rechts, das die Immobilie belastet, liegt keine Benachteiligung der Gläubiger vor; vgl. *Steines*, KTS 1986, 21, 25.

Zweites Kapitel: Überschneidungen im Anwendungsbereich der Vorsatzanfechtung und der besonderen Insolvenzanfechtung

Das systematische Verhältnis zwischen Vorsatzanfechtung und besonderer Insolvenzanfechtung ist dadurch geprägt, dass die Rechtsprechung zahlreiche Merkmale, die bei der besondere Insolvenzanfechtung Teil des Tatbestandes sind, bei der Vorsatzanfechtung als Beweisanzeichen für die subjektiven Tatbestandsmerkmale wertet. Im Einzelnen handelt es sich um die Merkmale der Zahlungsunfähigkeit, der Inkongruenz und der unmittelbar benachteiligenden Rechtshandlung. Deren Bedeutung im Rahmen der Insolvenzanfechtungstatbestände wird nachfolgend überprüft. Zunächst wird aber ein anderes Merkmal betrachtet, welches die Vorsatzanfechtung von der besonderen Insolvenzanfechtung unterscheidet. Nur § 133 Abs. 1 InsO setzt für eine Anfechtung voraus, dass die Rechtshandlung vom Schuldner vorgenommen wurde.

I. Rechtshandlungen des Schuldners

Zunächst noch deliktsrechtliche Gehilfenhandlung, wandelte sich die Vorsatzanfechtung in einen Tatbestand, bei dem die Verschiebung des Vermögens durch den Schuldner immer wichtiger wird.[418] Diese Entwicklung lässt sich auch an der heutigen Ausgestaltung der Vorsatzanfechtung ablesen. Die Möglichkeit der Anfechtung knüpft an eine Rechtshandlung des Schuldners an, die mit dem Vorsatz vorgenommen worden sein muss, die Gläubiger zu benachteiligen. Normzweck der Vorsatzanfechtung ist der Schutz der Haftungsordnung vor vorsätzlichen Beeinträchtigungen durch den Schuldner.[419] Dagegen dient die Kenntnis des Anfechtungsgegners von dem Schuldnervorsatz dem Vertrauensschutz des Rechtsverkehrs.[420] Zentraler Anknüpfungspunkt für eine Anfechtung nach § 133 Abs. 1 InsO ist also eine Rechtshandlung des Schuldners, wobei hierfür eine Mitwirkungshandlung des Schuldners genügt.[421] Die §§ 130, 131 InsO setzen keine Rechtshandlung des

418 Siehe oben S. 29.

419 Siehe oben S. 68 ff.

420 *Schoppmeyer*, ZIP 2009, 600, 603; *Thole*, in: Heidelberger Kommentar, InsO, § 133 Rdnr. 5.

421 *BGH*, WM 1959, 891, 892; NJW 1978, 1921, 1923; *Ede/Hirte*, in: Uhlenbruck/Hirte/Vallender, InsO, § 133 Rdnr. 9; *Kayser*, in: Münchener Kommentar, InsO, § 133 Rdnr. 8; *Andres/Leithaus*, in: InsO, § 133 Rdnr. 1.

Schuldners voraus. Erforderlich für eine Anfechtung ist bei diesen kein Fehlverhalten des Schuldners, sondern eine durch die Deckung bewirkte Beeinträchtigung des Gläubigergleichbehandlungsgrundsatzes.[422] Vor einer solchen Beeinträchtigung ist unabhängig davon zu schützen, wer sie verursacht hat.

Der Unterschied wird bei der Anfechtung von Zwangsvollstreckungshandlungen deutlich. Während der Wortlaut der §§ 130, 131 InsO die Anfechtung einer Deckung, die durch eine Zwangsvollstreckungsmaßnahme eines Gläubigers erlangt wurde, zulässt, ist die Anfechtung einer solchen Maßnahme nach dem Wortlaut des § 133 Abs. 1 InsO nicht möglich. Nach dem Bundesgerichtshof ist dies nur anders zu beurteilen, wenn der Schuldner die Zwangsvollstreckungsmaßnahme aktiv gefördert hat.[423] Diese Ansicht wird in der Literatur überwiegend geteilt.[424] Als ausreichend sieht der Bundesgerichthof es für eine Rechthandlung des Schuldners an, wenn der Schuldner Geld auf ein gepfändetes Bankkonto einzahlt, das zuvor noch einen negativen Saldo auswies,[425] oder der Schuldner die Geschäftskasse vor einem erwarteten Vollstreckungsversuch auffüllt.[426] Dagegen soll eine Rechtshandlung des Schuldners im Sinne des § 133 Abs 1 InsO nicht vorliegen, wenn der Schuldner nur noch die Wahl hat, die geforderte Zahlung sofort zu leisten oder die Vollstreckung zu dulden, also jede Möglichkeit eines selbstbestimmten Handelns ausgeschaltet ist.[427]

Trotz des eindeutigen Wortlauts spricht sich *Kreft* dafür aus, die Vorsatzanfechtung auch auf Zwangsvollstreckungshandlungen von Gläubigern anzuwenden.[428]

---

422 *Ede/Hirte*, in: Uhlenbruck/Hirte/Vallender, InsO, § 130 Rdnr. 1.

423 *BGH*, NZI 2011, 249, 250.

424 *Kayser*, in: Münchener Kommentar, InsO, § 133 Rdnr. 9a; *de Bra*, in: Braun, InsO, § 133 Rdnr. 6; *Ede/Hirte*, in: Uhlenbruck/Hirte/Vallender, InsO, § 133, Rdnr. 14; *Huber*, in: Gottwald, Insolvenzrechts-Handbuch, § 48 Rdnr. 5.

425 *BGH*, NJW-RR 2014, 231.

426 *BGH*, NZI 2011, 249, 250.

427 *BGHZ* 162, 143, 152.

428 *Kreft*, KTS 2004, 205, 219. *Rendels*, ZIP 2004, 1289, 1294 vertritt die Auffassung, dass Zwangsvollstreckungshandlungen ohne Mitwirkung des Schuldners nach § 133 Abs. 1 InsO anfechtbar sind, wenn der Schuldner zum Zeitpunkt der Rechtshandlung verpflichtet gewesen sei, einen Insolvenzantrag zu stellen. Die anfechtbare Rechtshandlung sei hier das Unterlassen der Insolvenzantragstellung (vgl. § 129 Abs. 2 InsO). Bei *Rendels* bleibt aber der in § 129 Abs. 1 InsO vorausgesetzte Kausalzusammenhang zwischen der Rechtshandlung und der Benachteiligung der Gläubiger unberücksichtigt, der durch die Zwangsvollstreckungshandlung und nicht durch das Unterlassen der Antragstellung erfüllt ist (so schon *Brinkmann/Luttmann*, ZInsO 2007, 565, 567; vgl. auch *BGHZ* 162, 143, 155).

Das Erfordernis einer Schuldnerhandlung in § 133 Abs. 1 InsO sieht er allein historisch begründet. Spätestens durch die Abkehr von dem Unlauterkeitsmerkmal könne der Normzweck nicht mehr darin gesehen werden, ein betrügerisches Handeln des Schuldners zu verhindern. Auch die Vorsatzanfechtung diene der Verwirklichung des Gläubigergleichbehandlungsgrundsatzes, weshalb es für eine Anfechtung unerheblich sei, ob die Rechtshandlung vom Schuldner oder allein vom Gläubiger vorgenommen wurde. Es komme nicht darauf an, wer die Rechtshandlung vorgenommen habe, sondern allein darauf, dass die zur Befriedigung der Gläubiger zur Verfügung stehende Masse mit Gläubigerbenachteiligungsvorsatz geschmälert wird.[429] Aus teleologischen Gründen sei es daher geboten, § 133 Abs. 1 InsO auf Rechtshandlungen von Gläubigern, die mit einem Gläubigerbenachteiligungsvorsatz der Gläubiger vorgenommen wurden, auszuweiten.[430]

Marotzke ist der Ansicht, dass eine Anfechtung von Zwangsvollstreckungshandlungen von Gläubigern in das Vermögen des Schuldners mittels der Vorsatzanfechtung auch ohne eine Mitwirkungshandlung des Schuldners möglich sei.[431] Zum Entstehungszeitpunkt der Norm sei man davon ausgegangen, dass der Gerichtsvollzieher oder das Gericht, wenn es Leistungen aus dem Vermögen des Schuldners im Rahmen der Pfändung bewirke, als Vertreter des Schuldners handele.[432] Ließe man eine Anfechtung von Zwangsvollstreckungshandlungen nicht mittels der Vorsatzanfechtung zu, würde man das Anfechtungsrecht entgegen dem Willen des Gesetzgebers verengen.[433] Man könne die Vorsatzanfechtung nicht nach dem heutigen Verständnis des Zwangsvollstreckungsrechts interpretieren. Es könne zudem unmöglich richtig sein, die Anfechtung daran scheitern zu lassen, dass der Vorsatz der Gläubigerbenachteiligung statt beim Schuldner nur beim Anfechtungsgegner vorliegt.[434] Der Vorsatzanfechtungstatbestand müsse daher in solchen Fällen analog angewendet werden.[435]

Auch *Piekenbrock* ist der Auffassung, dass Vollstreckungshandlungen Rechtshandlungen des Schuldners sind.[436] Er begründet dieses unter anderem mit den Motiven zum Entwurf der Konkursordnung, nach denen eine Leistung an einen

429 *Kreft*, KTS 2004, 205, 218.
430 *Kreft*, KTS 2004, 205, 218.
431 *Marotzke*, ZZP 105 (1992), 451, 452 *Marotzke*, DZWIR 2007, 265, 278.
432 *Marotzke*, ZZP 105 (1992), 451, 452; *Marotzke*, DZWIR 2007, 265, 272.
433 *Marotzke*, ZZP 105 (1992), 451, 452; etwas vorsichtiger *Marotzke*, DZWIR 2007, 265, 272.
434 In *Marotzke*, ZInsO 2006, 7, 10 und in *Marotzke*, DZWIR 2007, 265, 278 wird die Anknüpfung an ein Schuldnerverhalten als ein *„gravierender Strukturfehler"* bezeichnet.
435 *Marotzke*, ZZP 105 (1992), 451, 453; *Marotzke*, DZWIR 2007, 265, 278.
436 *Piekenbrock*, in: Integrationskraft zivilrechtlicher Dogmatik, S. 51, 65.

Gläubiger, die ein Gerichtsvollzieher aufgrund einer Pfändung vornimmt, stellvertretend für den Schuldner erfolgt.[437] Auch im Bürgerlichen Gesetzbuch gebe es verschiedene Regelungen, bei denen rechtsgeschäftliche Verfügungen mit Vermögensverschiebungen aufgrund von Zwangsvollstreckungshandlungen gleichgestellt werden.[438] *Piekenbrock* sieht dies durch Überlegungen zur Vollstreckung von Geldschulden bestätigt: Ein nicht liquider Schuldner muss sich durch Veräußerung seiner Vermögenswerte die erforderlichen Mittel beschaffen. Tut er dies nicht, veräußert der Gläubiger mithilfe der Zwangsvollstreckung anstelle des Schuldners.[439] Die Wahlmöglichkeit des Schuldners, eine Handlung vorzunehmen oder nicht, die der Bundesgerichtshof als Abgrenzungskriterium dafür heranzieht, ob eine Rechtshandlung des Schuldners vorliegt,[440] hält *Piekenbrock* für diese Abgrenzung nicht für relevant.[441] Diese Entscheidungsfreiheit sei nur bei der Frage erheblich, ob der Schuldner vorsätzlich gehandelt habe.[442]

Dagegen spricht sich *Thole* gegen eine Erweiterung der Vorsatzanfechtung auf Rechtshandlungen des Gläubigers aus.[443] Die Befürworter einer solchen Ausweitung der Vorsatzanfechtung schöben die Grundgedanken des schuldnerbezogenen Anfechtungsrechts zu rasch beiseite. Die Vorsatzanfechtung sei gerade nicht Ausdruck der *par conditio creditorum*. Diese Regel auf Gläubigerhandlungen zu erstrecken, hieße also, den Vorsatzanfechtungstatbestand einem grundlegenden Funktionswandel zu unterwerfen. Das Merkmal der Rechtshandlung des Schuldners liefere ein passendes Regulativ, das zwar nicht notwendigerweise eng zu interpretieren sei, sich aber stimmig in die Systematik und die Historie des Anfechtungsrechts einfüge.[444]

Einer Erweiterung der Vorsatzanfechtung auf Rechtshandlungen Dritter stehen bereits historische Erwägungen entgegen. Das Tatbestandsmerkmal der Rechtshandlung des Schuldners war für die Vorsatzanfechtung schon immer prägend. Dabei stand der Beitrag des Anfechtungsgegners im klassischen römischen Recht, als die Paulianische Anfechtung noch deliktische Gehilfenhandlung war, noch mehr im Vordergrund.[445] Im mittelalterlich-deutschen Recht wurde die Vermö-

437 *Piekenbrock*, in: Integrationskraft zivilrechtlicher Dogmatik, S. 51, 60.
438 *Piekenbrock*, in: Integrationskraft zivilrechtlicher Dogmatik, S. 51, 60.
439 *Piekenbrock*, in: Integrationskraft zivilrechtlicher Dogmatik, S. 51, 61 f.
440 Vgl. *BGH*, NZI 2011, 249, 250.
441 *Piekenbrock*, in: Integrationskraft zivilrechtlicher Dogmatik, S. 51, 63 f.
442 *Piekenbrock*, in: Integrationskraft zivilrechtlicher Dogmatik, S. 51, 64.
443 *Thole*, ZZP 121 (2008), 67, 89 f.
444 *Thole*, ZZP 121 (2008), 67, 90.
445 Siehe oben S. 27 f.

gensverschiebung durch den Schuldner aber immer wichtiger.[446] Auch heute ist die Vermögensverschiebung durch den Schuldner noch prägend für den Vorsatzanfechtungstatbestand. Eine Ausweitung der Vorsatzanfechtung auf Rechtshandlungen Dritter wäre also ein Bruch mit der historischen Rechtsentwicklung, der einer besonderen Begründung bedürfte. Dafür fehlt es indes an Anhaltspunkten.

So ergibt sich aus den Gesetzgebungsmaterialien zur Konkursordnung, dass sich ihr Gesetzgeber bewusst war, welche Begrenzung mit dem Merkmal der Rechtshandlung des Schuldners bei der Vorsatzanfechtung gegenüber den Vorschriften der Deckungsanfechtung verbunden ist und dass diese Unterscheidung gewollt war. Der Entwurf der Konkursordnung sah auch für Vorschriften der Deckungsanfechtung vor, dass die anfechtbare Deckung vom Schuldner vorgenommen werden muss, vgl. § 23 Nr. 1 Alt. 2 und § 23 Nr. 2 Entwurf der Konkursordnung.[447] In den Protokollen findet sich die Anmerkung, dass damit bezweckt werde, auch diejenigen Deckungen zu erfassen, die nicht der Schuldner selbst vorgenommen habe, sondern *„welche durch Vermittlung des Gerichts vollstreckt werden“*.[448] Nach dem Gesetzgeber der Konkursordnung waren Vollstreckungshandlungen eines Gläubigers also keine Rechtshandlungen des Schuldners.[449] Zwangsvollstreckungshandlungen sollten von der Deckungsanfechtung erfasst werden, offenbar aber nicht von der Vorsatzanfechtung, schließlich blieb es dort bei dem Erfordernis einer Rechtshandlung des Schuldners.

Das Handeln von Zwangsvollstreckungsorganen kann dem Schuldner nach heutigem Recht im Rahmen des § 133 Abs. 1 InsO nicht zugerechnet werden. Der Gerichtsvollzieher ist kein Vertreter des Schuldners. Zur Bewahrung des Rechtsfriedens ist die Vollstreckung dem privaten Bereich entzogen. Die Anwendung von Zwangsmaßnahmen zur Durchsetzung von Ansprüchen obliegt allein dem Staat.[450] Zudem wird das Vollstreckungsorgan auf Antrag des Gläubigers tätig. Eine Zurechnung von Vollstreckungshandlungen ist daher eher in diesem Verhältnis denkbar. Auch hier ist aber anerkannt, dass es sich nicht um ein privatrechtliches Geschäftsbesorgungsverhältnis handelt, sondern das Verhältnis öffentlich-rechtlicher Natur ist, und der Gerichtsvollzieher nicht den

---

446 Siehe oben S. 29.

447 Entwurf der Konkursordnung„ in: *Hahn*, Reichsjustizgesetze, Vierter Band, S. 7.

448 Protokolle der Kommission, in: *Hahn*, Reichsjustizgesetze, Vierter Band, S. 534.

449 So schon *Lind*, Zur Auslegung von § 133 InsO, S. 64.

450 *Baur/Stürner/Bruns*, Zwangsvollstreckungsrecht, Rdnr. 1.1; *Münzberger*, in: Stein/Jonas, ZPO, vor § 704 Rdnr. 16 mit Verweis auf die geringfügen im privaten Bereich verbliebenen Zwangsrechte etwa bei der Selbsthilfe nach §§ 229 f., 561, 859 BGB.

Gläubiger vertritt.[451] Weiter spricht der Zweck einer Vollstreckung dagegen, die Handlungen des Vollstreckungsorgans dem Schuldner zuzurechnen. Der Gerichtsvollzieher greift dabei schließlich in aller Regel gegen den Willen des Schuldners auf dessen Vermögen zu. Nicht nur dieser Eingriff ist staatlich, vielmehr sind sämtliche Bestandteile der Zwangsvollstreckung dem öffentlichen Recht zuzuordnen.[452]

Auch stellt sich die Frage, ob eine Ausweitung der Vorsatzanfechtung auf Rechtshandlungen Dritter überhaupt erstrebenswert ist. In der von § 133 Abs. 1 InsO bewerteten Situation geht es dem potentiellen Anfechtungsgegner darum, dass seine Forderung bezahlt wird. Bislang lässt ihm § 133 Abs. 1 InsO dabei viele Freiheiten. Ausgangspunkt einer Anfechtung ist ein vorsätzliches Schuldnerhandeln. Der Schuldner ist verpflichtet, die gleichen Befriedigungschancen seiner Gläubiger zu wahren.[453] Seine Gläubiger trifft eine solche Verpflichtung aber nicht. Unter Geltung des Prioritätsprinzips müssen sie keine Rücksicht auf die Belange der anderen Gläubiger nehmen. Grenzen werden erst ab Kenntnis des Gläubigers von einem Benachteiligungsvorsatz des Schuldners und durch die §§ 134, 138 Abs. 1 BGB sowie die §§ 823 Abs. 2, 826 BGB gesetzt. Die Benachteiligung der anderen Gläubiger darf der Anfechtungsgegner bislang anstreben, jedenfalls solange er den Gläubigerbenachteiligungsvorsatz des Schuldners nicht kennt.

Zudem birgt die Ausweitung der Vorsatzanfechtung auf Rechtshandlungen, die nicht vom Schuldner vorgenommen wurden, eine weitere Gefahr, auf die bereits *Thole* hingewiesen hat.[454] Erweitert man § 133 Abs. 1 InsO auf Rechtshandlungen Dritter, spricht viel dafür, dies auch bei der Parallelvorschrift im Anfechtungsrecht zu tun.[455] Dies kann außerhalb eines Insolvenzverfahrens aber zu Anfechtungskarussels führen. Dem anfechtenden Gläubiger lässt sich doch gut vorwerfen, er habe durch die Anfechtung die übrigen Gläubiger in Kenntnis der finanziell angespannten Situation benachteiligt.[456] Nach alldem sollte an dem Kriterium der Rechtshandlung des Schuldners im Rahmen von § 133 Abs. 1 InsO festgehalten werden.

---

451 *BGHZ* 142, 77, 83; *Baur/Stürner/Bruns*, Zwangsvollstreckungsrecht, Rdnr. 8.5.

452 *RGZ* 128, 81, 85; *BGHZ* 142, 17, 20; 162, 143, 148; *Baur/Stürner/Bruns*, Zwangsvollstreckungsrecht, Rdnr. 5.13; *Münzberger*, in: Stein/Jonas, ZPO, vor § 704 Rdnr. 16.

453 So schon *Schoppmeyer*, ZIP 2009, 600, 602.

454 *Thole*, ZZP 121 (2008), 67, 89 f.

455 *Thole*, ZZP 121 (2008), 67, 89.

456 *Thole*, ZZP 121 (2008), 67, 90.

II. Kenntnis der Zahlungsunfähigkeit

Nicht erst mit der formellen Eröffnung des Insolvenzverfahrens, sondern schon mit dem Eintritt der materiellen Insolvenz des Schuldners wird die uneingeschränkte Geltung des Prioritätsprinzips als ungerecht empfunden. Durch die besondere Insolvenzanfechtung erfolgt daher eine partielle Vorverlagerung des Grundsatzes der Gläubigergleichbehandlung bis zu drei Monate vor den Antrag auf Eröffnung des Insolvenzverfahrens.[457] Wird nun in den §§ 130–132 InsO neben zeitlichen Voraussetzungen häufig die Zahlungsunfähigkeit des Schuldners oder die Kenntnis des Anfechtungsgegners von dieser gefordert, wird damit an die materielle Insolvenz des Schuldners angeknüpft. So beschränkt auch § 130 Abs. 1 InsO die Anfechtungsmöglichkeiten in subjektiver Hinsicht und erklärt kongruente Deckungen nur dann für anfechtbar, wenn der Gläubiger von der Zahlungsunfähigkeit des Schuldners wusste, womit gleichzeitig die höchsten Anforderungen genannt sind, die bei der Deckungsanfechtung erforderlich sind.[458] Diese Norm könnte durch das heutige Verständnis der Vorsatzanfechtung aber obsolet geworden sein, was die weitere Frage aufwerfen würde, ob die daraus resultierenden systematischen Bedenken eine solche Überschneidung der Anfechtungstatbestände untersagen.[459]

Bei der Anfechtung nach § 133 Abs. 1 InsO besteht für den Insolvenzverwalter die Schwierigkeit des Nachweises der subjektiven Tatbestandsmerkmale von Insolvenzschuldner und Anfechtungsgegner. Diese Schwierigkeiten haben den Gesetzgeber dazu bewogen, § 133 Abs. 1 S. 2 InsO einzuführen, um dem Insolvenzverwalter die Beweisführung zu erleichtern.[460] Zuvor hat der Bundesgerichtshof aber bereits zur Konkursordnung verschiedene Indizien zum Nachweis der subjektiven Tatbestandsmerkmale herausgearbeitet[461] – eine Rechtsprechung, die zur Insolvenzordnung noch erweitert und verfeinert wurde.[462] Insbesondere die Kenntnis der Zahlungsunfähigkeit hat bei der Beweiswürdigung stetig an Bedeutung gewonnen. Zwischenzeitlich gipfelte dies darin, dass ihr Nachweis bei Insolvenzschuldner und Anfechtungsgegner schon

---

457 Siehe S. 53 f.

458 Auch bei der Anfechtung inkongruenter Deckungen wird in § 131 Abs. 1 Nr. 3 InsO mit der Kenntnis der Gläubigerbenachteiligung ein subjektives Tatbestandsmerkmal gefordert.

459 Dahingehend *Foerste*, NZI 2006, 6, 7.

460 Regierungsentwurf, BT-Drucksache 12/2443, S. 160.

461 Siehe S. 35 ff.

462 Siehe S. 37 ff.

eigenständig für den Beweis des jeweiligen subjektiven Tatbestandsmerkmals der Vorsatzanfechtung ausreichte.[463] Es besteht aber ein Unterschied zwischen der Verwendung der Kenntnis der Zahlungsunfähigkeit bei der besonderen Insolvenzanfechtung und der Vorsatzanfechtung. Während sie bei ersterer Tatbestandsmerkmal ist, kann durch ihren Nachweis bei letzterer lediglich mittelbar auf deren subjektiven Tatbestandsmerkmale geschlossen werden. Im Rahmen der Vorsatzanfechtung hat die Kenntnis der Zahlungsunfähigkeit zwar an Bedeutung gewonnen, jedoch handelt es sich weiterhin um ein tatbestandsfremdes Merkmal.

Der Bundesgerichtshof sprach bei dem Nachweis der subjektiven Vorsatzanfechtungsmerkmale zunächst davon, dass deren Vorliegen vermutet werden könne, wenn der Schuldner sein Vermögen in Kenntnis der eigenen Zahlungsunfähigkeit verringert.[464] In der Literatur wurde dieser Einsatz von tatsächlichen Vermutungen bei der Beweiswürdigung im Rahmen der Vorsatzanfechtung kritisiert. Nach *Schoppmeyer* stört die Verwendung rechtssatzförmiger Vermutungstatbestände *„die schwierige Balance zwischen den einzelnen Anfechtungstatbeständen"*.[465] *Fischer* und *Ganter* wollen stattdessen lediglich Beweisanzeichen verwenden.[466] Dafür spreche, dass die Kenntnis der Zahlungsunfähigkeit dem Merkmal der Inkongruenz beweisrechtlich im Ansatz gleichwertig sei. Zudem könnte damit auch deutlich gemacht werden, dass beide Merkmale nicht schematisch bewertet werden dürfen und keinen Beweis des Gegenteils erfordern, sondern schon durch Umstände entkräftet werden, die den Beweiswert des Merkmals deutlich verringern.[467] Noch weiter geht *Henckel*, der sich gegen jegliche festen Beweiswürdigungsregeln ausspricht; Tatsachen und Beweise sollten frei gewürdigt werden.[468]

Nachfolgend wird die Wirkung der Kenntnis der Zahlungsunfähigkeit für Vorsatzanfechtung und besondere Insolvenzanfechtung verglichen. Für die Vorsatzanfechtung wird untersucht, inwieweit ihre subjektiven Tatbestandsmerkmale mit Hilfe der Kenntnis der (drohenden) Zahlungsunfähigkeit nachgewiesen werden können.

---

463 Für den Gläubigerbenachteiligungsvorsatz vgl. *BGHZ* 167, 190, 195; für die Kenntnis des Anfechtungsgegners vgl. *BGH*, NZI 2009, 168, 169.

464 Für den Gläubigerbenachteiligungsvorsatz vgl. *BGHZ* 167, 190, 195; für die Kenntnis des Anfechtungsgegners vgl. *BGH*, NZI 2009, 168, 169.

465 *Schoppmeyer*, ZIP 2009, 600, 606.

466 *Fischer*, NZI 2008, 588, 593; *Ganter*, WM 2009, 1441, 1443.

467 *Fischer*, NZI 2008, 588, 593.

468 *Henckel*, in: Jaeger, InsO, § 133 Rdnr. 39.

1. Die Kenntnis der Zahlungsunfähigkeit als Hinweis auf die subjektiven Tatbestandsmerkmale der Vorsatzanfechtung

Die vom Bundesgerichthof auch für die Vorsatzanfechtung bemühte tatsächliche Vermutung ist eine beweisrechtliche Figur, die in der Rechtsprechung häufig zu finden ist.[469] Ihr werden aber unterschiedliche Rechtsfolgen zugesprochen.

a. Tatsächliche Vermutungen in Rechtsprechung und Literatur

Bei genauerer Betrachtung der Rechtsfigur der tatsächlichen Vermutung fällt ein Ungleichgewicht ins Auge. Während sie in der Rechtsprechung sehr häufig verwendet wird,[470] wird ihr im Schrifttum nur wenig Beachtung gewidmet.[471] Und die Literatur hält sich nicht nur bei der Auseinandersetzung mit dem Begriff zurück. Es wird dort sogar vielfach angenommen, dass sein Anwendungsbereich und die Rechtsfolgen unklar seien, er keine eigenständige Bedeutung habe und daher von seiner Verwendung ganz abgesehen werden sollte.[472] *Prütting* legt dar, dass die tatsächlichen Vermutungen sowohl im Rahmen der Beweislast als auch bei der Beweiswürdigung schon verschiedene Funktionen erfüllt haben.[473] Teilweise wird der Begriff lediglich als einfaches Beweisanzeichen verstanden,[474] an anderer Stelle mit den gewohnheitsrechtlichen Regeln über den Anscheinsbeweis gleichgesetzt,[475]

469 Für den Gläubigerbenachteiligungsvorsatz vgl. *BGHZ* 167, 190, 195; für die Kenntnis des Anfechtungsgegners vgl. *BGH*, NZI 2009, 168, 169. Für tatsächliche Vermutungen außerhalb des Insolvenzrechts vgl. *BGHZ* 14, 286, 291; 61, 118, 121 f.; 80, 153, 161; 136, 347, 351; 156, 302, 307 ff.

470 *BGHZ* 6, 169, 170; 146, 37, 42; *BVerwG*, NJW 1956, 762, 762; *BGH*, NJW 2002, 3164, 3164. Eine Auflistung älterer Rechtsprechung findet sich bei *Prütting*, Gegenwartsprobleme der Beweislast, S. 50 ff.

471 Detaillierte Bearbeitungen finden sich bei *Allner*, Die tatsächliche Vermutung; *Baumgärtel*, in: Festschrift Schwab, S. 43 ff.; *Laumen*, in: Handbuch der Beweislast, Kapitel 19; *Prütting*, Gegenwartsprobleme der Beweislast, S. 50 ff; *Piekenbrock*, WM 2012, 429 ff.

472 *Musielak*, Grundlagen der Beweislast, S. 156 f.; *Prütting*, in: Münchener Kommentar, ZPO, § 292 Rdnr. 28; *Greger*, in: Zöller, ZPO, vor § 284 Rdnr. 33.

473 *Prütting*, Gegenwartsprobleme der Beweislast, S. 53 f.

474 *BGHZ* 146, 298, 305 ordnet bei der Frage, inwieweit ein auffälliges Missverhältnis zwischen Leistung und Gegenleistung für die in § 138 BGB vorausgesetzte Sittenwidrigkeit spricht, die hier bestehende tatsächliche Vermutung der Beweiserleichterung zu.

475 Nach *BGHZ* 6, 169, 170 spricht bei einer durch das plötzliche Ausscheren eines Schleppkahns in einem Kanal mit einem anderen Kahn verursachte Kollision eine tatsächliche Vermutung für das schuldhaft falsche Führen des Fahrzeugs.

und in einigen Fällen bewirkt eine tatsächliche Vermutung sogar eine Umkehr der Beweislast[476]. Im Gegensatz zu *Prütting* bestreitet *Baumgärtel* die Brauchbarkeit der tatsächlichen Vermutung nicht. Seiner Meinung nach gibt es aber eine Doppelbelegung des Begriffs in der Rechtsprechung als Anscheins- und Indizienbeweis. Um der Gefahr einer Verwechslung vorzubeugen, fordert er daher eine genaue Kennzeichnung bei der Verwendung.[477] Ebenso sieht *Laumen* die tatsächlichen Vermutungen alleine im Bereich der Beweiswürdigung. Eine eigenständige Bedeutung findet auch er nicht; er bezweifelt aber, dass der Begriff der tatsächlichen Vermutung im Hinblick auf die gefestigte Rechtspraxis wieder verschwinden werde.[478]

Die jeweilige Einordnung der tatsächlichen Vermutungen macht sich insbesondere an der Höhe der Anforderungen bemerkbar, die erforderlich sind, um die Vermutung zu widerlegen. Ist die Rechtsfolge eine Umkehr der Beweislast, trifft mit dem Vorliegen der Voraussetzungen die andere Partei die objektive Beweislast; die im Gesetz angelegte Verteilung der Beweislast wird außer Acht gelassen, es erfolgt also eine Fortbildung des Rechts.[479] Kann das Vorhandensein bzw. Nichtvorhandensein eines entscheidungserheblichen Tatbestandsmerkmals nicht aufgeklärt werden (*non liquet*), ist das eigentlich nachteilig für die beweisbelastete Partei. Liegt nun aber das die tatsächliche Vermutung begründende Merkmal vor, wird von der gesetzlich vorgesehenen Risikoverteilung bei Unaufklärbarkeit einer entscheidungserheblichen Tatsache abgewichen und das Gericht entscheidet zu ihren Gunsten. Die andere Partei kann den Rechtsstreit nur noch gewinnen, wenn sie den vollen Beweis des Gegenteils erbringt.

Dagegen ist der Anscheinsbeweis methodisch nicht der Beweislast, sondern der Beweiswürdigung zuzuordnen. Er hilft nicht im Falle eines *non liquet*, sondern beseitigt dieses und ermöglicht somit den Beweis eines Tatbestandsmerkmals. Nach zutreffender Auffassung und ganz herrschender Meinung handelt es sich um eine Beweiswürdigungsregel.[480] Anhand tatbestandsfremder Ereignisse wird unter Berücksichtigung der allgemeinen Lebenserfahrung der Nachweis eines

---

476 *BHGZ* 81, 222, 225 f. sieht eine tatsächliche Vermutung für die für ein Unterlassungsbegehren nach § 13 AGBGB erforderliche Wiederholungsgefahr bereits in der Verwendung von Allgemeinen Geschäftsbedingungen, die unzulässige Klauseln enthalten.

477 *Baumgärtel*, in: Festschrift Schwab, S. 43, 51.

478 *Laumen*, in: Handbuch der Beweislast, Kapitel 19 Rdnr. 61.

479 So in zuzustimmender enger Terminologie der Beweislastumkehr *Prütting*, in: Handbuch der Beweislast, Kapitel 25 Rdnr. 6. *Foerste*, in: Musielak/Voit, ZPO, § 286 Rdnr. 37 bezeichnet ein solches Verständnis als *„Beweislastumkehr im engeren Sinne"*.

480 *BGHZ* 100, 31, 34; *Greger*, in: Zöller, ZPO, vor § 284 Rdnr. 29a; *Rosenberg/Schwab/Gottwald*, Zivilprozessrecht, § 113 Rdnr. 16.

ursächlichen Zusammenhangs oder schuldhaften Verhaltens geführt. Der Beweis eines Tatbestandsmerkmals gilt als geführt, wenn ein typischer Lebenssachverhalt nachgewiesen werden kann, der aufgrund allgemeiner Lebenserfahrung regelmäßig auf das im Streit stehende Tatbestandsmerkmal hinweist.[481] Für diesen Beweis *prima facie* ist ein Erfahrungssatz erforderlich, der ausreichend belastbar ist: der Richter muss den Vorsatz des Schuldners zunächst einmal als gegeben ansehen.[482] Ein Anscheinsbeweis hat aber keine Auswirkungen auf die Beweislast. Der Beweisgegner kann den Anscheinsbeweis erschüttern, indem er den Beweis eines abweichenden Lebenssachverhalts erbringt, also Tatsachen nachweist, aus denen sich in dem jeweiligen Einzelfall die hohe Wahrscheinlichkeit eines atypisch ablaufenden Sachverhaltes ergibt.[483] Fehlerhaft und revisibel wegen eines Verstoßes gegen § 286 ZPO ist die Würdigung eines Anscheinsbeweises, wenn trotz des Vorliegens eines typischen Lebenssachverhaltes der Beweis nicht als geführt betrachtet oder ein typischer Lebenssachverhalt nicht berücksichtigt wird.[484]

Ähnlich dem Anscheinsbeweis schließt man bei dem Indizienbeweis von tatbestandsfremden Tatsachen auf das Vorliegen eines Tatbestandmerkmals.[485] Wiederum handelt es sich also um einen mittelbaren Beweis. Anders ist aber, dass man sich hier nicht der allgemeinen Lebenserfahrung bedient, sondern es wird *„von individuellen Sachlagen auf die Haupttatsache"* geschlossen.[486] Aufgrund dieser Bewertung einer konkreten Situation wird der Indizienbeweis regelmäßig eine höhere Wahrscheinlichkeit erreichen als der Anscheinsbeweis. Überzeugungskräftig ist er, wenn es nicht möglich erscheint, aus den Indiztatsachen andere Schlüsse zu ziehen.[487] Der Gegner muss also gerade nicht den vollen Beweis des Gegenteils führen. Fehlerhaft ist die Beweiswürdigung bei einem Indizienbeweis,

---

481 *Prütting*, in: Münchner Kommentar, § 286 Rdnr. 48; *Prütting*, in: Handbuch der Beweislast, Kapitel 17 Rdnr. 3 und 8; *Greger*, in: Zöller, ZPO, vor § 284 Rdnr. 29.

482 *Leipold*, in: Stein/Jonas, ZPO, § 286 Rdnr. 131. Dagegen spricht der Bundesgerichtshof auch beim Anscheinsbeweis von der vollen Überzeugung des Richters. *BGH*, NJW 1982, 2668, 2668. Dem kann aber nicht gefolgt werden. Die Besonderheit des Anscheinsbeweises besteht gerade darin, dass er ein *„niedrigeres Beweismaß als das desVollbeweises"* erfordert, *Leipold*, in: Stein/Jonas, ZPO, § 286 Rdnr. 133.

483 *Leipold*, in: Stein/Jonas, ZPO, § 286 Rdnr. 138; *Prütting*, in: Münchner Kommentar, § 286 Rdnr. 65.

484 *Prütting*, in Münchener Kommentar, ZPO, § 286 Rdnr. 65; *Rosenberg/Schwab/Gottwald*, Zivilprozessrecht, § 113 Rdnr. 37. Gegen einen Verstoß gegen § 286 ZPO kann mit der Verfahrensrüge nach § 551 Abs. 3 Nr. 2b ZPO vorgegangen werden.

485 *BGHZ* 53, 245, 260.

486 *Laumen*, in: Handbuch der Beweislast, Kapitel 18 Rdnr. 19.

487 So *BGHZ* 53, 245, 260.

wenn das Gericht vorgebrachte Indizien unberücksichtigt gelassen hat. Auch der Beweiswert vorgebrachter Indizien kann von dem Beweisgegner erschüttert werden, etwa durch den Nachweis, dass das Indiz die ihm vom Gegner zugewiesene Beweiswirkung gar nicht hat.

b. Tatsächliche Vermutungen im Insolvenzanfechtungsrecht

Im Anfechtungsrecht findet man den Begriff der tatsächlichen Vermutung bei der Frage, inwieweit die Kenntnis von der Zahlungsunfähigkeit des Schuldners auf den Benachteiligungsvorsatz des Schuldners und auf dessen Kenntnis auf Seiten des Anfechtungsgegners hinweist. Der Bundesgerichtshof formulierte zunächst, dass ein Schuldner, der seine Zahlungsunfähigkeit kennt, in aller Regel mit Benachteiligungsvorsatz handelt. Darüber hinaus sei der Benachteiligungsvorsatz des Schuldners schon dann zu vermuten, wenn dieser seine drohende Zahlungsunfähigkeit kenne. Das ergebe sich mittelbar aus § 133 Abs. 1 S. 2 InsO. Werde die Kenntnis des Anfechtungsgegners vermutet, wenn er wusste, dass dessen Zahlungsunfähigkeit drohe, könne für den Schuldner nichts anderes gelten.[488] Es stellt sich nun die Frage, welche Rechtsfolgen die Rechtsprechung an die Vermutung des Benachteiligungsvorsatzes knüpft.

Das zuvor genannte Urteil enthält keine eindeutige Qualifizierung, lediglich eine der drei möglichen Bedeutungen kann bereits hier ausgeschlossen werden: Nach dem Bundesgerichtshof begründet eine tatsächliche Vermutung keine Beweislastumkehr. Das Gericht setzt sich damit auseinander, welche Umstände im Rahmen der Beweiswürdigung auf den Gläubigerbenachteiligungsvorsatz des Schuldners schließen lassen. Das Gericht setzt sich also nicht mit der Frage auseinander, wie es im Falle eines *non liquet* zu entscheiden hat, demnach nicht mit der Verteilung der Beweislast. Damit bleibt für die sich aus der Kenntnis der eigenen Zahlungsunfähigkeit ergebende Vermutung die Einordnung als Anscheinsbeweis oder als Beweisanzeichen im Rahmen eines Indizienbeweises.

Ein Hinweis lässt sich einem Urteil entnehmen, das ein gutes Jahr später ergangen ist.[489] Dort werden Umstände genannt, bei deren Vorliegen die Vermutung des Benachteiligungsvorsatzes trotz des Handelns des Schuldners in Kenntnis der eigenen Zahlungsunfähigkeit nicht greift. Dies sei dann der Fall, wenn konkrete Gegebenheiten darauf hinweisen, dass die momentane Krise noch überwunden werden kann. Als Beispiel wird die sichere Aussicht, demnächst Kredite zu er-

---

488 *BGHZ* 167, 190, 195.
489 *BGH*, NZI 2007, 512.

halten oder Forderungen realisieren zu können, angeführt.[490] Kurz darauf wurde diese Aufzählung durch ein Urteil um die realistischen Sanierungsbemühungen des Schuldners erweitert.[491] Die genannten Umstände, bei deren Vorliegen die Vermutung nicht angewendet werden kann, könnten dafür sprechen, dass die Rechtsprechung sie nach den Regeln des Anscheinsbeweises behandelt. Der Anfechtungsgegner muss nicht den vollen Beweis des Gegenteils führen, sondern lediglich die durch einen typischen Geschehensablauf begründete Überzeugung des Gerichts erschüttern. Er muss die tatsächliche Vermutung nicht widerlegen; es genügt, wenn er sie durch das Vorbringen einer ernsthaften Möglichkeit eines anderen als des erfahrungsgemäßen Geschehensablaufes entkräftet.[492] Andererseits könnte es sich bei der sicheren Aussicht, demnächst Kredite zu erhalten, auch um den Nachweis handeln, dass die Kenntnis der Zahlungsunfähigkeit die ihr angeblich zukommende Indizwirkung in dem konkreten Fall nicht hat.

In einer inkongruenten Deckung sieht *Thole* keinen Anscheinsbeweis, sondern lediglich ein Indiz für den Gläubigerbenachteiligungsvorsatz.[493] *Thole* argumentiert mit dem vom Bundesgerichtshof an anderer Stelle aufgestellten Grundsatz, dass es keinen Anscheinsbeweis für individuelle Verhaltensweisen von Menschen in bestimmten Lebenslagen gibt.[494] Der Bundesgerichtshof spricht sich gegen einen Anscheinsbeweis bei individuellen Vorstellungen und Willensentschlüssen aus, da menschliches Verhalten *„keiner generalisierenden Beurteilung aufgrund allgemeiner Erfahrungsgrundsätze“* zugänglich sei.[495] Dieser Grundsatz spricht gleichfalls dagegen, die Kenntnis der Zahlungsunfähigkeit dem Anscheinsbeweis zuzuordnen, schließlich dient auch diese zum Nachweis der subjektiven Vorsatzanfechtungsmerkmale.

Gegen eine Einordnung der Kenntnis der Zahlungsunfähigkeit als Anscheinsbeweis und für einen Indizienbeweis sprechen zudem die folgenden Erwägungen. Lässt man die gesetzliche Vermutung in § 133 Abs. 1 S. 2 InsO außer Betracht, ist der Begriff der Vermutung in der Rechtsprechung des Bundesgerichtshof zur Vorsatzanfechtung zwar weiterhin zu finden,[496] in den letzten

490 *BGH*, NZI 2007, 512.

491 *BGH*, NZI 2007, 517, 518.

492 Mit dieser Argumentation weist *Fischer*, NZI 2008, 588, 590 die für einen Gläubigerbenachteiligungsvorsatz sprechende tatsächliche Vermutung dem Anscheinsbeweis zu.

493 *Thole*, KTS 2007, 293, 303.

494 So *BGHZ* 100, 214, 216; *BGH*, VersR 1981, 1153; NJW 1983, 1548, 1551; 1988, 2040, 2041.

495 *BGH*, NJW 1983, 1548, 1551.

496 *BGH*, NZI 2011, 589, 590; ZIP 2015, 437, 438; 2015, 585, 587.

Jahren aber nur noch selten. Häufiger sind die Entscheidungen, in denen eine beweisrechtliche Kennzeichnung unterbleibt[497] oder von Beweisanzeichen[498] gesprochen wird. Der Begriff des Anscheinsbeweises wird gar nicht verwendet. Insofern legt auch die regelmäßige Bezeichnung der Kenntnis der Zahlungsunfähigkeit als Beweisanzeichen nahe, dass auch die tatsächliche Vermutung als solches zu interpretieren ist. Es ist jedenfalls unwahrscheinlich, dass der Bundesgerichtshof die beweisrechtliche Wirkung der Kenntnis der Zahlungsunfähigkeit regelmäßig unterschiedlich einordnet.

Zudem hat der IX. Senat des Bundesgerichtshofs zwischenzeitlich wiederholt darauf hingewiesen, dass es für die subjektiven Tatbestandsmerkmale der Vorsatzanfechtung auf eine Gesamtwürdigung aller maßgeblichen Umstände des Einzelfalls ankommt.[499] Die subjektiven Voraussetzungen der Vorsatzanfechtung habe der Tatrichter gemäß § 286 ZPO unter Würdigung aller maßgeblichen Umstände des Einzelfalls auf der Grundlage des Gesamtergebnisses der Verhandlung und einer etwaigen Beweisaufnahme zu prüfen. Soweit frühere Entscheidungen des Senats anders verstanden werden könnten, werde daran nicht festgehalten.[500] Im Rahmen dieser Gesamtwürdigung müsse beachtet werden, dass Tatsachen wie die Kenntnis der Zahlungsunfähigkeit nur mehr oder weniger gewichtige Beweisanzeichen darstellen, die nicht schematisch im Sinne einer vom anderen Teil zu widerlegenden Vermutung angewandt werden dürfen.[501] Der Bundesgerichtshof verlangt also eine Prüfung des Einzelfalls und macht damit deutlich, dass er die Kenntnis der Zahlungsunfähigkeit beweisrechtlich nicht dem Anscheinsbeweis zuordnet. Schließlich ist für einen Anscheinsbeweis kennzeichnend, dass der Nachweis des konkreten Einzelfalls nicht notwendig ist, sondern es ausreicht, einen typischen Lebenssachverhalt nachzuweisen, der regelmäßig auf das jeweilige Tatbestandsmerkmal hinweist.[502]

---

497 *BGHZ* 180, 98, 102 f.; *BGH*, NZI 2008, 488, 489; NZI 2009, 239, 240; NZI 2012, 137, 138; NZI 2012, 658, 660; NZI 2013, 140, 145.

498 *BGH*, NZI 2010, 439, 441; NZI 2013, 129; NZI 2013, 133, 134; NZI 2013, 249, 250.

499 *BGH*, NZI 2009, 847, 848; NZI 2013, 253, 255; NZI 2014, 23, 24; NZI 2014, 68, 69.

500 *BGH*, NZI 2009, 768, 769. *De Bra*, LMK 2009, 294572 ist darin zuzustimmen, dass es sich hierbei wohl eher um eine dogmatische Klärung handelt, als dass der Bundesgerichtshof eine Korrektur seiner Rechtsprechung anstrebt. Wie zuvor gezeigt wurde, hat auch die früher verwendete Rechtsfigur der tatsächlichen Vermutung in vielen Fällen die Wirkung eines Beweisanzeichens.

501 *BGH*, NZI 2009, 847, 848; NZI 2013, 253, 255; NZI 2014, 23, 24; NZI 2014, 68, 69.

502 Vgl. *Prütting*, in Münchener Kommentar, ZPO, § 286 Rdnr. 48.

c. *Die Kenntnis der Zahlungsunfähigkeit: Hinweis auf den subjektiven Tatbestand der Vorsatzanfechtung?*

Nachdem gezeigt wurde, dass der Bundesgerichtshof Deckungen in Kenntnis der Zahlungsunfähigkeit als Beweisanzeichen für den Gläubigerbenachteiligungsvorsatz einordnet, ist fraglich, ob das Handeln in Kenntnis der Zahlungsunfähigkeit bzw. mit dem Wissen der drohenden Zahlungsunfähigkeit tatsächlich auf den Gläubigerbenachteiligungsvorsatz des Schuldners sowie auf die Kenntnis des Anfechtungsgegners von diesem Vorsatz hinweist.

aa. *Hinweis des Handelns mit dem Wissen der eigenen Zahlungsunfähigkeit auf den Benachteiligungsvorsatz des Schuldners*

Ein Beweisanzeichen für den Benachteiligungsvorsatz bestünde, wenn davon ausgegangen werden kann, dass ein Schuldner die Möglichkeit der Benachteiligung der Gläubigergesamtheit erkennt und billigend in Kauf nimmt, wenn er Vermögenswerte auf einen anderen mit dem Bewusstsein der Insuffizienz des eigenen Vermögens überträgt. Nach der Rechtsprechung genügt das Beweisanzeichen des Handelns in Kenntnis der eigenen Zahlungsunfähigkeit zum Nachweis des Gläubigerbenachteiligungsvorsatzes aus.[503] In der Literatur wird die alleinige Tragfähigkeit des Beweisanzeichens teilweise verneint, der aus der Kenntnis der Zahlungsunfähigkeit zugestandene Hinweis auf den Vorsatz des Schuldners wird bei der Beweiswürdigung als alleiniges Indiz nicht als ausreichend angesehen.[504] Die materielle Insolvenz des Schuldners sei weder notwendiger noch hinreichender Grund, um auf einen Benachteiligungsvorsatz schließen zu können.[505] Schließlich sei bei kongruenten Deckungen zunächst davon auszugehen, dass es dem Schuldner primär auf die Erfüllung seiner Leistungspflicht ankomme.[506]

Die Kritik der Literatur kann aber nicht überzeugen. Im Hinblick darauf, dass für die Vorsatzanfechtung heute grundsätzlich bedingter Vorsatz ausreicht, ist der Rechtsprechung zuzustimmen. Es ist damit nicht mehr entscheidend, ob es dem Schuldner bei der Befriedigung eines Gläubigers primär auf die Erfüllung seiner

---

503 *BGHZ* 167, 190, 195; 180, 98, 102 f.; *BGH*, NZI 2007, 512; 2007, 517, 518. NZI 2008, 488, 489; NZI 2009, 239, 240; NZI 2010, 439, 441; NZI 2012, 137, 138; NZI 2012, 658, 660; NZI 2013, 129; NZI 2013, 133, 134; NZI 2013, 140, 145; NZI 2013, 249, 250.

504 *Henckel*, in: Jaeger, InsO, § 133 Rdnr. 22; *Bork*, ZIP 2004, 1684, 1692; ZIP 2008, 1041, 1045; *Schoppmeyer*, ZIP 2009, 600, 607. Der Rechtsprechung dagegen beipflichtend: *Thole*, ZIP 2013, 2081, 2084.

505 *Schoppmeyer*, ZIP 2009, 600, 605.

506 *Bork*, in: Kübler/Prütting/Bork, InsO, § 133 Rdnr. 42.

Leistungspflicht ankommt. Vielmehr reicht aus, dass der Schuldner die Gefahr der Benachteiligung der übrigen Gläubiger erkannt hat, er aber trotzdem handelt; mehr ist für den Gläubigerbenachteiligungsvorsatz nicht erforderlich. Gleichwohl handelt es sich bei dem Beweisanzeichen aber lediglich um ein Indiz, es müssen also trotz eines starken Beweiswerts alle Umstände des Einzelfalls berücksichtigt werden.[507]

Auch für die Feststellung des subjektiven Tatbestands bei der Vorsatzanfechtung hat das kognitive Vorsatzelement – wie im Strafrecht[508] – für den Nachweis des Vorsatzes große Bedeutung. Es kann davon ausgegangen werden, dass ein Schuldner seine Gläubiger benachteiligen will, wenn ihm die benachteiligende Wirkung seiner Handlung bewusst ist und er trotzdem handelt.[509] Führt man sich nun vor Augen, dass der Bundesgerichthof letztlich nur einen solchen Schluss von dem Wissen der Gläubigerbenachteiligung auf deren Wollen zieht, muss seiner Rechtsprechung zugestimmt werden. Weiß der Schuldner um seine Zahlungsunfähigkeit und zahlt er trotzdem vollständig auf eine gegen ihn bestehende Forderung, wird er sich regelmäßig darüber im Klaren sein, dass im Falle der Insolvenzeröffnung auf die übrigen Gläubiger eine geringere Quote entfällt und sie folglich benachteiligt werden. Aus diesem Wissen um die Benachteilung kann nun geschlossen werden, dass ein solcher Schuldner die erkannte Benachteiligung regelmäßig auch billigt. Mithin besteht das vom Bundesgerichtshof angenommene Beweisanzeichen. Das Wissen des Schuldners von der Zahlungsunfähigkeit ist bei der Beweiswürdigung als ausreichender Hinweis auf seinen Benachteiligungsvorsatz anzuerkennen.[510]

bb. Hinweis des Handelns mit dem Wissen der eigenen drohenden Zahlungsunfähigkeit auf den Benachteiligungsvorsatz des Schuldners

Die Rechtsprechung und die überwiegenden Stimmen in der Literatur sehen ein Beweisanzeichen für den Gläubigerbenachteiligungsvorsatz des Schuldners bereits, wenn dieser in Kenntnis der drohenden Zahlungsunfähigkeit handelte.[511] Der Bundesgerichtshof greift für die Begründung auf § 133 Abs. 1 S. 2 InsO zurück. Da für den anderen Teil die Kenntnis vom Gläubigerbenachteiligungsvor-

507 *BGH*, NZI 2009, 768, 769.

508 Siehe S. 89.

509 Siehe S. 97.

510 So auch *Fischer*, NZI 2008, 588, 592; *Thole*, ZIP 2013, 2081, 2084 f.

511 *BGHZ* 167, 190, 195; 174, 314, 321; 180, 98; 102 f.; *BGH*, NZI 2013, 133, 134; NZI 2014, 698, 700; NZI 2015, 222, 223; *Kayser*, in: Münchener Kommentar, InsO, § 133 Rdnr. 14; *de Bra*, in: Braun, InsO, § 133 Rdnr. 17; *Stiller*, ZInsO 2003, 595, 596.

satz des Schuldners vermutet würde, wenn er wusste, dass dessen Zahlungsunfähigkeit droht, könnten für den Schuldner selbst keine strengeren Anforderungen gelten.[512]

Auch bei Deckungshandlungen in Kenntnis der drohenden Zahlungsunfähigkeit sprach der IX. Zivilsenat des Bundesgerichtshofs früher von einer Vermutung des Gläubigerbenachteiligungsvorsatzes, zwischenzeitlich hat er aber klargestellt, dass sie beweisrechtlich nicht als Anscheinsbeweis, sondern als Beweisanzeichen zu charakterisieren ist.[513] Der Begriff der Vermutung ist aber auch weiterhin zu finden.[514] Gegen eine Vermutung des Vorsatzes bringen *Fischer*[515] und *Schoppmeyer*[516] die Gesetzgebungsmaterialien vor. Der Bundesrat hatte im Gesetzgebungsverfahren angeregt, auch für den Benachteiligungsvorsatz des Schuldners eine dem § 133 Abs. 1 S. 2 InsO entsprechende gesetzliche Vermutung aufzunehmen. Dies wurde aber von der Bundesregierung mit Hinweis auf die Gefahr eines Ungleichgewichts zu Lasten der Rechtssicherheit abgelehnt.[517] *Fischer* und *Schoppmeyer* sind daher der Ansicht, dass es dem Willen des Gesetzgebers widerspricht, wenn man aus der Kenntnis des Schuldners von seiner drohenden Zahlungsunfähigkeit eine Vermutung für seinen Gläubigerbenachteiligungsvorsatz ableitet.[518] Fraglich ist aber, ob den Gesetzgebungsmaterialien auch ein Argument gegen ein Beweisanzeichen entnommen werden kann.

Auf den ersten Blick mag der Hinweis des IX. Zivilsenats auf die gesetzliche Vermutung aus § 133 Abs. 1 S. 2 InsO den Anschein erwecken, dass diese vollumfänglich auf das subjektive Tatbestandsmerkmal des Schuldners übertragen werden soll. Bei genauerem Hinsehen wird aber deutlich, dass der Bundesgerichthof nicht die gesetzliche Vermutung für die Kenntnis des Gläubigerbenachteiligungsvorsatzes des Anfechtungsgegners aus § 133 Abs. 1 S. 2 InsO mit Hilfe einer Analogie auf den Gläubigerbenachteiligungsvorsatz des Schuldners überträgt, sondern ein Beweisanzeichen ableitet. In § 133 Abs. 1 S. 2 InsO ist nicht direkt zu finden, dass bei Kenntnis des Anfechtungsgegners von der drohenden Zahlungsunfähigkeit des Schuldners seine Kenntnis von dem Benachteiligungsvorsatz des Schuldners zu vermuten ist; Vermutungsgrundlage ist vielmehr

512 *BGHZ* 167, 190, 195; 174, 314, 321.
513 *BGH*, NZI 2009, 768, 769.
514 *BGH*, NZI 2011, 589, 590; ZIP 2015, 437, 438; 2015, 585, 587.
515 *Fischer*, NZI 2008, 588, 592 f.
516 *Schoppmeyer*, ZIP 2009, 600, 607.
517 Regierungsentwurf, BT-Drucksache 12/2443, S. 265, zu Nr. 25 der Stellungsnahme des Bundesrates.
518 *Fischer*, NZI 2008, 588, 592 f.; *Schoppmeyer*, ZIP 2009, 600, 607.

zusätzlich die Kenntnis der objektiven Benachteiligung. Für den Nachweis der Kenntnis der drohenden Zahlungsunfähigkeit hat der Bundesgerichtshof aber die Anforderungen an den Nachweis des subjektiven Tatbestands entsprechend seiner allgemeinen Rechtsprechungslinie herabgesetzt und lässt es ausreichen, wenn der Insolvenzverwalter dem Anfechtungsgegner Umstände nachweist, die zwingend auf die Kenntnis der drohenden Zahlungsunfähigkeit des Schuldners hinweisen.[519]

Zunächst noch zurückhaltend, nahm er in solchen Fällen nur ein Beweisanzeichen für die Kenntnis der drohenden Zahlungsunfähigkeit an,[520] bejahte kurz darauf aber ausdrücklich, dass von einem Gläubiger, der solche Umstände kenne, davon auszugehen sei, dass er sowohl die drohende Zahlungsunfähigkeit, als auch die Benachteiligung der Gläubiger kenne.[521] Diese Rechtsprechung überträgt der IX. Zivilsenat nun auf den Nachweis des Benachteiligungsvorsatzes. Damit begründet die Kenntnis von der drohenden Zahlungsunfähigkeit aber ein Beweisanzeichen und keine gesetzliche Vermutung wie sie in § 133 Abs. 1 S. 2 InsO geregelt ist. Der Widerspruch der Bundesregierung zum Änderungsvorschlag des Bundesrates hat somit nur begrenzte Aussagekraft, da er die Einführung einer gesetzlichen Vermutung und damit die Einführung einer Beweislastregel ablehnt,[522] zu dem bei der Vorsatzanfechtung verwendeten Beweisanzeichen aber keine Aussage trifft.

Schoppmeyer ist aber darin zuzustimmen, dass die Übertragung der Beweiswürdigungsregel für das subjektive Tatbestandsmerkmal des Anfechtungsgegners auf das des Insolvenzschuldners methodisch nicht zu überzeugen vermag. Die beiden Tatbestandsvoraussetzungen weichen inhaltlich so stark voneinander ab, dass rein formell begründete Parallelen nicht gezogen werden können. Während das vorsätzliche Benachteiligen der Gesamtheit der Gläubiger den Rechtsgrund der Vorsatzanfechtung bildet, dient die Kenntnis des Anfechtungsgegners von dem Vorsatz dem Schutz von Verkehr und Vertrauen.[523] Zudem erscheint die Beweiserleichterung beim fremdpsychischen Merkmal des Anfechtungsgegners für eine wirkungsvolle Vorsatzanfechtung geboten, da der Nachweis hier in der Regel schwieriger sein wird, als der des Vorsatzes des Schuldners, hat der Insolvenzver-

519 *BGH*, NZI 2003, 597, 599; NZI 2005, 690, 692.

520 *BGH*, NZI 2003, 597, 599; wobei der Bundesgerichtshof hier noch von einer tatsächlichen Vermutung spricht.

521 *BGH*, NZI 2005, 690, 692; NZI 2005, 692, 693.

522 Für die herrschende Meinung, die die gesetzliche Vermutung als Beweislastregel einordnet, *Leipold*, in: Stein/Jonas, ZPO, § 292 Rdnr. 8.

523 Siehe S. 99.

walter bei letzterem doch weitergehende Einblickmöglichkeiten. Richtig ist auch, dass der vom Bundesgerichtshof verwendete Erst-Recht-Schluss nicht stichhaltig ist, schließlich kann der einseitigen gesetzlichen Normierung der Vermutung der Kenntnis des Anfechtungsgegners von dem Vorsatz des Schuldners in § 133 Abs. 1 S. 2 InsO auch ein starkes Argument gegen eine Übertragung auf den Vorsatz des Schuldners entnommen werden.[524]

Das aus dem Handeln des Schuldners in Kenntnis der drohenden Zahlungsunfähigkeit gezogene Beweisanzeichen für den Gläubigerbenachteiligungsvorsatz des Schuldners muss jedoch vorsichtig gehandhabt werden. Sein Beweiswert ist wesentlich niedriger als das Beweisanzeichen bei bereits eingetretener Zahlungsunfähigkeit des Schuldners und muss davon abhängig gemacht werden, wie hoch die Wahrscheinlichkeit des tatsächlichen Eintritts der Zahlungsunfähigkeit ist. Nach § 18 Abs. 2 InsO droht der Schuldner zahlungsunfähig zu werden, wenn er voraussichtlich nicht in der Lage sein wird, die bestehenden Zahlungspflichten im Zeitpunkt der Fälligkeit zu erfüllen. Voraussichtlich heißt dabei, dass die überwiegende Wahrscheinlichkeit einer Nichtbegleichung der Zahlungspflichten besteht, also ab einer Eintrittswahrscheinlichkeit von über 50 %. Hierfür ist eine Prognose zu erstellen.[525] Es gibt also verschieden Qualitäten der drohenden Zahlungsunfähigkeit, so dass im Rahmen der Beweiswürdigung für das Vorliegen der subjektiven Merkmale der Vorsatzanfechtung das jeweils bestehende Maß bewertet werden muss.

Bei der nur drohenden Zahlungsunfähigkeit ist die Wahrscheinlichkeit, dass das Insolvenzverfahren tatsächlich eröffnet wird, geringer als dies bei eingetretener Zahlungsunfähigkeit der Fall ist. Zum Zeitpunkt der Vornahme der Rechtshandlung reicht das Vermögen des Schuldners noch aus, um die ihm gegenüber bestehenden fälligen Zahlungsverpflichtungen zu erfüllen. Je nach dem Grad der Wahrscheinlichkeit des Eintritts der Zahlungsunfähigkeit nach § 17 InsO oder der vorherigen Stellung eines Insolvenzantrages steigt auch der Grad der Wahrscheinlichkeit, dass sich die Weggabe von Vermögenswerten für die übrigen Gläubiger tatsächlich nachteilig auswirkt. Erst der hinzutretende Umstand der Insolvenzeröffnung führt dazu, dass die übrigen Insolvenzgläubiger durch den Erhalt einer geringeren Quote benachteiligt werden. Die tatsächliche Eröffnung des Insolvenzverfahrens ist aber zu dem Zeitpunkt der Vornahme der Rechtshandlung noch ungewiss. Das gilt um so mehr, je größer der Zeitraum zwischen ihrer Vornahme und dem Stellen des Antrags auf Eröffnung des Insolvenzverfahrens

524 *Schoppmeyer*, ZIP 2009, 600, 607.

525 *Bußhardt*, in: Braun, InsO, § 18 Rdnr. 5.

ist und je wahrscheinlicher die Vermeidung der Zahlungsunfähigkeit ist. Damit kann nicht davon ausgegangen werden, dass der Schuldner aufgrund der Kenntnis von der drohenden eigenen Zahlungsunfähigkeit auch weiß, dass er durch sein Handeln die übrigen Gläubiger benachteiligt, um dann weiter auf das voluntative Element des Benachteiligungsvorsatzes zu schließen. Die Kenntnis von der eigenen Zahlungsunfähigkeit stellt ein Indiz für den Vorsatz dar; alleine reicht sie für seinen Beweis aber nicht aus. Anders ist es, wenn dem Insolvenzschuldner nachgewiesen werden kann, dass er bereits den Plan gefasst hatte, den Antrag auf Eröffnung des Insolvenzverfahrens wegen drohender Zahlungsunfähigkeit (vgl. § 18 Abs. 1 InsO) zu stellen. Die Benachteiligung der übrigen Gläubiger durch Zahlung an Einzelne wird ihm dann in aller Regel bewusst sein. Damit zeigt sich, dass neben dem Nachweis der Kenntnis der drohenden Zahlungsunfähigkeit regelmäßig weitere Indizien erforderlich sind, die begründen, dass der Schuldner mit dem Vorsatz handelte, seine Gläubiger zu benachteiligen.

cc. *Hinweis der Kenntnis des Anfechtungsgegners von der drohenden Zahlungsunfähigkeit des Schuldners auf die Kenntnis des Anfechtungsgegners von dem Benachteiligungsvorsatz*

Anders als der Gläubigerbenachteiligungsvorsatz dient das auf Seiten des Anfechtungsgegners geforderte subjektive Tatbestandsmerkmal dem Vertrauens- und Verkehrsschutz.[526] Aufgrund der unterschiedlichen Funktionen können die beiden subjektiven Voraussetzungen von § 133 Abs. 1 InsO nicht spiegelbildlich beurteilt werden.[527] Um dem Insolvenzverwalter gerade die schwierige Beweisführung bei der Kenntnis des Anfechtungsgegners zu erleichtern, wurde die Beweislastregel in § 133 Abs. 1 S. 2 InsO zur praktischen Durchsetzung des Anfechtungsanspruchs eingeführt.[528] Ist die Kenntnis des anderen Teils vom Benachteiligungsvorsatz des Schuldners nicht zu klären, würde eigentlich die Grundregel der Beweislast greifen und die Klage des Insolvenzverwalters aufgrund dieses *non liquet* abgewiesen werden. Liegen nun aber die Voraussetzungen von § 133 Abs. 1 S. 2 InsO vor, wird das Vorliegen der Kenntnis der Zahlungsunfähigkeit fingiert, und der Richter entscheidet zugunsten des Insolvenzverwalters.

---

526 *Schoppmeyer*, ZIP 2009, 600, 603; *Thole*, in: Heidelberger Kommentar, InsO, § 133 Rdnr. 5.

527 Nach *Thole*, in: Heidelberger Kommentar, InsO, § 133 Rdnr. 28 sind der Vorsatz des Schuldners und die Kenntnis des Anfechtungsgegners *„spiegelbildlich in ähnlicher Weise zu beurteilen und zu ermitteln"*.

528 Regierungsentwurf, BT-Drucksache 12/2443, S. 160.

In § 133 Abs. 1 S. 2 InsO wird die Kenntnis des anderen Teils vermutet, wenn dieser wusste, dass die Zahlungsunfähigkeit des Schuldners drohte und die Handlung die Gläubiger benachteiligte. Der Bundesgerichtshof hat aber auch vor dieser gesetzlichen Vermutung nicht halt gemacht und sich für eine weitergehende Erleichterung des Nachweises der Kenntnis des Benachteiligungsvorsatzes entschieden. Es genüge, wenn der Insolvenzverwalter die Kenntnis von Umständen beweist, die zwingend auf eine drohende Zahlungsunfähigkeit hinweisen. Zwar stelle § 133 Abs. 1 InsO – anders als §§ 130 Abs. 2, 132 Abs. 3 und 131 Abs. 2 S. 1 InsO – keine entsprechende Rechtsvermutung auf. Das hindere jedoch nicht, im Rahmen von § 286 ZPO insoweit von einer (allerdings widerleglichen) tatsächlichen Vermutung auszugehen.[529]

Die Rechtsprechung blieb hier aber nicht stehen, sondern erweiterte die sich aus der Kenntnis von Umständen, die zwingend auf die drohende Zahlungsunfähigkeit hinweisen, ergebende Rechtsvermutung auch auf das in § 133 Abs. 1 S. 2 InsO geforderte Wissen um die Gläubigerbenachteiligung.[530] Habe der Gläubiger davon Kenntnis, dass der Schuldner nicht in der Lage ist oder voraussichtlich nicht in der Lage sein wird, die bestehenden Zahlungspflichten im Zeitpunkt der Fälligkeit im Wesentlichen zu erfüllen, wisse er in der Regel auch, dass die Rechtshandlung des Schuldners die Gläubiger benachteiligt.[531] Auch zu der Beweiskraft der Kenntnis der drohenden Zahlungsunfähigkeit für die Kenntnis einer Benachteiligung der Gläubiger im Rahmen von § 133 Abs. 1 S. 2 InsO stellte der Bundesgerichtshof aber kurz darauf klar, dass diese lediglich ein Beweisanzeichen darstelle, die eine Gesamtwürdigung nicht entbehrlich mache und nicht schematisch im Sinne einer vom anderen Teil zu widerlegenden Vermutung angewandt werden dürfe.[532] Zudem weist der Bundesgerichtshof in dem Urteil auch darauf hin, dass es für den Schluss von der Kenntnis des Anfechtungsgegners von der drohenden Zahlungsunfähigkeit des Schuldners auf die Kenntnis einer Benachteiligung der Gläubiger erforderlich ist, dass dem Anfechtungsgegner bekannt ist, es mit einem unternehmerisch tätigen Schuldner zu tun zu haben. Bei einem solchen Schuldner sei es unvermeidlich, dass auch Verbindlichkeiten gegenüber anderen Gläubigern bestehen, die er nicht im selben Maße wie den Anfechtungsgegner bedienen kann.[533]

---

529 *BGH*, NZI 2003, 597, 599.

530 *BGH*, NZI 2005, 690, 692; NZI 2009, 168, 169.

531 *BGH*, NZI 2009, 168, 169.

532 *BGH*, NZI 2009, 768, 768 f.

533 *BGH*, NZI 2009, 768, 769. Mit Verweis auf den eine solche Einschränkung der Rechtsprechung zu § 133 Abs. 1 S. 2 InsO fordernden *Ganter*, WM 2009, 1441, 1445. Auf

In der Literatur wurde der Rechtsprechung des Bundesgerichtshofs zu dem in § 133 Abs. 1 S. 2 InsO genannten Merkmal der Kenntnis der benachteiligenden Wirkung der Handlung teilweise zugestimmt.[534] Es finden sich aber auch Kritiker. *Jacoby* spricht dem Merkmal der Kenntnis der Gläubigerbenachteiligung eine eigenständige Bedeutung zu. Der Anfechtungsgegner müsse die Minderung des Schuldnervermögens durch die anfechtbare Rechtshandlung bereits *ex ante* erkennen.[535] Auch *Guski* kritisiert die Rechtsprechung des Bundesgerichshofs. Wer auf ein Tatbestandsmerkmal einer Norm verzichte, müsse dies teleologisch, systematisch oder historisch begründen. Hierfür würde es aber keine entsprechenden Argumente geben.[536]

Der Wortlaut des § 133 Abs. 1 S. 2 InsO nennt als Voraussetzung für die gesetzliche Vermutung der Kenntnis des Anfechtungsgegners von dem Schuldnervorsatz, dass der Anfechtungsgegner sich sowohl der drohenden Zahlungsunfähigkeit des Schuldners als auch der benachteiligenden Wirkung der angefochtenen Rechtshandlung bewusst ist. Zuzustimmen ist *Guski*, wenn er für den Verzicht auf eines dieser Merkmale eine teleologische, systematische oder historische Begründung fordert.[537] Wie der Bundesgerichtshof kurze Zeit nach dem von *Guski* besprochenen Urteil klarstellte, verzichtet er aber nicht auf das Merkmal der Kenntnis der benachteiligenden Wirkung der Rechtshandlung, sondern er geht davon aus, dass ein die drohende Zahlungsfähigkeit des Schuldners erkennender Gläubiger regelmäßig auch von der benachteiligenden Wirkung der Rechtshandlung für die anderen Gläubiger weiß.[538] Mit Einschränkungen ist dieser Schluss auch zutreffend.

---

die Kenntnis von einem unternehmerisch bzw. gewerblich tätigen Schuldner stellt der Bundesgerichtshof auch in *BGH*, NZI 2010, 439, 441; NZI 2012, 416, 417 und ZIP 2015, 437, 440 ab.

534 *Kayser*, in: Münchener Kommentar, InsO, § 133 Rdnr. 24d; *Rogge/Leptien*, in: Hamburger Kommentar, InsO, § 133 Rdnr. 21; *Ganter*, WM 2009, 1441, 1445; *Schoppmeyer*, ZIP 2009, 600, 609; *Thole*, KTS 2007, 293, 309 f.; *Schwartz*, Vorsatzanfechtung, S. 188 ff., der das Beweisanzeichen der Kenntnis der drohenden Zahlungsunfähigkeit für die Kenntnis der benachteiligenden Wirkung der Rechtshandlung aber ablehnt, wenn eine kongruente Deckung vorliegt oder die Voraussetzungen des § 142 InsO vorliegen. Auch *Foerste*, in: Festschrift Picker, S. 227, 242 hält diese Rechtsprechung bei wörtlicher Auslegung des § 133 Abs. 1 InsO zumindest für konsequent.

535 *Jacoby*, KTS 2009, 3, 11.

536 *Guski*, WM 2009, 1071.

537 *Guski*, WM 2009, 1071.

538 *BGH*, NZI 2009, 168, 169. Zuzustimmen ist *Guski*, WM 2009, 1071 aber auch insoweit, als dass von ihm besprochene Urteil noch einen Verzicht nahelegt. Der *BGH*, NZI 2009, 168, 169 führt dort aus, dass es für die Vermutung in § 133 Abs. 1 S. 2

Wie oben bereits gezeigt wurde, ist der Weg von der drohenden Zahlungsunfähigkeit in die tatsächliche Insolvenz noch von verschiedenen Faktoren abhängig, so dass sie nicht zwingend mit dem Bewusstsein der gläubigerbenachteiligenden Wirkung der Rechtshandlung einhergeht.[539]

Die Kenntnis der drohenden Zahlungsunfähigkeit des Schuldners hat aber durchaus Beweiswirkung für die Kenntnis der benachteiligenden Wirkung der Rechtshandlung. Das gilt jedenfalls dann, wenn der Gläubiger weiß, dass der Schuldner noch weitere Gläubiger hat. Ist dem Gläubiger bekannt, dass er eine Zahlung auf eine Forderung erhält, obwohl der Schuldner sich in einer wirtschaftlichen Krise befindet und mit überwiegender Wahrscheinlichkeit in absehbarer Zeit zahlungsunfähig wird, muss ihm regelmäßig auch bewusst sein, dass andere Gläubiger durch die damit eintretende Verminderung der zu ihrer Befriedigung zur Verfügung stehenden Haftungsmasse benachteiligt werden. Richtig ist, dass bei einem gewerblich oder unternehmerisch handelnden Schuldner davon ausgegangen werden kann, dass dieser mehr als nur einen Gläubiger hat.[540] Wie zuvor dargelegt wurde, ist hinsichtlich der Beweiswirkung auf die Qualität der jeweils drohenden Zahlungsunfähigkeit abzustellen. Es muss im Einzelfall gewürdigt werden, wie sich das Ausmaß der wirtschaftlichen Krise für den Anfechtungsgegner darstellte.

dd. Hinweis der Kenntnis des Anfechtungsgegners von der Zahlungsunfähigkeit des Schuldners auf die Kenntnis des Anfechtungsgegners von dem Benachteiligungsvorsatz

Ein stärkeres Beweisanzeichen stellt das Wissen des Anfechtungsgegners von einer tatsächlich eingetretenen Zahlungsunfähigkeit des Schuldners auch beim Nachweis der Kenntnis des Anfechtungsgegners von dem Gläubigerbenachteiligungsvorsatz dar.[541] Fraglich ist dessen Wirkungsweise. Trägt der Nachweis der Kenntnis einer tatsächlich eingetretenen Zahlungsunfähigkeit dazu bei, dass § 133 Abs. 1 S. 2 greift? Führt er also als Beweisanzeichen für das zweite Tatbestandsmerkmal der gesetzlichen Vermutung dazu, dass im Falle eines *non liquet* zugunsten der Masse entschieden wird? Oder kann man eine Parallele zum Nachweis des Benachteiligungsvorsatzes ziehen, da auch hier im Rahmen der

---

InsO ausreicht, *„wenn der Gläubiger Umstände kennt, die zwingend auf eine drohende Zahlungsunfähigkeit hindeuten"*.

539 Siehe S. 117 f.

540 *BGH*, NZI 2009, 768, 769; NZI 2010, 439, 441; NZI 2012, 416, 417 und ZIP 2015, 437, 440.

541 Vgl. *BGH*, NZI 2005, 690, 692.

Beweiswürdigung ein Beweisanzeichen für die Kenntnis des anderen Teils von diesem Vorsatz spricht? Letzteres ist der Fall, § 133 Abs. 1 S. 2 InsO kommt gar nicht mehr zur Anwendung. Bereits zuvor ergibt sich aus dem auf der Kenntnis basierenden Beweisanzeichen ein Indiz dafür, dass der Anfechtungsgegner von dem Benachteiligungsvorsatz des Schuldners weiß.

2. Die Kenntnis der Zahlungsunfähigkeit als Tatbestandsmerkmal der besonderen Insolvenzanfechtung

Im Rahmen der besonderen Insolvenzanfechtung ist die Kenntnis der Zahlungsunfähigkeit des Anfechtungsgegners Voraussetzung für die Anfechtung kongruenter Deckungen nach § 130 Abs. 1 InsO und der Anfechtung unmittelbar nachteiliger Rechtshandlungen nach § 132 Abs. 1 InsO. Ihr Ziel ist der Gutglaubensschutz des Rechtsverkehrs.[542] Nur wenn der Anfechtungsgegner zur Zeit der Rechtshandlung wusste, dass der Schuldner sich in der materiellen Insolvenz befindet, können kongruente Zahlungen und unmittelbar nachteilige Rechtshandlungen bis zu drei Monate vor der Stellung des Antrags auf Verfahrenseröffnung angefochten werden. Die Kenntnis der Zahlungsunfähigkeit im Rahmen der besonderen Insolvenzanfechtung wird hier alleine an § 130 Abs. 1 InsO untersucht, dessen subjektiven Voraussetzungen deckungsgleich mit denen des § 132 Abs. 1 InsO sind.[543]

Der Anfechtungsgegner muss in § 130 Abs. 1 InsO Kenntnis von der Zahlungsunfähigkeit haben. Dagegen ist für das Beweisanzeichen, das auf den in § 133 Abs. 1 S. 1 InsO geforderten Benachteiligungsvorsatz hinweist, die entsprechende Kenntnis des Insolvenzschuldners erforderlich. Fallgestaltungen, in denen alleine der begünstigte Gläubiger dieses Wissen hat, werden aber eher selten auftreten. Schließlich müsste der Schuldner dafür die eigene wirtschaftlich angespannte Lage verkennen, der Gläubiger die Umstände dagegen richtig bewerten. Regelmäßig wird in solchen Fällen auch dem Schuldner die eigene Zahlungsunfähigkeit bekannt sein. Andererseits sind solche Fallgestaltungen auch nicht völlig abwegig. Beispielsweise ist denkbar, dass der Gläubiger bereits Kenntnis von großen Haftungsfällen hat, die dem Schuldner noch unbekannt sind.

Die sich aus der beidseitigen Verwendung der Zahlungsunfähigkeit ergebende systematische Problematik würde aber, zumindest was § 130 Abs. 1 InsO angeht, entschärft, schlösse man sich bei der Auslegung von § 130 Abs. 2 InsO der herrschenden Meinung an. In § 130 Abs. 2 InsO werden der Kenntnis der Zahlungs-

542 *Kayser*, in: Münchener Kommentar, InsO, § 130 Rdnr. 31.

543 *Thole*, in: Heidelberger Kommentar, InsO, § 132 Rdnr. 7.

unfähigkeit die Kenntnis solcher Umstände gleichgestellt, die zwingend auf die Zahlungsunfähigkeit hinweisen. Beabsichtigt wurde damit, eine im Vergleich zur Konkursordnung erweiterte Anfechtung zu gewährleisten.[544] Dieser Zielvorgabe folgt die herrschende Meinung, wenn sie § 130 Abs. 2 InsO wie einen Fahrlässigkeitstatbestand liest. Könnte man dem folgen, ergäbe sich ein deutlicher Unterschied zwischen § 130 Abs. 1 InsO und § 133 Abs. 1 InsO. Während der eine Tatbestand bereits bei dem Nachweis (grob) fahrlässiger Unkenntnis angewendet werden könnte, würde die Kenntnis der Zahlungsunfähigkeit bei der Vorsatzanfechtung (nur) ein widerlegbares Beweisanzeichen darstellen.

Bejaht man die Kenntnis von Umständen, die zwingend auf die Zahlungsunfähigkeit hinweisen, *„wenn ein redlich Denkender angesichts der dem Anfechtungsgegner bekannten Tatsachen sich der Erkenntnis nicht verschließen konnte, dass der Schuldner seine Zahlungen eingestellt hat oder den Eröffnungsantrag gestellt hat"*,[545] versteht man § 130 Abs. 2 InsO als Fahrlässigkeitstatbestand. Das hatte bereits der Bundesgerichtshof in einem noch zur Konkursordnung ergangenem Urteil zutreffend erkannt.[546] Eine allgemeine Nachforschungspflicht trifft den Anfechtungsgegner damit zwar noch nicht, grobe Fahrlässigkeit schadet ihm aber schon. Nicht nur der Wortlaut, auch der Wille des Gesetzgebers wird durch ein solches Verständnis offensichtlich missachtet, kann doch der Gesetzesentwicklung eindeutig entnommen werden, dass grobe Fahrlässigkeit hier nicht ausreicht. Sah noch der Regierungsentwurf vor, dass diese genüge,[547] wurde ein solcher Fahrlässigkeitsmaßstab in dem Bericht des Rechtsausschusses ausdrücklich verworfen und durch die zwingend auf die Zahlungsunfähigkeit hinweisenden Umstände ersetzt.[548] Dem Bericht lässt sich aber bedauerlicherweise weder eine genauere Erklärung des neu eingeführten Begriffes entnehmen, noch begründet er die Abkehr von dem Absenken der Anfechtung kongruenter Deckungen näher. Mehr als die Unschärfe der groben Fahrlässigkeit und ein Interesse an Rechtssicherheit wird nicht vorgebracht.[549] Das ausdrückliche Ablehnen des Regierungsentwurfes und das Anknüpfen der Insolvenzordnung an den Bericht des Rechtsausschusses

---

544 Regierungsentwurf, BT-Drucksache 12/2443, S. 158.

545 *Henckel*, in: Jaeger, InsO, § 130 Rdnr. 121.

546 *BGH*, ZIP 1995, 929, 931: *„Dagegen reicht es von Rechts wegen nicht aus, wenn der Anfechtungsgegner zwar sämtliche einzelnen Tatsachen kennt, die für sich eine Zahlungseinstellung begründen, aber diesen Schluss – etwa aus Unkenntnis – nicht zieht; das würde nur eine fahrlässige Unkenntnis bedeuten."*

547 Regierungsentwurf, BT-Drucksache 12/2443, S. 158.

548 RAussch BT-Drucksache 12/7302, S. 173.

549 RAussch BT-Drucksache 12/7302, S. 173.

zeigen aber, dass eine Interpretation von § 130 Abs. 2 InsO als Fahrlässigkeitstatbestand ganz offensichtlich nicht dem Willen des Gesetzgebers entspricht. Auch die herrschende Meinung vermag es nicht, Argumente vorzubringen, die den Wortlaut der Vorschrift und den Willen des Gesetzgebers unerheblich erscheinen lassen. Insofern ist festzuhalten, dass § 130 Abs. 2 InsO *de lege lata* nicht die grob fahrlässige Unkenntnis des Anfechtungsgegners erfasst. Möglicherweise könnte die Systematik der Anfechtungstatbestände von einer solchen Erweiterung profitieren, schließlich besteht zwischen der Vorsatz indizierenden Wirkung der Zahlungsunfähigkeit und der grob fahrlässigen Unkenntnis der Zahlungsunfähigkeit ein großer Unterschied. Als Argument für eine Auslegung des § 130 Abs. 2 InsO wird das von der herrschenden Meinung aber nicht vorgebracht.

Damit stellt sich die Frage, wann § 130 Abs. 2 InsO überhaupt angewendet werden kann. Denn die Situation ist kaum vorstellbar, in der dem Beklagten eines auf § 130 Abs. 1 InsO gestützten Anfechtungsprozesses nachgewiesen werden kann, dass er Kenntnis von Umständen hatte, die zwingend auf die Zahlungsunfähigkeit hinweisen, der erkennende Richter aber mangels des nötigen Transferschlusses das Vorliegen der Kenntnis der Zahlungsunfähigkeit ablehnt. Einen Anwendungsbereich hätte die Norm nur dann, wenn man die grundsätzlichen Schwierigkeiten des Nachweises fremdpsychischer Sachverhalte penibel auf die beiden Absätze überträgt.

Subjektive Sachverhalte sind der Wahrnehmung grundsätzlich nicht zugänglich; der Beweis, ob der Anfechtungsgegner die Zahlungsunfähigkeit kannte, ist immer ein mittelbarer Indizienbeweis. Für den mittelbaren Indizienbeweis bedarf es eines Hineinversetzens in die Gedanken des Beklagten. Es muss nachgewiesen werden, dass der Beklagte von der ihm nachweisbaren Kenntnis von den objektiven Indizien tatsächlich die entsprechenden Rückschlüsse gezogen hat. Dazu ist ein Analogieschluss des sich Einfühlenden erforderlich; er muss überprüfen, ob er anstelle des Beklagten die entsprechenden Rückschlüsse gezogen hätte.[550] Dieser Schluss birgt aber eine erhebliche Problematik in sich, weil niemals mit vollständiger Sicherheit erkannt werden kann, ob der Anfechtungsgegner aufgrund unerkannter psychischer Besonderheiten nicht sogar Tatsachen, die zwingende Indizien für ein bestimmtes Tatbestandsmerkmal darstellen, abweichend beurteilt hat.[551] Hier könnte nun ein streng am Wortlaut ausgelegter § 130 Abs. 2 InsO helfen, indem er diesen Schluss simuliert. § 130 Abs. 1 InsO beträfe dann

550 *Loos*, in: Rechtswissenschaft und Rechtsentwicklung, S. 261, 271.

551 Zum Problem des Nachweises subjektiver Tatbestandsmerkmale im Strafrecht vgl. ausführlich *Freund*, Probleme der Tatsachenfeststellung, S. 3 ff.

nur die Fälle, in denen der Anfechtungsgegner die Kenntnis von der Zahlungsunfähigkeit des Schuldners eingesteht, § 130 Abs. 2 InsO umfasste die mittelbaren Nachweise anhand von Indizien, also alle anderen Fälle und wäre damit der Regelfall. Dass ein solches Verständnis des Verhältnisses der beiden Normen nicht richtig sein kann, liegt auf der Hand. Übertrüge man es auf andere subjektive Tatbestandsmerkmale, die einer dem § 130 Abs. 2 InsO entsprechenden Regelung entbehren, wäre deren Nachweis ohne ein Eingeständnis des anderen Teils nie möglich. Ohne ein Eingeständnis könnte also nie nachgewiesen werden, dass er nach § 276 Abs. 1 BGB vorsätzlich gehandelt hat. Tatsächlich lässt sich aus zwingenden Indizien aber ein Vorsatz ableiten, auch ohne das Problem des erforderlichen Analogieschlusses zu verkennen.

Können § 130 Abs. 1 Nr. 3 InsO und § 130 Abs. 2 InsO aber so nicht verstanden werden, ist die Bedeutung von § 130 Abs. 2 InsO weiterhin unklar. Sein Inhalt jedenfalls ist bereits in der Rechtspraxis der letzten Jahre der Konkursordnung zu finden. Bereits damals wurde „*die Kenntnis der Zahlungseinstellung für denjenigen vermutet, der die zugrundeliegenden Tatsachen kennt, an die jedermann mit seiner Verkehrserfahrung verständlicherweise die Erwartung knüpft, dass der Schuldner wesentliche Zahlungen so gut wie sicher nicht wird erbringen können*“[552]. Nun muss wiederum zwischen der Vermutung der erkannten Zahlungsunfähigkeit in dem Urteil und den in § 130 Abs. 2 InsO herabgesetzten Anforderungen an die Kenntnisse des Schuldners differenziert werden; faktisch bestehen aber wohl keine Unterschiede. Das angesprochene Urteil könnte durch den zu seinem Zeitpunkt bereits bekannten Bericht des Rechtsausschusses beeinflusst und eine Reaktion auf das zuvor herrschende sehr enge Verständnis der entsprechenden Vorschrift sein.[553] Jedenfalls sind die Anforderungen an den Nachweis der Kenntnis von Umständen, die zwingend auf die Kenntnis der Zahlungsunfähigkeit hinweisen, wohl deckungsgleich mit denen an den Nachweis der tatsächlichen Kenntnis. Damit gelangt man aber zu dem Ergebnis, dass – nimmt man den Wortlaut der Vorschrift ernst – § 130 Abs. 2 InsO in der im Rechtsausschuss verhandelten und damit in seiner heutigen Fassung bedeutungslos ist.[554]

---

552 *BGH*, NJW 1995, 2103, 2105.

553 Ähnlich *Gerhardt*, EWiR 1995, 689, 690 a.E.

554 Kritisch auch *Gerhardt*, in: Festschrift Brandner, S. 605, 616, der die ursprüngliche Fassung der Vorschrift im Regierungsentwurf begrüßte, an der jetzigen Fassung dagegen bemängelt, dass sie überflüssigerweise Maßstäbe einsetzt, die bislang nicht bekannt seien.

III. Inkongruente Deckungen

Entscheidend für die Anfechtbarkeit nach § 131 InsO ist insbesondere die Inkongruenz der angefochtenen Deckung. Wie die Zahlungsunfähigkeit ist die Inkongruenz aber nicht nur Tatbestandsmerkmal der besonderen Insolvenzanfechtung. Darüber hinaus ist sie auch Beweisanzeichen für die subjektiven Merkmale der Vorsatzanfechtung.[555]

Im Rahmen von § 133 InsO besteht zwischen den Beweisanzeichen der Kenntnis der Zahlungsunfähigkeit und der Inkongruenz aber ein qualitativer Unterschied. Anders als das Beweisanzeichen der Kenntnis der Zahlungsunfähigkeit, das auf einem logischen Schluss basiert, beruht der Beweiswert einer inkongruenten Handlung für den Benachteiligungsvorsatz auf deren besonderer Verdächtigkeit. Der Grund für die gegenüber den kongruenten Deckungen erleichterte Anfechtung inkongruenter Deckungen besteht darin, dass sie sowohl Schuldner als auch Gläubiger verdächtig machen, ungerechtfertigte Prioritäten zu setzen. Der Schuldner erweckt durch die vom Vertrag abweichende Erfüllung den Eindruck, dass er seine Vermögens- und Haftungsverhältnisse nicht mehr unbeeinflusst lenken kann, der Gläubiger scheint das Ziel zu verfolgen, ungerechtfertigterweise noch vor den anderen Gläubigern befriedigt zu werden.[556] Auch außerhalb des von den §§ 130–132 InsO erfassten Zeitraums kann ein solcher Anschein bestehen und auf einen Gläubigerbenachteiligungsvorsatz des Schuldners hinweisen.

Das Beweisanzeichen der Inkongruenz greift allerdings erst dann, wenn bereits ernsthafte Zweifel an der Liquidität des Schuldners bestehen.[557] Nur wenn der Schuldner sich bereits in Zahlungsschwierigkeiten befindet, kann er auch verdächtigt werden, dass er das noch zur Verfügung stehende Vermögen ungerechtfertigterweise an Gläubiger verteilt, indem er diese mit Mitteln befriedigt, die sie nicht oder nicht in der Art oder nicht zu der Zeit zu beanspruchen hatten. Dagegen ist eine inkongruente Deckung im Rahmen des § 133 InsO in aller Regel unbedenklich, wenn sie zu einem Zeitpunkt vorgenommen wird, zu dem der Schuldner noch keine Liquiditätsprobleme hat. Es kann davon ausgegangen werden, dass ein solcher Schuldner mit einem anfechtungsrechtlich unbedenklichen Willen handelte, da er aufgrund der unbedenklichen finanziellen Lage grundsätzlich davon ausgehen durfte, alle seine Gläubiger befriedigen zu können.

---

555 *BGHZ* 137, 267, 283; *BGH*, NZI 2004, 376, 378; NZI 2010, 439, 440 f.; *Kayser*, in: Münchener Kommentar, InsO, § 133 Rdnr. 29; *Sander*, ZIP 2003, 613, 615.

556 *Häsemeyer*, Insolvenzrecht, Rdnr. 21.55; *Kayser*, NJW 2014, 422, 425.

557 *BGHZ* 157, 242, 251; *BGH*, NZI 1999, 152, 153; 2010, 439, 440; 2014, 68, 69 f.

Hinsichtlich der Beweiswirkung für die subjektiven Merkmale des § 133 Abs. 1 InsO muss auch bei der Inkongruenz deren jeweilige Qualität bewertet werden.[558] Es besteht mittlerweile Einigkeit darüber, dass der sich aus der Inkongruenz ergebende Verdacht für den Einzelfall zu überprüfen ist und die Beweiskraft umso geringer ist, je weiter entfernt die Deckung vor der Eröffnung des Insolvenzverfahrens vorgenommen wurde.[559] Je weniger stark die gewährte Leistung von der vertraglich vereinbarten abweicht, desto geringer ist auch der Beweiswert der Inkongruenz für den subjektiven Tatbestand.[560]

Anders ist das bei der Anfechtung inkongruenter Deckungen nach § 131 InsO, wo die Inkongruenz selbst Tatbestandsmerkmal ist. Weicht die Deckungshandlung dort von dem jeweiligen Inhalt des Schuldverhältnisses ab, ist dies lediglich bei geringfügigen Abweichungen zu vernachlässigen.[561] Der Grundsatz der Gläubigergleichbehandlung gebietet es, bei der Bewertung einer Deckungshandlung als kongruent strenge Maßstäbe anzusetzen.[562] Insofern ist beispielsweise die Überweisung einer Geldforderung als kongruent zu beurteilen. Ist die Grenze der geringfügigen Abweichungen aber überschritten, ist Art und Ausmaß der Inkongruenz für eine Anfechtung nach § 131 InsO nicht mehr zu berücksichtigen. Liegen neben dem Tatbestandsmerkmal der Inkongruenz auch die jeweils erforderlichen sonstigen Voraussetzungen des § 131 InsO vor, kann der Insolvenzverwalter die Deckung anfechten.

IV. Unmittelbare Benachteiligung

Ein ähnliches Bild zeigt sich bei § 132 InsO. Dort findet sich mit dem die Insolvenzgläubiger unmittelbar benachteiligenden Rechtsgeschäft ein weiteres Tatbestandsmerkmal, dessen Vorliegen Beweiswert für die subjektiven Tatbestandsmerkmale der Vorsatzanfechtung zukommt. Bei der Anfechtung nach § 133 Abs. 1 InsO ist eine Rechtshandlung mit unmittelbar nachteiliger Wirkung für die Gläubiger aber nur ein Beweisanzeichen mit schwacher Wirkung. Als alleiniger Hinweis auf den

558 *BGHZ* 123, 320, 326; 137, 267, 283; *BGH*, NJW-RR 1993, 238, 241; NZI 2005, 329, 330; *Kayser*, in: Münchener Kommentar, InsO, § 133 Rdnr. 31b; *Ede/Hirte*, in: Uhlenbruck/Hirte/Vallender, § 133 Rdnr. 105; *Nerlich*, in: Nerlich/Römermann, InsO, § 133 Rdnr. 26.

559 *Kayser*, in: Münchener Kommentar, InsO, § 133 Rdnr. 31b; *Sander*, ZIP 2003, 613, 615.

560 *BGHZ* 137, 267, 283; *BGH*, ZIP 1997, 853, 855; NZI 2005, 329, 330.

561 *Kayser*, in: Münchener Kommentar, InsO § 131 Rdnr. 11; *Thole*, in: Heidelberger Kommentar, InsO, § 131 Rdnr. 27; *Schoppmeyer*, in: Kübler/Prütting, InsO, § 131 Rdnr. 40; *de Bra*, in: Braun, InsO, § 131 Rdnr. 7.

562 Vgl. *BGHZ* 33, 389, 393; *Baur/Stürner*, Insolvenzrecht, § 19 Rdnr 34.

Gläubigerbenachteiligungsvorsatz des Schuldners wird ihr Vorliegen in aller Regel nicht ausreichen.[563] Typisches Beispiel für ein solches Beweisanzeichen sind Verträge, mit denen der Schuldner sein Vermögen verschleudert. Verkauft der Schuldner Gegenstände aus seinem Vermögen deutlich unter deren Verkehrswert, ist dies ein Indiz dafür, dass er in dem Bewusstsein handelte, seine Gläubiger mit dem Rechtsgeschäft zu benachteiligen. Auch bei dem Vertragspartner, der das Ungleichgewicht zwischen Leistung und Gegenleistung kennt, spricht ein Indiz für die Kenntnis des Vorsatzes.[564] Für den Beweiswert des aus einer unmittelbar benachteiligenden Rechtshandlung gezogenen Beweisanzeichens kommt es aber, wie auch bei der (drohenden) Zahlungsunfähigkeit und der Inkongruenz, auf deren Ausmaß an.[565] Zudem sind für den Beweiswert auch eventuell bestehende Liquiditätsschwierigkeiten relevant. Umso angespannter die finanzielle Lage des Schuldners ist, desto wahrscheinlicher ist es, dass er sich darüber im Klaren war, mit dem unmittelbar nachteiligen Geschäft die übrigen Gläubiger zu benachteiligen.

V. Zusammenfassung

Die vielfach kritisierte Überschneidung des Anwendungsbereichs von besonderer Insolvenzanfechtung und Vorsatzanfechtung kann tatsächlich festgestellt werden. Hat der Schuldner die eigene Zahlungsunfähigkeit erkannt und nimmt er trotzdem für § 133 Abs. 1 InsO tatbestandsrelevante Handlungen vor, handelt er regelmäßig mit Gläubigerbenachteiligungsvorsatz. Erkennt auch der Anfechtungsgegner die Vermögensinsuffizienz, liegen die subjektiven Merkmale sowohl des Tatbestandes zur Anfechtung kongruenter Deckungen als auch der Vorsatzanfechtung vor. Beide Anfechtungsvorschriften enthalten darüber hinaus keine größeren Hürden. Das parallele Anwenden beider Vorschriften auf einen Sachverhalt erfordert darüber hinaus nur eine Rechtshandlung innerhalb der Krise, die der Schuldner vorgenommen hat (vgl. § 133 Abs. 1 S. 2 InsO).

Für das systematische Verhältnis von Vorsatzanfechtung und besonderer Insolvenzanfechtung ist es daher wichtig, an der Rechtshandlung des Schuldners festzuhalten. Es besteht ansonsten die Gefahr, dass die Grenzen zwischen den beiden Rechtsinstituten verschwinden. Die Rechtshandlung des Schuldners ist ein Tatbestandsmerkmal des § 133 Abs. 1 InsO, das die Vorschrift im Vergleich

---

563 *BGH*, NJW 1998, 1561, 1563; *Kayser*, in: Münchener Kommentar, InsO, § 133 Rdnr. 32; *Rogge/Leptien*, in: Hamburger Kommentar, InsO, § 133 Rdnr. 38.

564 *Häsemeyer*, Insolvenzrecht, Rdnr. 21.82; *Kayser*, in: Münchener Kommentar, InsO, § 133 Rdnr. 32.

565 *BGH*, NJW 1998, 1561, 1563.

zu den §§ 130, 131 InsO InsO begrenzt. Im Hinblick auf die Bedeutung, die der Kenntnis der Zahlungsunfähigkeit mittlerweile sowohl bei der besonderen Insolvenzanfechtung als auch bei der Vorsatzanfechtung zukommt, und die damit einhergehenden Überschneidungen im Anwendungsbereich[566] ist jede weitere Verringerung des Abstands zwischen den Normen mit Vorsicht zu betrachten.

Unterschiede gibt es aber auch bei der Anfechtung inkongruenter Deckungen und unmittelbar benachteiligender Rechtshandlungen: Bei der Anfechtung inkongruenter Deckungen machen sich wieder die Abweichungen zwischen Tatbestandsmerkmal und Beweisanzeichen bemerkbar, da bei der Vorsatzanfechtung das Ausmaß der Inkongruenz der Deckung umfassend gewürdigt werden muss. Je nach deren Ausmaß richtet sich auch der jeweilige Beweiswert für die subjektiven Tatbestandsmerkmale. Zudem greift das Beweisanzeichen der Inkongruenz bei § 133 Abs. 1 InsO nur, wenn bereits ernsthafte Zweifel an der Liquidität des Schuldners bestehen. Zwar findet auch bei § 131 InsO eine Bewertung der Inkongruenz statt, ab der Überschreitung einer Mindestschwelle liegt das für die Anfechtung erforderliche Merkmal aber immer vor.[567] Ähnliche Unterschiede zwischen der Zahlungsunfähigkeit als Tatbestandsmerkmal und als Beweisanzeichen gibt es auch bei der Anfechtung unmittelbar benachteiligender Rechtshandlungen.[568]

Bei der Bedeutung des Nachweises der Kenntnis der Zahlungsunfähigkeit für die beiden Tatbestände gibt es aber auch Unterschiede, obgleich diese in der Praxis regelmäßig nur geringfügige Auswirkungen haben werden. Während die Kenntnis der Zahlungsunfähigkeit bei § 130 Abs. 1 InsO die entscheidende Voraussetzung ist, ermöglicht sie bei § 133 Abs. 1 InsO nur den Schluss auf die subjektiven Tatbestandsmerkmale. Das Vorliegen der Merkmale des Tatbestandes ist mit dem Nachweis der Kenntnis bejaht. Anders verhält es sich beim Indizienbeweis, bei dem der Anfechtungsgegner weiterhin Indizien vortragen kann, die gegen das Vorliegen der subjektiven Merkmale in § 133 Abs. 1 InsO sprechen. Damit bestehen für den Anfechtungsgegner trotz nachgewiesener Kenntnis der Zahlungsunfähigkeit bessere Aussichten, sich gegen die Anfechtung zur Wehr zu setzen.

Der Bundesgerichtshof hat zwischenzeitlich klargestellt, dass die Kenntnis der (drohenden) Zahlungsunfähigkeit ein Beweisanzeichen für die subjektiven Tatbestandsmerkmale der Vorsatzanfechtung darstellt, das nicht schematisch im Sinne einer vom anderen Teil zu widerlegenden Vermutung angewandt werden

566 Siehe oben S. 113 ff.
567 Siehe oben S. 127.
568 Siehe oben S. 127 f.

darf.[569] Vielmehr muss der Beweiswert des jeweiligen Beweisanzeichens im Einzelfall gewürdigt werden. Die damit eingeschlagene Rechtsprechungslinie ist wegen der gewonnenen Rechtssicherheit – die Deutung des Begriffs der tatsächlichen Vermutung entfällt – zu begrüßen. Sie sollte beibehalten und nicht wie zuletzt wieder von einer Vermutung der subjektiven Tatbestandsmerkmale gesprochen werden.[570]

Die Unterschiede zwischen besonderer Insolvenzanfechtung und Vorsatzanfechtung werden zudem dadurch bestimmt, dass der Bundesgerichthof auch Beweisanzeichen nennt, die gegen das Vorliegen der subjektiven Merkmale des § 133 Abs. 1 InsO sprechen. Dabei handelt es sich insbesondere bei der Frage der Anfechtung von Rechtshandlungen im Rahmen fehlgeschlagener Sanierungsbemühungen und der Anfechtung bargeschäftsähnlicher Lagen um Fallgruppen, die in der Literatur viel diskutiert werden. Eine weitere viel diskutierte Fallgruppe mit Relevanz für das Verhältnis zwischen den beiden Rechtsinstituten ist die Anfechtung kongruenter Deckungen nach § 133 Abs. 1 InsO. Nachfolgend werden alle drei Fallgruppen dargestellt und diskutiert.

---

569 *BGH*, NZI 2009, 768, 769.

570 Vgl. *BGH*, ZIP 2015, 437, 438; 2015, 585, 587.

Drittes Kapitel: Die Vorsatzanfechtung bei kongruenten Deckungen

Der ausufernden Entwicklung der Rechtsprechung des Bundesgerichtshofs zur Vorsatzanfechtung wird in der Literatur mit Zurückhaltung begegnet. Viel diskutiert wird die Frage, unter welchen Voraussetzungen kongruente Deckungen nach § 133 Abs. 1 InsO angefochten werden können. Stimmen in der Literatur sehen es als problematisch an, dass eine Leistung des Schuldners, die in der vereinbarten Weise geleistet wurde, mittels der Vorsatzanfechtung über zehn Jahre angefochten werden kann. Hier ist es insbesondere das systematische Verhältnis zu § 130 Abs. 1 InsO, das als Argument gegen eine als zu weit kritisierte Auslegung der Vorsatzanfechtung vorgebracht wird.[571]

I. Meinungsstand

Im Folgenden werden zunächst die für eine Beschränkung des Vorsatzanfechtungstatbestandes vorgebrachten Argumente wiedergegeben und im Anschluss die verschiedenen Vorschläge zur Begrenzung des Tatbestandes dargestellt.

1. Argumente für ein Einschränkungserfordernis

Für eine einschränkende Auslegung des Vorsatzanfechtungstatbestandes wird historisch, systematisch und teleologisch argumentiert.

a. Gesetzgebungsgeschichte

Einer der größten Kritiker der Rechtsprechung des Bundesgerichtshofs zur Auslegung der Vorsatzanfechtung ist *Foerste*.[572] Dieser verweist auf die Motive zur Konkursordnung, nach denen die Anfechtung kongruenter Deckungen mittels der Absichtsanfechtung nur bei Vorliegen eines unlauteren Handels des Schuldners möglich sein sollte.[573] Nach den Motiven könne eine kongruente Befriedigungshandlung des Schuldners in Kenntnis der Vermögensinsuffizienz

---

571 *Foerste*, in: Festschrift Picker, S. 227, 243 f.; *Foerste*, ZInsO 2013, 897, 901; *Schoppmeyer*, ZIP 2009, 600, 604; *Guski*, WM 2009, 1071, 1072; *Lind*, Zur Auslegung von § 133 InsO, S. 105 f.; *Jensen*, NZI 2011, 798, 801.

572 Vgl. *Foerste*, NZI 2006, 6; *Foerste*, in: Festschrift Picker, S. 227; *Foerste*, ZInsO 2013, 897, 901; *Foerste*, WM 2014, 1213.

573 *Foerste*, in: Festschrift Picker, S. 227, 235; *Foerste*, ZInsO 2013, 897, 898.

arglistig, aber eben auch vollkommen redlich vorgenommen worden sein.[574] Bei geschuldeten Leistungen müsse grundsätzlich davon ausgegangen werden, dass es nicht als Betrug gelte, wenn jemand das annimmt, was ihm zusteht.[575] Zudem stünde bereits in den Motiven, dass kongruente Deckungen mit Hilfe des Absichtsanfechtungstatbestandes nicht schon deshalb anfechtbar seien, weil die Deckung in Kenntnis der schlechten Vermögenslage und zur Begünstigung des Empfängers vorgenommen wurde. Auch könne man dem Gläubiger, der eine solche Leistung annehme, keinen Vorwurf machen, schließlich sei er nur wachsam gewesen.[576] Der Gesetzgeber der Insolvenzordnung habe aber *„die vier Haupttatbestände der geltenden Konkursanfechtung im Grundsatz beibehalten“*[577] und insofern auch das ungeschriebene Unlauterkeitsmerkmal nicht aufgeben wollen.[578]

Foerste ist der Auffassung, dass der Bundesgerichtshof die Grenze zwischen Masseanreichung und Verkehrsschutz durch die Abkehr von dem Merkmal der Unlauterkeit entgegen dem Willen des Gesetzgebers verschoben hat.[579] Ein Richter sei an gesetzliche Entscheidungen auch dann gebunden, wenn sie zwar nicht im Wortlaut einer Norm zu finden, aber leicht dem Normzweck einer Vorschrift zu entnehmen seien. Soweit der Bundesgerichtshof es zulasse, dass vor dem Dreimonatszeitraum erhaltene Deckungen vom Insolvenzverwalter angefochten werden, obwohl der Anfechtungsgegner nicht unlauter gehandelt hat, sieht *Foerste* einen Verfassungsverstoß. Das Grundgesetz untersage es der Justiz, sich aus der Rolle des Normanwenders in die einer normsetzenden Instanz zu begeben.[580]

b. Systematik

Kernargument gegen die Rechtsprechung des Bundesgerichtshofs ist die Systematik der Insolvenzanfechtungstatbestände sowie das Verhältnis der Vorsatzanfechtungstatbestände inner- und außerhalb der Insolvenzordnung.

---

574 *Foerste* NZI 2006, 6 mit Verweis auf *Begründung des Regierungsentwurfes*, in: Hahn, Reichsjustizgesetze, Vierter Band, S. 138.

575 Freie Übersetzung von D. 42.8.6.

576 *Foerste*, NZI 2006, 6, 7 mit Verweis auf *Begründung des Regierungsentwurfes*, in: Hahn, Reichsjustizgesetze, Vierter Band, S. 128 f.

577 Regierungsentwurf, BT-Drucksache 12/2443, S. 156.

578 *Foerste*, ZInsO 2013, 897, 899 FN 31.

579 *Foerste*, in: Festschrift Picker, S. 227, 232.

580 *Foerste*, ZInsO 2013, 897, 902 mit Verweis auf *BVerfGE* 87, 273, 280.

aa. Das Verhältnis von § 133 Abs. 1 InsO zu § 130 Abs. 1 InsO

Gegen die Rechtsprechung des Bundesgerichtshofs wird häufig vorgebracht, dass sie das Verhältnis zwischen den Vorschriften der besonderen Insolvenzanfechtung und dem insolvenzrechtlichen Vorsatzanfechtungstatbestand nicht hinreichend wahre.[581] Mit der Rechtsprechung des Bundesgerichtshofs wären kongruente Deckungen regelmäßig sowohl nach § 133 InsO als auch nach § 130 Abs. 1 InsO anfechtbar, wenn die Kenntnis der Zahlungsunfähigkeit als Beweisanzeichen für den Gläubigerbenachteiligungsvorsatz des Schuldners und die Kenntnis des Anfechtungsgegners verwendet würde.[582] Der Insolvenzverwalter könne damit für jede Anfechtung von Deckungen, ob innerhalb oder außerhalb der Krise, § 133 Abs. 1 InsO verwenden.[583] Auf die Vorschriften der besonderen Insolvenzanfechtung müsse nur noch dann zurückgegriffen werden, wenn keine Rechtshandlung des Schuldners vorliegt (vgl. § 133 Abs. 1 S. 1 InsO).[584] Damit drohe der Sonderregelung des § 130 InsO der Leerlauf.[585] Ein Verständnis des § 133 InsO, das nicht nur regelmäßig, sondern nahezu in allen Fällen § 130 Abs. 1 InsO obsolet mache, werde den unterschiedlichen gesetzgeberischen Wertungen und insbesondere den Begrenzungen der allgemeinen Deckungsanfechtung nicht ausreichend gerecht.[586]

bb. Das Verhältnis von § 133 InsO zu § 3 AnfG

Bestätigt sehen sich die Kritiker des Bundesgerichtshofs auch aufgrund eines Vergleiches von Gesamt- und Einzelzwangsvollstreckung. Die nahezu wortgleichen Vorschriften in § 133 InsO und § 3 AnfG zeigten,[587] dass die Vorsatzanfechtung die Gläubiger sowohl innerhalb als auch außerhalb des Insolvenzverfahrens

581 *Foerste*, in: Festschrift Picker, S. 227, 243 f.; *Foerste*, ZInsO 2013, 897, 900; *Schoppmeyer*, ZIP 2009, 600, 604; *Guski*, WM 2009, 1071, 1072; *Lind*, Zur Auslegung von § 133 InsO, S. 105 f.; *Jensen*, NZI 2011, 798, 801. Siehe hierzu auch die einführenden Worte auf S. 15 ff.

582 *Foerste*, in: Festschrift Picker, S. 227, 243; *Foerste*, ZInsO 2013, 897, 901; *Guski*, WM 2009, 1071, 1072.

583 *Foerste*, in: Festschrift Picker, S. 227, 242.

584 *Foerste*, in: Festschrift Picker, S. 227, 242 f.

585 *Foerste*, in: Festschrift Picker, S. 227, 244, mit Verweis auf *BGHZ* 162, 143, 152 f.

586 *Schoppmeyer*, ZIP 2009, 600, 604.

587 Der einzige Unterschied besteht darin, dass für die Bestimmung des Anfechtungszeitraums nur in § 133 InsO auf den Zeitpunkt des Insolvenzantrags abgestellt wird. Dagegen kommt es bei § 3 AnfG, für dessen Anwendbarkeit die Stellung eines Insolvenzantrages ja gerade nicht relevant ist, auf den Zeitpunkt der Vornahme der angefochtenen Rechtshandlung an.

gleichermaßen schützt.[588] Beide Vorschriften müssten dann aber auch einheitlich ausgelegt werden.[589] Wertungswidersprüche werden aber gesehen, wenn die Kenntnis der Zahlungsunfähigkeit auch als Beweisanzeichen für den Benachteiligungsvorsatz in § 3 AnfG herangezogen wird.[590] Für die Anfechtung nach § 3 AnfG verstehe sich von selbst, dass eine Geldzahlung, die der Schuldner einem Gläubiger erbringt, für die Gläubiger, deren spätere Zwangsvollstreckung deshalb fruchtlos bleibt, nicht aus diesem Grunde anfechtbar sein könne – selbst dann nicht, wenn der Schuldner dem Gläubiger bei dessen Befriedigung mitteilte, nun werde für die anderen Gläubiger *„aber nichts mehr übrig"* bleiben.[591] Eine andere Sichtweise stelle das Prioritätsprinzip auf den Kopf. Ließe man die Anfechtung hier durchgehen und spräche dem anfechtenden Gläubiger den Betrag zu, begünstigte man den Gläubiger, der zu spät kam. Im Insolvenzrecht sei die Folge nicht entsprechend schwerwiegend, da die Umverteilung der Zahlung allen Gläubigern zugute käme; trotzdem werde die Priorität des Gläubigers ignoriert, obwohl sie vor der Krise von Insolvenz- und Zivilrecht respektiert werde.[592]

c. Normzweck

Jacoby ist der Ansicht, dass die Vorsatzanfechtung wegen der Weite des bedingten Gläubigerbenachteiligungsvorsatzes falsche Verhaltensanreize setze und deswegen beschränkt werden müsse. Der bedingte Benachteiligungsvorsatz sei viel weiter, als es die in der Rechsprechung herausgearbeiteten Beweisanzeichen zum Ausdruck brächten.[593] Ein sich in der wirtschaftlichen Krise befindendes Unternehmen könne regelmäßig nur fortgeführt werden, wenn Rechtsgeschäfte getätigt werden, die sich aus der Ex-post-Sicht nach Insolvenzeröffnung als für die Insolvenzmasse nachteilig herausstellen. Führe der Schuldner sein Unternehmen dann in der wirtschaftlichen Schieflage weiter, so erfolge dies keinesfalls stets im Vertrauen, sondern vielmehr allein in der Hoffnung auf Rettung. Dolus eventualis läge damit aber vor.[594]

---

588 *Foerste*, NZI 2006, 6, 7.

589 *Foerste*, NZI 2006, 6, 7; *Schoppmeyer*, ZIP 2009, 600, 604 f.

590 *Foerste*, NZI 2006, 6, 8;

591 *Foerste*, NZI 2006, 6, 7.

592 *Foerste*, NZI 2006, 6, 8; auch *Schoppmeyer*, ZIP 2009, 600, 605 bemüht das vorgenannte Beispiel um auf Wertungswidersprüche zwischen § 133 InsO und § 3 AnfG hinzuweisen, wenn bei allen Gläubigern gleichermaßen vorliegende Umstände zur Rechtfertigung der Anfechtung kongruenter Deckungen herangezogen werden.

593 *Jacoby*, KTS 2009, 3, 14.

594 *Jacoby*, KTS 2009, 3, 15.

Im Insolvenzfalle benachteilige eine jede Deckung die Insolvenzgläubiger mittelbar. Der Rechtsprechung könne daher nicht zugestimmt werden, wenn sie bei der Feststellung des Gläubigerbenachteiligungsvorsatzes danach differenziere, ob der Schuldner bei der Befriedigung kongruenter Deckungen lediglich seine Verbindlichkeiten erfüllen oder seine Gläubiger befriedigen wolle. Für die Prüfung des bedingten Vorsatzes sei diese Alternative unerheblich, da Vorsatz schon gegeben sei, wenn sich der Handelnde mit einer weiteren Folge abfinde.[595]

Der Vorsatzanfechtungstatbestand setze erhebliche Verhaltensanreize. Adressat dieser Verhaltensanreize sei der Anfechtungsgegner, schließlich werde sich der Insolvenzschuldner nicht dadurch von seinem Verhalten abhalten lassen, dass seinem Geschäftspartner die Anfechtung drohe. Aufgrund der Weite des bedingten Vorsatzes und der damit bestehenden Anfechtungsgefahr sei aber zu befürchten, dass Sanierungsberater ihre Dienste nicht mehr anbieten und Banken im Hinblick auf eventuelle Risiken bei der Bestellung von Sicherheiten keine Kredite mehr gewähren würden.[596] *Jacoby* hält das für nicht hinnehmbar und daher eine teleologische Reduktion des Vorsatzanfechtungstatbestandes für erforderlich.

2. Begrenzungsvorschläge

Aufgrund der zuvor genannten Argumente gegen die Rechtsprechung werden *de lege lata* verschiedene Vorschläge zur Begrenzung der Vorsatzanfechtung gemacht. Sämtliche Begrenzungsvorschläge orientieren sich an dem – unterschiedlich interpretierten – Normzweck der Vorsatzanfechtung.

a. Unlauterkeit/sozial inadäquates Verhalten

Foerste und *Paulus* wollen die Weite der Vorsatzanfechtung auch in Anlehnung an die *actio pauliana*[597] bzw. die Motive zur Konkursordnung[598] durch zusätzliche Anforderungen an den Tatbestand reduzieren. Für den Zeitraum vor der in den §§ 130–132 InsO definierten Krise des Insolvenzschuldners positionieren beide Autoren das Vertrauen des Rechtsverkehrs in den Bestand von Rechtshandlungen vor den Schutz der Insolvenzgläubiger.[599] Während der eine ein unlauteres Handeln[600] des Schuldners verlangt, soll nach dem anderen ein betrügerisches Vor-

595 *Jacoby*, KTS 2009, 3, 16.

596 *Jacoby*, KTS 2009, 3, 16 f.

597 *Paulus*, in: Festschrift Fischer, S. 445, 457.

598 *Foerste*, NZI 2006, 6, 6.

599 Vgl. *Paulus*, in: Festschrift Fischer, S. 445, 457.

600 *Foerste*, NZI 2006, 6, 8.

gehen[601] erforderlich sein, wobei die Begriffe weitestgehend deckungsgleich sein dürften. Auch *Lind* ist der Ansicht, dass der in § 133 Abs. 1 InsO vorausgesetzte bedingte Vorsatz kein geeignetes Unterscheidungskriterium ist. Die Anfechtung kongruenter Deckungen nach § 133 Abs. 1 InsO sei daher durch eine normative Betrachtungsweise zu begrenzen.[602] Es sei eine über § 130 InsO hinausgehende Konstellation erforderlich, die bei sozial inadäquatem Verhalten des Schuldners gegeben sei, das auch mit dem Begriff des unlauteren Verhaltens beschrieben werden könne.[603]

Dagegen möchte *Bork* ein sozial inadäquates Verhalten des Schuldners nicht dauerhaft als ungeschriebenes Merkmal in den Vorsatzanfechtungstatbestand hineinlesen.[604] Die teleologische Perspektive spreche aber dafür, ein Beweisanzeichen für den subjektiven Tatbestand der Vorsatzanfechtung nur bei Kenntnis der Zahlungsunfähigkeit, nicht dagegen bei der Kenntnis der (nur) drohenden Zahlungsunfähigkeit anzunehmen. Hier sei danach zu differenzieren, ob der Schuldner sich sozial inadäquat verhalten habe.[605] Dies sei aber nur der Fall, wenn der Schuldner noch kongruente Deckungshandlungen vorgenommen habe, obwohl er bereits dazu verpflichtet gewesen sei, einen Insolvenzantrag zu stellen. Eine solche Pflicht bestehe nach § 15a Abs. 1 S. 1 InsO (bei juristischen Personen) nur bei Zahlungsunfähigkeit, nicht aber bei (nur) drohender Zahlungsunfähigkeit. Der Schuldner dürfe unter den Vorsaussetzungen des § 18 Abs. 2 InsO also noch weiterwirtschaften und verhalte sich zu diesem Zeitpunkt nicht sozial inadäquat, wenn er Gläubiger kongruent befriedige.[606]

b. Ausweitung des Vertrauensschutzes

Nach *Jacoby* ist unmittelbarer Adressat der durch § 133 Abs. 1 InsO gesetzten Verhaltensanreize der Anfechtungsgegner, da diesem die Sanktion der Anfechtung drohe. Daher müsse die erforderliche teleologische Reduktion beim Vertrauensschutz des Anfechtungsgegners ansetzen. Aus einer Ex-ante-Sicht sei zu bewerten, ob der Anfechtungsgegner in einer Weise auf die Beständigkeit des schuldnerischen Verhaltens vertrauen konnte, die eine Anfechtung ausschließt.[607] Ein solches

601 *Paulus*, in: Festschrift Fischer, 445, 457.
602 *Lind*, Zur Auslegung von § 133 InsO, S. 113.
603 *Lind*, Zur Auslegung von § 133 InsO, S. 114.
604 *Bork*, ZIP 2014, 797, 804 f.
605 *Bork*, ZIP 2014, 797, 807.
606 *Bork*, ZIP 2014, 797, 808.
607 *Jacoby*, KTS 2009, 3, 17.

Vertrauen sei schutzwürdig, wenn der Anfechtungsgegner verpflichtet sei, dem Schuldnerhandeln zu entsprechen oder es gar nicht im Interesse der Gläubiger in einer Ex-ante-Betrachtung läge, dass sich alle Geschäftspartner vom Schuldner abwenden.[608] Durch eine solche Eingrenzung enthalte § 133 Abs. 1 InsO ein klares eigenständiges Gepräge.[609]

Für die Bewertung, ob das Vertrauen des Anfechtungsgegners schutzwürdig sei, müsse zunächst beurteilt werden, inwieweit das Schuldnerhandeln Ausdruck einer im Hinblick auf das Gläubigerinteresse angemessenen Unternehmensfortführung sei. Soweit sich das Unternehmen noch nicht in der materiellen Krise befinde, müsse der Rechtshandlung für eine Anfechtung nach § 133 Abs. 1 InsO ein spezifischer Unwert innewohnen. Als Beispiel nennt *Jacoby* die Versilberung von Unternehmensvermögen zugunsten einzelner Gläubiger und die Bevorzugung nahe stehender Personen. Dagegen sei bei wirtschaftlich angeschlagenen Unternehmen anders zu werten, da bei diesen die Gefährdung der Gläubigergesamtheit durch bloßes Weiterwirtschafen auf der Hand liege.[610]

Auch für die Beantwortung der Frage, wann eine Deckung der Anfechtung nach § 133 Abs. 1 InsO unterliege, komme es darauf an, ob die Deckung Ausdruck ordnungsgemäßer Geschäftsführung gewesen sei. Dafür sei entscheidend, ob noch das Prioritätsprinzip oder bereits der Gläubigergleichbehandlungsgrundsatz gelte. Eine Deckung, die noch unter Geltung des Prioritätsprinzip vorgenommen werde, sei Ausdruck ordnungsgemäßer Geschäftsführung. Anders sei dies ab Eintritt der materiellen Insolvenz, da die Gläubigerbefriedigung ab diesem Zeitpunkt dem Gebot der Gläubigergleichbehandlung unterliege.[611]

c. *Keine vorsätzliche Beeinträchtigung der Befriedigungschance*

Ähnlich wie *Bork* berücksichtigt *Schoppmeyer* den Normzweck der Vorsatzanfechtung, den er aber anders interpretiert,[612] bei der Beweiswürdigung. Fehle es an einer Beeinträchtigung gleicher Befriedigungschancen, liege auch der Benachteiligungsvorsatz nicht vor. Ein solches Verständnis wahre die Grenzlinie zwischen besonderer und allgemeiner Insolvenzanfechtung. Erhalte der Gläubiger nur das, was ihm zustehe, also eine kongruente Deckung, habe ihm der Schuldner deswegen keine bessere Zugriffs- oder Befriedigungschance gewährt als den übrigen Gläubigern.

608 *Jacoby*, KTS 2009, 3, 17 f.
609 *Jacoby*, KTS 2009, 3 19.
610 *Jacoby*, KTS 2009, 3, 19.
611 *Jacoby*, KTS 2009, 3, 21 f.
612 Zu *Schoppmeyers* Interpretation des Normzwecks der Vorsatzanfechtung siehe S. 63.

Andere Gläubiger hätten zum Zeitpunkt der Rechtshandlung ebenfalls darauf zugreifen können. Eine kongruente Deckung spreche daher tendenziell gegen einen Benachteiligungsvorsatz.[613] Sei die Vermögenslage des Schuldners zum Zeitpunkt der kongruenten Deckung aber bereits so schlecht,[614] dass eine realistische Zugriffs- und Befriedigungschance der übrigen Gläubiger nicht mehr besteht, sei dies wiederum ein Indiz für den Benachteiligungsvorsatz.[615]

II. Bewertung

Die Bewertung des zuvor zusammengefassten Meinungsstands in der Literatur untergliedert sich wiederum nach den für ein Einschränkungsbedürfnis vorgebrachten Argumenten und den Begrenzungsvorschlägen.

1. Besteht ein Einschränkungsbedürfnis?

a. Gesetzgebungsgeschichte

Als Argument für eine teleologische Reduktion von § 133 Abs. 1 InsO werden die Motive zur Konkursordnung angegeben.[616] Es ist zutreffend, dass man dort bereits Ausführungen dazu findet, dass der Schuldner, der seinen Gläubiger kongruent befriedigt, in aller Regel nur das Erlöschen seiner Verbindlichkeiten und nicht die Benachteiligung der übrigen Gläubiger im Kopf habe. Anfechtbar seien solche Rechtshandlungen nur, wenn sie darüber hinaus von einer ausdrücklichen oder stillschweigenden fraudulösen Übereinkunft begleitet sind.[617] Das ändere sich erst mit Eintritt der materiellen Insolvenz, also wenn *„der Anspruch der übrigen Gläubiger auf gleichmäßige und gemeinschaftliche Vertheilung des ganzen Vermögens bestand“*.[618] Damit sei der Gesetzgeber der Konkursordnung davon ausgegangen, dass nur in Ausnahmefällen eine Anfechtung kongruenter Deckungen außerhalb der Krise möglich ist.[619]

---

613 *Schoppmeyer*, ZIP 2009, 600, 607.

614 Dabei kommt es nach *Schoppmeyer*, ZIP 2009, 600, 607 aber nicht nur auf die Zahlungsunfähigkeit an, sondern auf die gesamte Vermögenslage des Schuldners.

615 *Schoppmeyer*, ZIP 2009, 600, 607 f.

616 *Foerste*, NZI 2006, 6.

617 Begründung des RegE, in: *Hahn*, Reichsjustizgesetze, Vierter Band, S. 138. Entsprechende Erkenntnisse gab es auch schon zur Zeit des römischen Recht: *nullam videri fraudem facere, qui suum recipit* (D 42.8.6). Was übersetzt werden kann: Als Betrug gilt nicht, dass jemand annimmt, was ihm zusteht.

618 Begründung des RegE, in: *Hahn*, Reichsjustizgesetze, Vierter Band, S. 129.

619 *Schoppmeyer*, ZIP 2009, 600, 607.

Dem kann rein formell entgegengebracht werden, dass Aussagen der Motive der Konkursordnung eben nur die Konkursordnung betreffen und für die Insolvenzordnung nur äußerst eingeschränkte Aussagekraft haben.[620] Zudem wird die Möglichkeit der Anfechtung kongruenter Deckungen mittels des Absichtsanfechtungstatbestandes durch die Motive der Konkursordnung auch nicht kategorisch ausgeschlossen. Letztlich ist für das heute geltende Gesetz aber die Begründung des Regierungsentwurfes der Insolvenzordnung maßgebend und dort ist anderes zu lesen. In der Begründung des Regierungsentwurfes der Insolvenzordnung heißt es, dass die Anfechtung kongruenter Deckungen durch andere Tatbestände und insbesondere durch die Vorsatzanfechtung unberührt bleibt.[621] Der von *Foerste* angedeuteten Möglichkeit einer Verfassungsbeschwerde können die Insolvenzverwalter im Hinblick darauf, dass die Begründung des Regierungsentwurfes der Insolvenzordnung eindeutig Stellung nimmt, gelassen entgegensehen.[622]

b. Systematik

Auch der Systematik der Anfechtungstatbestände können keine zwingenden Argumente für eine einschränkende Auslegung entnommen werden.

aa. Das Verhältnis von § 133 Abs. 1 InsO zu § 130 Abs. 1 InsO

Aus den §§ 130–132 InsO kann im Umkehrschluss abgeleitet werden, dass Rechtshandlungen, die von diesen Tatbeständen nur der Zeitschranken wegen nicht erfasst werden, grundsätzlich nicht anfechtbar sind. Zwingend ist das aber nur für die Anfechtung mittels der denselben Gesetzeszweck verfolgenden Anfechtungsnormen. Sowohl die Systematik, mit Vorsatzanfechtungstatbeständen inner- und außerhalb der Insolvenzordnung, als auch die historische Entwicklung der Anfechtungstatbestände zeigen deutlich, dass § 133 InsO einerseits und die §§ 130–132 InsO andererseits unterschiedliche Ziele verfolgen und die beiden Rechtsinstitute grundsätzlich unabhängig voneinander betrachtet werden müssen.[623] Es bedarf hier einer sauberen Trennung zwischen dem vorverlagerten

---

620 So schon *Kirchhof*, in: Festschrift Fischer, S. 285, 294; *Thole*, ZIP 2013, 2081, 2082; *Bork*, ZIP 2014, 797, 804.

621 *Regierungsentwurf*, BT-Drucksache 12/2443, S. 158.

622 Vgl. *Foerste*, ZInsO 2013, 897, 902.

623 *Bork*, ZIP 2014, 797, 804; *Thole*, ZZP 121 (2008), 67, 83 f.; *Thole*, ZIP 2013, 2081, 2083, der es daher *prima facie* nicht einmal für ausgeschlossen hält, dass die Anfechtung von Deckungsgeschäften nach § 133 InsO unter leichteren Voraussetzungen möglich ist als bei §§ 130, 131 InsO.

Grundsatz der Gleichbehandlung der Gläubiger und dem Schutz der Haftungsordnung vor vorsätzlichen Beeinträchtigungen. Der besonderen Insolvenzanfechtung kommt Ausschlusswirkung alleine für den Bereich der Insolvenzanfechtung zu, der dem Grundsatz der *par conditio* unmittelbar dient; hinsichtlich der anderen Tatbestände entfaltet sie allenfalls Indizwirkung. Gestützt wird dies wiederum durch den bereits zuvor genannten Regierungsentwurf der Insolvenzordnung, der zur Anfechtung kongruenter Deckungen ausführt, dass sie die Anfechtung nach anderen Vorschriften, *insbesondere wegen vorsätzlicher Benachteiligung*, unberührt lasse.[624] Möglicherweise müsste anders diskutiert werden, wenn die Vorschriften der besonderen Insolvenzanfechtung durch den heutigen Vorsatzanfechtungstatbestand obsolet geworden wären. Dass dies nicht der Fall ist, wurde aber bereits gezeigt.[625]

bb. Das Verhältnis von § 133 InsO zu § 3 AnfG

Auch die Parallele zwischen § 133 InsO und § 3 AnfG ist lediglich ein schwaches Argument. *Foerste* meint, dass die Angleichung der Vorsatzanfechtung in den beiden Gesetzen eine einheitliche Auslegung verlange.[626] Bei § 3 AnfG könne der Benachteiligungsvorsatz nicht damit begründet werden, dass Schuldner und Gläubiger in Kenntnis der Zahlungsunfähigkeit gehandelt haben. Ließe man hier die Anfechtung außerhalb der Krise zu, stelle man das Prioritätsprinzip auf den Kopf.[627] Nun ist es völlig richtig, dass die beiden Vorschriften weitgehend deckungsleich sind; durch die Insolvenzeröffnung ändert sich lediglich die Zuweisung des Anspruchs. Während das AnfG nur einen einzelnen Gläubiger zur Anfechtung berechtigt, kommen die Tatbestände der Insolvenzanfechtung der Gläubigergesamtheit zu Gute. Der Schluss von einem Tatbestand auf den anderen ist aber deshalb nicht ohne weiteres möglich, da es auch über diesen Unterschied hinaus noch weitere gibt. Diese fangen damit an, dass in § 3 AnfG die Benachteiligung eines einzelnen Gläubigers ausreicht[628] und nach § 133 InsO *„die Insolvenzgläubiger in ihrer Gesamtheit“*[629] benachteiligt werden müssen. Außerdem werden die Gläubiger im Insolvenzrecht auch durch die Erhöhung der Schuldenmasse

---

624 Regierungsentwurf, BT-Drucksache 12/2443, S. 158. Die Hervorhebung erfolgte durch den Verfasser.

625 Siehe S. 128 f.

626 *Foerste*, NZI 2006, 6, 7.

627 *Foerste*, NZI 2006, 6, 8.

628 *Huber*, AnfG, § 1 Rdnr. 32 f.; *Gaul/Schilken/Becker-Eberhard*, Zwangsvollstreckungsrecht, § 35 Rdnr. 40.

629 *Hirte/Ede*, in: Uhlenbruck/Hirte/Vallender, InsO, § 129 Rdnr. 159.

benachteiligt, dagegen ist für eine Anfechtung nach § 1 AnfG erforderlich, dass ein schuldrechtlicher Anspruch erfüllt wurde. Im Zwangsvollstreckungsverfahren setzt die Anfechtung also eine Verminderung der Aktiva voraus. Daher mögen die verschiedenen Gesetze einander Indizien für die Auslegung der Vorsatzanfechtung bieten, tragfähige Argumente für eine identische Auslegung kann man ihnen nicht entnehmen. Es gibt Unterschiede zwischen der Vorsatzanfechtung aus § 3 AnfG und der aus § 133 InsO. Auch die hier diskutierte Abweichung fügt sich in die Reihe solcher Unterschiede ein.

Dies gilt insbesondere, weil auch das Argument, die Kenntnis der Zahlungsunfähigkeit könne bei § 3 AnfG niemals eine Anfechtung rechtfertigen,[630] nur bedingt überzeugen kann. Richtig ist, dass eine Anfechtung nach dem Anfechtungsgesetz ausscheidet, wenn ein Schuldner Vermögenswerte an einen seiner Gläubiger überträgt, auch wenn er diesen zuvor wissen lässt, dass nach dieser Zahlung für die übrigen Gläubiger nichts mehr übrig bleibt. Bei bestehender Zahlungsunfähigkeit können die Gläubiger aber bereits einen Antrag auf Eröffnung des Insolvenzverfahrens über das Vermögen des Schuldners stellen, §§ 14, 17 InsO. Ist der Schuldner eine juristische Person, ist er sogar zur Antragsstellung verpflichtet, § 15 Abs. 1 S. 1 InsO. Dass ein Anfechtungstatbestand, der dem Schutz beider Haftungsregime dient, zu einem Zeitpunkt, in dem das eine Haftungsregime in das andere übergehen soll,[631] keine einheitlichen Ergebnisse liefert, ist aber wenig verwunderlich. Auch an dieser Stelle besteht ein Unterschied zwischen den beiden Vorsatzanfechtungstatbeständen – zumal auch die Normierung in Anfechtungsgesetz und Insolvenzordnung zeigt, dass es jedenfalls kleinere Unterschiede geben muss. Ansonsten wäre § 133 InsO überflüssig und es reichte aus, den Anspruch aus § 3 AnfG im Insolvenzverfahren dem Insolvenzverwalter zuzuweisen.

c. Normzweck

Jacoby argumentiert für eine Begrenzung der Vorsatzanfechtung allein mit dem Normzweck der Vorsatzanfechtung.[632] Weder die Gesetzgebungsgeschichte noch die Systematik der Anfechtungstatbestände werden als weitere Argumente herangezogen.[633] Hier unterscheidet er sich von *Foerste* und *Schoppmeyer*, die für ein

630 Vgl. *Foerste*, NZI 2006, 6, 8; *Schoppmeyer*, ZIP 2009, 600, 605.

631 Der Übergang erfolgt natürlich nicht automatisch, sondern nur, wenn auch ein Insolvenzantrag gestellt wurde, vgl. § 13 Abs. 1 S. 1 InsO.

632 *Jacoby*, KTS 2009, 3, 4 und 14 ff.

633 Ausdrücklich dazu, dass systematische Erwägungen nicht herangezogen werden: *Jacoby*, KTS 2009, 3, 4.

Einschränkungsbedürfnis vor allem systematisch argumentieren.[634] Vereinfacht lässt sich die Argumentation *Jacobys* wie folgt zusammenfassen: Der Tatbestand der Vorsatzanfechtung sei sehr weit, wodurch erhebliche Verhaltensanreize gesetzt werden, die begrenzt werden müssten.[635] Für eine den Wortlaut übergehende, einschränkende Auslegung der Vorsatzanfechtung kann das aber nicht ausreichen. Nach *Jacoby* soll eine Anfechtung nach § 133 Abs. 1 InsO ausgeschlossen sein, wenn *„der Anfechtungsgegner in einer Weise auf die Beständigkeit des schuldnerischen Verhaltens vertrauen durfte, dass die spätere Anfechtung ausgeschlossen ist."*[636] Den Schutz des Vertrauens des Anfechtungsgegners in die Beständigkeit der vom Schuldner vorgenommenen Rechtshandlung hat der Gesetzgeber aber bereits damit normiert, dass der Anfechtungsgegner den Vorsatz des Schuldners kennen muss.[637] Dafür, dass der Gesetzgeber einen darüber hinausgehenden Schutz des Vertrauens der Gläubiger in den Bestand der erhaltenen Leistungen beabsichtigte, gibt es keine Anzeichen. Der weite Anwendungsbereich einer Norm ist jedenfalls kein solches Anzeichen. Soweit keine anderweitigen Anhaltspunkte vorgebracht werden, muss davon ausgegangen werden, dass der Gesetzgeber Vertrauensschutz auch nur in dem Gesetz gewordenen Ausmaß normieren wollte. Dann kann ein erweiterter Vertrauensschutz aber auch nicht Gesetzeszweck sein und eine teleologische Reduktion nicht zu dem von *Jacoby* angestrebten Ziel führen.

2. Begrenzungsvorschläge

Entsprechend der Darstellung der verschiedenen Begrenzungsvorschläge werden diese nachfolgend bewertet.

a. Unlauterkeit

Das in der Literatur zur Begrenzung des Vorsatzanfechtungstatbestandes vorgeschlagene zusätzliche Tatbestandsmerkmal eines unlauteren Handelns des Schuldners kann nicht überzeugen.[638] Bei der Unlauterkeit handelt es sich um ein *„unscharfes, der subjektiven Bewertung unterliegendes Schlagwort"*[639]. Eindeutige Abgrenzungsergebnisse lassen sich damit nicht erzielen. Solch unbestimmte

634 *Foerste*, in: Festschrift Picker, S. 227, 241 ff.; *Schoppmeyer*, ZIP 2009, 600, 603 ff.
635 *Jacoby*, KTS 2009, 3, 14 ff.
636 *Jacoby*, KTS 2009, 3, 17.
637 *Schoppmeyer*, ZIP 2009, 600, 603
638 Für das Merkmal der Unlauterkeit sprechen sich *Foerste*, NZI 2006, 6, 8 und *Lind*, Zur Auslegung von § 133 InsO, S. 114 aus.
639 *Kirchhof*, in: Festschrift Fischer, S. 284, 291.

Rechtsbegriffe bedürfen der Ausfüllung durch das Gericht und bewirken daher für alle Beteiligten große Unklarheit. Das gilt umso mehr bei einem Rechtsinstitut, dessen Wertungen für Außenstehende nur schwer nachvollziehbar sind.[640] Das führt aber genau zu der Kritik, der sich der Begriff bereits zur Zeit der Konkursordnung erwehren musste; im Anfechtungsrecht war und ist sein Inhalt weitgehend ungeklärt.[641] Aus ähnlichen Erwägungen hat auch der Bundesgerichtshof den Begriff der Unlauterkeit bereits seit 1993, also noch unter der Konkursordnung, nicht mehr zur Abgrenzung verwendet.[642]

Die zuvor geäußerte Kritik wird auch anhand der weiteren Bestimmung des Begriffs durch *Lind* anschaulich. Zur inhaltlichen Bestimmung der Unlauterkeit zieht *Lind* die Regelung zur Bestätigung des Insolvenzplans heran, die nach § 250 Nr. 2 InsO zu versagen ist, wenn die Annahme des Plans unlauter herbeigeführt worden ist. Als unlauter wird dabei jedes Verhalten angesehen, das den Grundsatz von Treu und Glauben (§ 242 BGB) verletzt.[643] Die mit dem Gebot von Treu und Glauben in die Vorsatzanfechtung Einzug haltenden Wertungsfragen können aber nur von Experten des Anfechtungsrechts angemessen beurteilt werden. Insbesondere die Anfechtungsgegner werden daher große Schwierigkeiten haben, zu ihren Lasten getroffene Entscheidungen nachzuvollziehen.

aa. Der Wille des Gesetzgebers

Es wurden zwischenzeitlich sogar Anstrengungen unternommen, der Abkehr von der Unlauterkeit entgegenzuwirken und das Merkmal gesetzlich zu fixieren.[644] Im Jahr 2006 beschloss die Bundesregierung den „Entwurf eines Gesetzes zum Pfändungsschutz der Altersvorsorge und zur Anpassung des Rechts der Insolvenzanfechtung", dem vielfach nachgesagt wurde, dass er dem Drängen von Finanzverwaltung, Sozialversicherungsträgern und sonstigen öffentlichen Kassen entsprang, die Vorsatzanfechtung in ihrer Ausgestaltung durch die Rechtsprechung des IX. Zivilsenates des Bundesgerichthofs zu ihren Gunsten anzupassen.[645] Unter anderem wurde eine Änderung der Vorsatzanfechtung angestrengt.

---

640 *Jensen*, NZI 2011, 798, 801.

641 Noch zur Konkursordnung unternahm *Plander*, BB 1972, 1480 den Versuch, dem Begriff Inhalt zu geben.

642 *Kirchhof*, in: Festschrift Fischer, S. 284, 290 mit Verweis auf *RGZ* 74, 224, 225 ff.; *RG*, NJW 1912, 854 Nr. 5; 1914, 834, 835. Die mögliche Sittenwidrigkeit der Rechtshandlung habe mehrmals zu Abgrenzungsschwierigkeiten geführt.

643 *Sinz*, in: Münchener Kommentar, InsO, § 250 Rdnr. 22.

644 *Regierungsentwurf*, BT-Drucksache 16/886, S. 5.

645 *Huber*, ZIP 2007, 501, 503; *Bork*, ZIP 2008, 1041, 1042. *Uhlenbruck*, ZInsO 2005, 505.

Kongruente Deckungen sollten nur noch nach § 133 Abs. 1 InsO angefochten werden können, wenn dem Schuldner ein unlauteres Verhalten nachgewiesen werden konnte, zudem sollten sie von der Vermutung in § 133 Abs. 1 S. 2 InsO ausgenommen werden.[646] Nachdem der Bundesrat schon zuvor in seiner Stellungnahme an der Änderung von § 133 Abs. 1 InsO erhebliche Bedenken angemeldet hatte[647] und der Gesetzesentwurf auch bei der späteren Sachverständigenanhörung vor dem Rechtsausschusses des Deutschen Bundestages keine Zustimmung fand (mit einer Ausnahme),[648] wurde neben der Änderung von § 133 Abs. 1 InsO auch fast alle anderen Neuerungen der Insolvenzordnung gestrichen und lediglich ein „Gesetz zum Pfändungsschutz der Altersvorsorge" verabschiedet. Begründet wurde die Kürzung der Reform im Vergleich zu der differenzierten Stellungnahme des Bundesrates und den ausführlichen Sachverständigengutachten nur kurz damit, dass die entfallenen Änderungen der Insolvenzordnung nicht mit dem Grundsatz der Gläubigergleichbehandlung vereinbar seien.[649]

Dem Gesetzgebungsverfahren kann somit entnommen werden, dass der Gesetzgeber dem Merkmal der Unlauterkeit in § 133 InsO eine Absage erteilt und damit die Möglichkeit verbaut hat, es in den Tatbestand der Vorsatzanfechtung hineinzulesen.

bb. Der Weg der Unlauterkeit ins Anfechtungsrecht

Ein Indiz zur Beantwortung der Frage, warum der Rechtsbegriff überhaupt seinen Weg in das Anfechtungsrecht gefunden hat, könnte sich aus einem Rückblick auf die allgemeine Vorsatzdogmatik zur Zeit des Inkrafttretens der Konkursordnung ergeben. Hierfür ist ein Blick auf das Strafrecht erforderlich, wurden wissenschaftliche Fortschritte bei der Vorsatzdogmatik doch vor allem dort erzielt. Gerade erst war mit dem Reichsstrafgesetzbuch von 1871 der Grundstein für das heute geltende Strafgesetzbuch gelegt worden. Die Entwicklung der Vorsatzdogmatik war weder in dem Gesetz noch in der Lehre weit vorangekommen, was dem Zustand grundlegender Erkenntnisse zur allgemeinen Verbrechenslehre entsprach.[650] Das gilt auch für die heute anerkannte Einteilung der verschiedenen Vorsatzformen in Absicht, direkten und bedingten Vorsatz, die erst um die Jahr-

646 Regierungsentwurf, BT-Drucksache 16/886, S. 5.

647 Stellungnahme des Bundesrates, BRat-Drucksache 618/05, S. 7, wobei diese Stellungnahme noch den wortgleichen Gesetzesentwurf der Bundesregierung der vorherigen – also der 15. – Wahlperiode betraf.

648 Vgl. *Huber*, ZIP 2007, 501, 505 f.

649 Beschlussempfehlung des Rechtsausschusses, BT-Drucksache 16/4844, S. 11.

650 Vgl. *Roxin*, Strafrecht AT I, § 4 Rdnr. 1.

hundertwende herausgearbeitet wurden.[651] Der Begriff der Absicht wurde im Reichsstrafgesetzbuch von 1871 noch in verschiedenen Variationen verwendet. Häufig wurde er gleichgesetzt mit dem Begriff des Vorsatzes, an anderer Stelle entsprach seine Bedeutung unserem heutigen Verständnis.[652] Dass sich die Dogmatik der Absicht zu dieser Zeit noch in ihren Anfängen befand, wird besonders deutlich anhand der Ausführungen *Bindings*, der sie als etwas vom Vorsatz verschiedenes bezeichnet. Sie sei nichts anderes als ein Symptom zur Bemessung des Strafgehalts der Delikte.[653] Mit diesem Wissen zeigen sich die Umschreibungen der Gläubigerbenachteiligungsabsicht in den Materialien zur Konkursordnung in einem anderen Licht. Es liegt die Annahme nahe, dass die Beschreibung der Absicht als „betrügerisch“[654] oder „fraudulös“[655] eine Folge der Ungenauigkeit des Reichsstrafgesetzbuches ist, das die Auslegung dieses Merkmals wohl maßgebend beeinflusst hat.[656] Mit dem Wissen um die vielfältigen Bedeutungen des Begriffs im Reichstrafgesetzbuch war der Gesetzgeber zu einer näheren Umschreibung gezwungen, um deutlich zu machen, wie er den Begriff verstand. Nachdem inzwischen aber seit fast 100 Jahren eine gefestigte Einteilung und Abstufung des Vorsatzes existiert und die Begrifflichkeiten weitestgehend als geklärt angesehen werden können, ist eine derartiges Umschreiben des Vorsatzes heute nicht mehr notwendig. Vielmehr spricht einiges für eine Orientierung an der heute etablierten Vorsatzdogmatik, soweit man eine Begrenzung von § 133 Abs. 1 InsO für erforderlich hält.

Unabhängig davon, ob man einem solchen Verständnis der Motive zur Konkursordnung folgen möchte oder man sich auf deren Wortlaut bezieht, nach dem Grundlage des Anfechtungsrechts der Betrug ist,[657] kann auf dahingehende Aussagen der Konkursordnung heute ohnehin nicht mehr zurückgegriffen werden. Für die Auslegung der Insolvenzordnung ist ihre Begründung maßgebend, die

651 Vgl. *v. Liszt*, Strafrecht[9], § 39 S. 166 ff.

652 *v. Liszt*, Reichsstrafrecht, § 28 S. 111 f.

653 *Binding*, Die Normen, S. 599 f. Überbleibsel der oben dargestellten Ungenauigkeiten sind auch heute noch in den §§ 164, 274 StGB zu finden, bei denen nach herrschender Meinung trotz der nach dem Wortlaut erforderlichen Absicht beide Formen des *dolus directus* ausreichen. Vgl. *Lenckner/Bosch*, in: Schönke/Schröder, StGB, § 164 Rdnr. 32 und *Cramer/Heine*, in: Schönke/Schröder, StGB, § 274 Rdnr. 15

654 Begründung des RegE, in: *Hahn*, Reichsjustizgesetze, Vierter Band, S. 138.

655 Begründung des RegE, in: *Hahn*, Reichsjustizgesetze, Vierter Band, S. 139.

656 Es ist nicht ersichtlich, in welchem Bereich der Rechtswissenschaften eine annähernd umfassende Auseinandersetzung mit fremdpsychischen Tatbestandsmerkmalen erforderlich gewesen sein sollte wie im Strafrecht.

657 Begründung des RegE, in: *Hahn*, Reichsjustizgesetze, Vierter Band, S. 138.

Konkursordnung ist Rechtsgeschichte und liefert lediglich Anhaltspunkte. Der Regierungsentwurf einer Insolvenzordnung wollte mit der Einführung der Vorsatzanfechtung zwar keine Änderung der geltenden Rechtslage, damit war aber der Entwicklungstand gemeint, den die Absichtsanfechtung durch die Rechtsprechung erreicht hatte.[658] Dagegen wurde im Vergleich zur Absichtsanfechtung der Motive zur Konkursordnung eine Änderung angestrebt. Das ist schon daraus ersichtlich, dass inzwischen auch der Gesetztestext bedingten Vorsatz als ausreichend ansieht.

cc. Ziele der Insolvenzrechtreform von 1999

Erklärte Ziele der Insolvenzrechtsreform von 1999 waren, Insolvenzprivilegien zu beseitigen und in Zahlungsschwierigkeiten befindliche Schuldner schneller dazu zu bringen, einen Insolvenzantrag zu stellen.[659] Hierbei handelt es sich um zwei Korrekturen, die erheblich zur Bekämpfung der chronischen Massearmut von Konkursverfahren nach der Konkursordnung beigetragen haben und dementsprechend durchweg positiv bewertet werden.[660] Gerade an den geplanten Änderungen des Insolvenzanfechtungsrechts durch den „Entwurf eines Gesetzes zum Pfändungsschutz der Altersvorsorge und zur Anpassung des Rechts der Insolvenzanfechtung" wurde aber von nahezu allen Sachverständigen kritisiert, dass sie diesen Leitgedanken der Insolvenzrechtsreform zuwiderliefen. Sie hätten eine systemwidrige Bevorzugung gesetzlicher Gläubiger bewirkt und die Gefahr verstärkt, dass diese Gläubiger nicht rechtzeitig von ihrem Antragsrecht Gebrauch machen.[661]

Im Schwerpunkt geht es dabei um die vielfach gemachte Beobachtung, dass gerade öffentliche Gläubiger es versäumen, rechtzeitig einen Insolvenzantrag zu stellen und stattdessen, auch bei Kenntnis der wirtschaftlichen Schwierigkeiten ihres Schuldners, schnellstmöglich ihre Forderungen durchsetzen, um nicht lediglich quotal befriedigt zu werden.[662] Öffentliche Gläubiger sind hier in zweierlei Hinsicht im Vorteil: Sie haben aufgrund zahlreicher Nachweispflichten des Schuldners häufig einen besseren Einblick in das jeweilige Unternehmen und können daher eine aufkommende Krise schneller erkennen als andere Gläubiger. Zudem können sie aufgrund selbst geschaffener Titel schneller auf das Vermögen

---

658 *Regierungsentwurf*, BT-Drucksache 12/2443, S. 160.

659 Regierungsentwurf, BT-Drucksache 12/2443, S. 80 f.

660 *Bork*, ZIP 2008, 1041; *Uhlenbruck*, ZInsO 2005, 505, 516.

661 Stellungnahme des Bundesrates, BRat-Drucksache 618/05, S. 7.

662 Vgl. Stellungnahme des Bundesrates, BRat-Drucksache 618/05, S. 7.

des Schuldners zugreifen.[663] Die mit dem zusätzlichen Merkmal der Unlauterkeit einhergehende empfindliche Beschränkung der Vorsatzanfechtung würde daher gerade dieser Gläubigergruppe zu Gute kommen, da bessere Information und schnellerer Zugriff ihnen nicht selten eine Befriedigung vor der Krise ermöglichen wird. Den Vorwurf der Unlauterkeit werden sie sich dabei kaum gefallen lassen müssen.

Damit würde eine Begrenzung des Vorsatzanfechtungstatbestandes über das ungeschriebene Merkmal der Unlauterkeit den Zielen der Insolvenzrechtsreform von 1999 entgegenwirken. Als Teil einer die gleichmäßige Befriedigung der Gläubiger bezweckenden Insolvenzordnung muss sich auch die Vorsatzanfechtung diesem Ziel unterordnen und kann ihm nicht als Fremdkörper entgegenwirken. Es geht nicht darum, ob § 133 InsO auf diesem Grundsatz beruht oder bei seiner Verwirklichung hilft, sondern darum, dass sein Tatbestand nicht verändert wird, um bestimmte Gläubigergruppen zu bevorzugen, und er so dazu beiträgt, zuvor abgeschaffte Insolvenzprivilegien in anderer Gestalt wieder einzuführen.

dd. Wortlaut § 133 Abs. 1 InsO

Nachdem gezeigt wurde, dass das Merkmal der Unlauterkeit inhaltlich nicht zu überzeugen vermag, dass es große Rechtsunsicherheit bewirkt, einzelne Gläubigergruppen bevorteilt und zudem der Wille des Gesetzgebers einer solchen Auslegung der Vorsatzanfechtung entgegensteht, wird gegen eine entsprechende Auslegung von § 133 Abs. 1 InsO auch noch mithilfe dessen Wortlaut argumentiert. Anders als es der Bundesgerichtshof macht, wird hier aber nicht auf die Änderung des subjektiven Tatbestandes von Absicht zu einfachem Vorsatz abgestellt;[664] schließlich war bereits zur Konkursordnung anerkannt, dass für die Absichtsanfechtung nach § 31 KO bedingter Vorsatz ausreicht.[665] Entscheidend ist, dass der Wortlaut nicht zwischen kongruenten und inkongruenten Deckungen unterscheidet und das, obwohl dem Gesetzgeber beide Arten der Deckung schon seit über 100 Jahren bekannt waren. Folglich muss im Rahmen der Vorsatzanfechtung aber auch kein zusätzliches Tatbestandsmerkmal vorliegen, wenn eine kongruente Deckung angefochten wird. Die tatbestandlichen Voraussetzungen

---

663 Zumal Rechtsbehelfe gegen diese Bescheide häufig keine aufschiebende Wirkung haben, vgl. § 80 Abs. 2 Nr. 1 VwGO. Wobei bei der Zwangsvollstreckung in Ermangelung einer Rechtshandlung eine Anfechtung nach § 133 Abs. 1 InsO regelmäßig ausscheidet.

664 *BGH*, NZI 2003, 597, 598.

665 *BGH*, WM 1960, 546, 547; ZIP 1991, 807, 808; *Henckel*, in: Jaeger, KO^{9}, § 31 Rdnr. 9 und 10. *Uhlenbruck*, in: Kuhn/Uhlenbruck, KO, § 31 Rdnr. 71

bleiben unabhängig davon gleich, ob eine kongruente oder eine inkongruente Deckung angefochten wird. Damit kann als Ergebnis festgehalten werden, dass eine Begrenzung der Anfechtung von Bardeckungen nach § 133 Abs. 1 InsO durch das ungeschriebene Tatbestandsmerkmal eines unlauteren Handeln des Schuldners nicht zu überzeugen vermag und *de lege lata* auch nicht möglich ist.

b. Sozial inadäquates Verhalten

Bork kommt mit der von ihm vorgeschlagenen teleologischen Perspektive bei der Beweiswürdigung zu überzeugenden Ergebnissen bei der Abgrenzung zwischen dem Beweisanzeichen der Zahlungsunfähigkeit und der drohenden Zahlungsunfähigkeit. Nur die Zahlungsunfähigkeit soll auf den Vorsatz des Schuldners hinweisen, dagegen verhalte sich der Schuldner nicht sozial inadäquat, wenn er einen Gläubiger in Kenntnis seiner drohenden Zahlungsunfähigkeit befriedige. Diese Wertung erzielt *Bork* anhand der für juristische Personen bestehenden Insolvenzantragspflicht nach § 15a InsO.[666]

Bei einem Rückgriff auf § 15a InsO müssen dessen Wertungen aber auch vollumfänglich berücksichtigt werden. Auch einer juristischen Person kann man nicht den Vorwurf machen, sich durch Deckungsgeschäfte sozial inadäquat zu verhalten, solange die in § 15a Abs. 1 S. 1 InsO gewährte Frist nicht abgelaufen ist. Nach § 15a Abs. 1 S. 1 InsO ist der Insolvenzantrag ohne schuldhaftes Zögern, spätestens aber drei Wochen nach Eintritt des Insolvenzgrundes zu stellen. Bei der Frist handelt es sich also um eine Höchstfrist; wenn sich herausstellt, dass eine Sanierung nicht mehr erreicht werden kann, muss der Antrag bereits früher gestellt werden.[667] In konsequenter Anwendung des § 15a Abs. S. 1 InsO müsste vor Ablauf der drei Wochen also überprüft werden, ob noch realistische Aussichten bestanden, die Zahlungsunfähigkeit zu beseitigen und ob der Schuldner sich dieser Möglichkeiten auch bewusst war. Einen sicheren Hinweis auf den Benachteiligungsvorsatz gibt es also erst nach Ablauf der drei Wochen.

Dann stellt sich aber weiter die Frage, ab wann die Zahlungsunfähigkeit bei Personen, die nicht der Pflicht des § 15a Abs. 1 S. 1 InsO unterliegen, einen Hinweis auf den Gläubigerbenachteiligungsvorsatz gewährt. *Bork* bestimmt diesen Zeitpunkt mit dem Eintritt der Zahlungsunfähigkeit.[668] Unter Berücksichtigung des zuvor Gesagten führt das dazu, dass die Anfechtung bei Personen, die nicht

---

666 *Bork*, ZIP 2014, 797. 807.

667 *Schmerbach*, in: Frankfurter Kommentar, InsO, § 15a Rdnr. 27; *K. Schmidt/Herchen*, in: K. Schmidt, InsO, § 15a Rdnr 31.

668 *Bork*, ZIP 2014, 797, 807.

der Antragspflicht des § 15a InsO unterliegen, regelmäßig früher möglich ist, als dies bei juristischen Personen der Fall ist. Die Wertung des § 15a InsO, dass nur juristische Personen antragspflichtig sind, bliebe im Rahmen der Vorsatzanfechtung nicht nur unberücksichtigt; sie würde sogar insoweit ins Gegenteil verkehrt, als sich nicht antragspflichtige Personen regelmäßig früher sozial inadäquat verhielten als juristische Personen.

c. *Ausweitung des Vertrauensschutzes*

Auch dem von *Jacoby* gemachten Vorschlag zur Begrenzung des Vorsatzanfechtungstatbestandes kann nicht gefolgt werden. Dieser möchte den Anwendungsbereich der Vorsatzanfechtung begrenzen, wenn der Anfechtungsgegner in schutzwürdiger Weise auf die Beständigkeit des schuldnerischen Verhaltens vertrauen durfte.[669] Die Weite des Vorsatzanfechtungstatbestandes ist jedoch das Resultat der Kombination aus einem weiten objektiven Tatbestand und einem weiten bedingten Vorsatz. Dann sollte eine angestrebte Begrenzung des Tatbestandes auch an dieser Stelle erfolgen. Das gilt umso mehr, als die Kenntnis des Anfechtungsgegners dem Vertrauensschutz dient. Es erscheint wenig zielführend, einen weiten Tatbestand, dem aufgrund dieser Weite vielfach bescheinigt wird, das systematische Gefüge der Insolvenzanfechtungstatbestände zu stören, auf der Seite des Vertrauensschutzes zu begrenzen. Vielmehr sollte man die Ursache des Problems angehen und § 133 InsO an der Stelle begrenzen, an der Wertung des Gesetzgebers zum Ausdruck kommt, beim Benachteiligungsvorsatz des Schuldners.[670]

Bei der Anwendung der Vorsatzanfechtung differenziert *Jacoby* danach, ob der Schuldner materiell insolvent ist und damit bereits der Gläubigergleichbehandlungsgrundsatz gelte. Es wurde aber bereits oben dargelegt, dass der Gläubigergleichbehandlungsgrundsatz vor Eröffnung des Insolvenzverfahrens nur dort gilt, wo er normiert ist.[671] Gezeigt wurde auch, dass die Vorsatzanfechtung gerade nicht die Gleichbehandlung der Gläubiger bezweckt.[672] Dann kann aber auch die Anfechtung im Rahmen des § 133 InsO nicht allein davon abhängig gemacht werden, ob der Schuldner materiell insolvent ist. Eine solche Sichtweise würde die §§ 130, 131 InsO weitgehend überflüssig machen, schließlich will *Jacoby* bei der Anfechtung von Deckungen auch nicht danach unterscheiden, ob die Deckung kongruent oder inkongruent ist.[673]

---

669 *Jacoby*, KTS 2009, 3, 17 und oben S. 136.
670 Vgl. *Schoppmeyer*, ZIP 2009, 600, 603.
671 Vgl. oben S. 59.
672 Vgl. oben S. 58 ff.
673 *Jacoby*, KTS 2009, 3, 16.

d. Keine vorsätzliche Beeinträchtigung der Befriedigungschance

Nach *Schoppmeyer* wird die gleiche Befriedigungschance der Gläubiger durch kongruente Deckungen erst beeinträchtigt, wenn sich die Vermögenslage des Schuldners über die Zahlungsunfähigkeit hinaus soweit verschlechtert hat, dass die Gläubiger keine realistische Zugriffs- und Befriedigungswahrscheinlichkeit mehr haben.[674] Die durch den Eintritt der Zahlungsunfähigkeit eingetretene Verschlechterung der Befriedigungschance könne wegen der Sperrwirkung des § 130 InsO bei der Beweiswürdigung dagegen nicht berücksichtigt werden.[675] Eine Sperrwirkung der Vorschriften der besonderen Insolvenzanfechtung auf den Vorsatzanfechtungstatbestand wird hier nicht gesehen.[676] Bereits der Eintritt der Zahlungsunfähigkeit weist aber auf eine derart verschlechterte Vermögenslage des Schuldners hin, dass zunächst einmal ein Indiz dafür besteht, dass ab jetzt jede weitere Befriedigungshandlung eines einzelnen Gläubigers aus der zur Verfügung stehenden Haftungsmasse die Chancengleichheit der übrigen Gläubiger beeinträchtigt.[677] Eine weitere Verschlechterung der Vermögenslage des Schuldners führt dann nur noch dazu, dass sich die Befriedigungschance der Gläubiger gleichmäßig verschlechtert. Der Zeitpunkt, ab dem Deckungshandlungen die Gleichheit der Befriedigungschance der Gläubiger verschlechtern, liegt also nicht erst vor, wenn die Vermögenslage eine Befriedigung der übrigen Gläubiger nicht mehr zulässt, sondern ab Eintritt der Zahlungsunfähigkeit.[678]

III. Zusammenfassung

Weder das Tatbestandsmerkmal der Unlauterkeit noch das eines betrügerischen Vorgehens oder eines sozial inadäquaten Verhaltens des Schuldners kann in den Vorsatzanfechtungstatbestand hineingelesen werden. Auch eine normative Begrenzung anhand des Zwecks der Beeinträchtigung von Befriedigungschancen vermag nicht präzise Grenzen zu ziehen. Abzulehnen ist die Auffassung *Jacobys*, nach der eine Anfechtung nach § 133 Abs. 1 InsO dann ausscheiden muss, wenn das Vertrauen des Anfechtungsgegners in den Bestand der Rechtshandlung trotz seiner Kenntnis von dem Vorsatz des Schuldners schutzwürdig ist. Meinungsübergreifend bestehen Schwierigkeiten, dem Tatbestand der Vorsatzanfechtung

674 *Schoppmeyer*, ZIP 2009, 600, 607 f.
675 *Schoppmeyer*, ZIP 2009, 600, 607.
676 Siehe S. 139.
677 *Schwartz*, Vorsatzanfechtung, S. 28 f.
678 So schon *Ganter*, WM 2009, 1441, 1446 f.

anhand einer normativen Auslegung greifbare Konturen zu verleihen. Die geplante Reform des Insolvenzanfechtungsrechts im Jahre 2006 ist in der Literatur überwiegend kritisiert worden.[679] Die damals vorgebrachten Bedenken sollten auch bei einer Anpassung der Vorsatzanfechtung im Auge behalten werden. So hat das Anfechtungsrecht in der Gestalt, die es durch die Insolvenzrechtsreform von 1999 bekommen hat, erheblich zur Erfüllung der Ordnungsfunktion des Insolvenzrechts beigetragen.[680] Auch das neue Anfechtungsrecht hat geholfen, die Zahl der Verfahrenseröffnungen zu steigern. Es trägt dazu bei, dass Insolvenzanträge früher gestellt werden und damit regelmäßig auch zu einer Vergrößerung der zur Verteilung an die Gläubiger zur Verfügung stehenden Masse.[681]

679 *Huber*, ZIP 2007, 501, 503; *Bork*, ZIP 2008, 1041, 1042; *Uhlenbruck*, ZInsO 2005, 505, 516.

680 *Bork*, ZIP 2008, 1041.

681 *Bork*, ZIP 2008 1041.

Viertes Kapitel: Vorsatzanfechtung bei fehlgeschlagener Sanierung

Die Anfechtung von Rechtshandlungen im Rahmen von Sanierungsbemühungen nach § 133 InsO setzt voraus, dass ein Insolvenzverfahren nicht verhindert werden konnte, die Sanierung also nicht erfolgreich verlaufen ist.[682] Denkbar sind hier verschiedene Konstellationen. Zum einen waren bereits Zahlungen an Gläubiger Gegenstand höchstrichterlicher Rechtsprechung, die aufgrund eines Sanierungsvergleichs erbracht wurden.[683] Zum anderen stellte sich auch bei für Sanierungsdarlehen gewährten Sicherheiten die Frage, ob diese anfechtungsfest gewährt wurden.[684] Aber auch bei der Vergütung von Sanierungsberatern besteht häufig die Gefahr einer Anfechtung nach § 133 InsO.[685] Regelmäßig ist die bereits eingetretene wirtschaftliche Schieflage einer Sanierung immanent. In den vorgenannten Konstellationen besteht die erhöhte Wahrscheinlichkeit eines zumindest drohend zahlungsunfähigen Schuldners, womit die subjektiven Tatbestandsmerkmale der Vorsatzanfechtung nach der Rechtsprechung des Bundesgerichtshofs indiziert sind.[686] Wird die vom Schuldner angestrebte Sanierung aber ernsthaft und redlich betrieben, muss es möglich sein, die für die Sanierung erforderlichen Deckungen anfechtungsfest vorzunehmen. Sonst besteht die Gefahr, dass Gläubiger einem Sanierungsvergleich nicht zustimmen, Banken keine Sanierungskredite mehr gewähren und Sanierungsberater nicht mehr tätig werden können.

I. Meinungsstand

Im Ergebnis ist man sich einig, dass Gläubiger, Banken und Sanierungsberater nicht aufgrund des Vorsatzanfechtungstatbestandes davon abgehalten werde dürfen, einen Beitrag zu einem ernsthaften und redlichen Sanierungsversuch zu leisten.[687] Erneut hängt es am subjektiven Tatbestand des § 133 InsO, ob eine Anfechtung trotz des Versuches einer Sanierung möglich bleibt.

---

682 *Ganter*, WM 2009, 1441, 1447.

683 *BGH*, NZI 2012, 142, 143.

684 *BGH*, NJW-RR 1993, 238, 242.

685 Vgl. *BGHZ* 167, 190.

686 Vgl. S. 114.

687 *Kayser*, in: Münchener Kommentar, InsO, § 133 Rdnr. 37; *de Bra*, in: Braun, InsO, § 133 Rdnr. 14; *Nerlich*, in: Nerlich/Römermann, InsO, § 133 Rdnr. 27 f.; *Jacoby*, KTS 2009, 3, 17; *Ganter*, WM 2009, 1441, 1451.

1. Rechtsprechung

Bereits unter der Konkursordnung hatte der Bundesgerichtshof sich mit der Frage auseinandergesetzt, ob Sanierungsbemühungen des Schuldners als Beweisanzeichen gegen die in § 31 Nr. 1 KO vorausgesetzte Gläubigerbenachteiligungsabsicht gewertet werden können.[688] Im Jahr 1992 entschied der IX. Zivilsenat über die Anfechtbarkeit einer inkongruenten Sicherungsübereignung.[689] Trotz einer inkongruenten Deckung könne der Schuldner von einem anderen, anfechtungsrechtlich unbedenklichen Willen geleitet gewesen sein, wenn die Gewährung der inkongruenten Sicherung den Bestandteil eines ernsthaften, letztlich aber fehlgeschlagenen Sanierungsversuchs bildete. Die Hoffnung des Schuldners, auf diese Weise sein Unternehmen retten zu können, genüge allerdings nicht, wenn die dazu erforderlichen Bemühungen über die Entwicklung von Plänen und die Erörterung von Hilfsmöglichkeiten nicht hinausgekommen sind. Zu fordern sei vielmehr ein in sich schlüssiges Konzept, das jedenfalls in den Anfängen schon in die Tat umgesetzt ist und infolgedessen auf der Seite des Gemeinschuldners zur Zeit der angefochtenen Rechtshandlung die ernsthafte und begründete Aussicht auf Erfolg rechtfertigt.[690]

Genauere Ausführungen zu dem Inhalt eines solchen Sanierungskonzeptes finden sich in einem späteren Urteil, das wiederum die Anfechtung einer inkongruenten Sicherungsübereignung zum Gegenstand hatte.[691] Danach könne ein ernsthafter Sanierungsversuch sogar eine unmittelbare Gläubigerbenachteiligung *objektiv* ausschließen, auch wenn der Sanierungsversuch letztlich scheitere.[692] Ein derartiger Sanierungsversuch setze ein in sich schlüssiges Konzept voraus, das von den erkannten und erkennbaren tatsächlichen Gegebenheiten ausgeht und nicht offensichtlich undurchführbar ist. Sowohl für die Frage der Erkennbarkeit der Ausgangslage als auch für die Prognose der Durchführbarkeit sei auf die Beurteilung eines unvoreingenommenen, nicht notwendigerweise unbeteiligten, branchenkundigen Fachmanns abzustellen, dem die vorgeschriebenen oder üblichen Buchhaltungsunterlagen zeitnah vorliegen. Eine solche Prüfung müsse die wirtschaftliche Lage des Schuldners im Rahmen seiner Wirtschafts-

---

688 *BGH*, ZIP 1984, 372, 580.

689 *BGH*, NJW-RR 1993, 238.

690 *BGH*, NJW-RR 1993, 238, 241.

691 *BGH*, NJW 1998, 1561.

692 Zutreffend geht der *Bundesgerichtshof* heute davon aus, dass in aller Regel eine mittelbare Benachteiligung der Gläubiger zum Zeitpunkt der letzten mündlichen Tatsachenverhandlung vorliegt, weil der Masse die weggegebenen liquiden Mittel nicht mehr zur Verfügung stehen, vgl. *BGH*, NJW-RR 2012, 1513, 1514.

branche analysieren und die Krisenursachen sowie die Vermögens-, Ertrags- und Finanzlage erfassen.[693]

Eine derartige Qualität eines Sanierungsversuches hat der IX. Zivilsenat für den Ausschluss der subjektiven Anfechtungsvoraussetzungen des Absichtsanfechtungstatbestandes der Konkursordnung nicht verlangt. Die subjektiven Tatbestandsmerkmale dürften nicht schon deswegen bejaht werden, weil ein Sanierungsversuch objektiv nicht hinreichend fachgerecht vorbereitet wurde. Schließlich sei ein fahrlässiges Verhalten des Schuldners für eine Anfechtung nach § 31 Nr. 1 KO nicht ausreichend. Beteiligte, die ernsthaft und mit aus ihrer Sicht tauglichen Mitteln die Sanierung anstrebten, handelten subjektiv redlich und wollten typischerweise den Eintritt der Gläubigerbenachteiligung gerade vermeiden, würden sie also nicht in Kauf nehmen. Die fachgerechte Einleitung des Versuches könne allerdings Rückschlüsse auf dessen Ernsthaftigkeit zulassen.[694]

In der Rechtsprechung zur Insolvenzordnung wird an dem zuvor Dargestellten festgehalten. Die Anforderungen an ein den Gläubigeberbenachteiligungsvorsatz ausschließendes Sanierungskonzept werden weiter präzisiert. Zunächst wurden im Jahr 2004 Anforderungen an den mit dem Sanierungskonzept zu verfolgende Zweck aufgestellt, der zum Zeitpunkt der angefochtenen Rechtshandlung nicht bereits unerreichbar geworden sein dürfe.[695]

In einem Urteil aus dem Jahr 2011 werden die Voraussetzungen eines den subjektiven Tatbestand ausschließenden Sanierungskonzeptes konkretisiert.[696] Erforderlich ist es danach nicht, dass das Konzept sämtliche Gläubiger einbezieht. Es genüge, wenn es sich auf einen Teil der Gläubiger erstrecke. Dem Schuldner müsse es aufgrund der Realisierung des Sanierungskonzeptes aber ermöglicht werden, seine übrigen Gläubiger vollständig zu befriedigen.[697]

Etwas später führte der Bundesgerichtshof zu den Anforderungen eines Sanierungskonzeptes aus, dass dieses einen Plan zur Bereinigung sämtlicher Verbindlichkeiten des Schuldners beinhalten und dazu geeignet sein müsse, die wirtschaftliche Lage des Schuldners dauerhaft zu stabilisieren.[698]

---

693 *BGH*, NJW 1998, 1561, 1563 f. Ein Sanierungskonzept ist nicht allein deshalb ungeeignet, weil es Annahmen über zukünftige Entwicklungen trifft, die mit gewissen Ungewissheiten verbunden sind; *BGH*, NJW-RR 1993, 238, 241.

694 *BGH*, NJW 1998, 1561, 1564.

695 *BGH*, BeckRS 2004, 10518.

696 *BGH*, NZI 2012, 142.

697 *BGH*, NZI 2012, 142, 143.

698 *BGH*, NZI 2013, 500, 501. Erwähnenswert sind auch die Urteile des *LG Würzburg*, ZInsO 2014, 564, 566 sowie des *LG Berlin*, ZIP 2014, 1688, 1689, nach denen eine

2. Literatur

Die Literatur befürwortet einen Ausschluss der subjektiven Merkmale der Vorsatzanfechtung bei Vorliegen eines ernsthaften und redlichen Sanierungsversuches.[699]

Auch *Jacoby* möchte nicht, dass ernsthafte Sanierungsversuche der Gefahr der Vorsatzanfechtung unterliegen.[700] Aufgrund der Weite des bedingten Vorsatzes ist er unter den geschriebenen Voraussetzungen aber skeptisch. In der Sanierungsberatung stelle sich regelmäßig die Frage einer Anfechtung nach § 133 InsO. Aufgrund der eingetretenen Insolvenz sei der Wert der Beratung in der Masse nicht mehr vorhanden, mithin die Insolvenzgläubiger mittelbar benachteiligt. Der Schuldner werde sich nun kaum darauf berufen können, auf den Erfolg der Beratung vertraut zu haben. Dieser Erfolg sei eben unsicher und das wisse auch der Berater. Ähnliches gelte bei der Kreditbesicherung. Auch hier stelle sich die Frage, ob der Schuldner tatsächlich darauf vertraut habe, dass es nicht zu der Eröffnung eines Insolvenzverfahrens kommen werde.[701] *Jacoby* schlägt daher vor, in beiden Fällen eine Anfechtung nach § 133 InsO auszuschließen, wenn das jeweilige Rechtsgeschäft *„wegen seiner Chancen als im Interesse der Gläubigergesamtheit billigenswert"* erscheine.[702]

Thole ist mit der Rechtsprechung zu Sanierungsversuchen im Grundsatz einverstanden.[703] Er kritisiert aber die an das Sanierungskonzept gestellte Anforderung, dass das Konzept zumindest in Anfängen bereits in die Tat umgesetzt sein muss. Im Rahmen der Sanierung tätige Personen, die ihren Beitrag vor dem Vollzug des Sanierungskonzeptes erbringen, würden dadurch diskriminiert, da diese ihr Honorar nach der Rechtsprechung erst im Umsetzungsstadium einfordern könnten. Außerdem würde die Frage, ob ein Sanierungskonzept bereits in den Anfängen umgesetzt sei, Abgrenzungsschwierigkeiten verursachen.[704] Auf das Kriterium der bereits begonnenen Umsetzung solle daher besser verzichtet werden.[705]

Anfechtung in Fällen anwaltlicher Beratung im Rahmen der Insolvenzantragstellung oder einer wirtschaftlichen Krise grundsätzlich ausscheidet.

699 *Kayser*, in: Münchener Kommentar, InsO, § 133 Rdnr. 37; *de Bra*, in: Braun, InsO, § 133 Rdnr. 14; *Nerlich*, in: Nerlich/Römermann, InsO, § 133 Rdnr. 27 f.; *Ganter*, WM 2009, 1441, 1451.

700 *Jacoby*, KTS 2009, 3, 7.

701 *Jacoby*, KTS 2009, 3, 7.

702 *Jacoby*, KTS 2009, 3, 21.

703 *Thole*, ZIP 2013, 2081, 2087.

704 *Thole*, ZIP 2013, 2081, 2087; *Thole/Schmidberger* BB 2014, 3, 8.

705 *Thole*, ZIP 2015, 2145, 2149.

Ganter präzisiert die an ein den Gläubigerbenachteiligungsvorsatz ausschließendes Sanierungskonzept zu stellenden Anforderungen. Es müsse den Fortführungswillen des Schuldners bzw. seiner Organe erkennen lassen und eine Sanierung in überschaubarer Zeit anstreben.[706] Letzteres entnimmt er der Rechtsprechung des II. Zivilsenats zum Sanierungszweck im Sinne des § 32a Abs. 3 S. 2 GmbHG a. F., nach der die für eine Sanierung konkret in Angriff genommenen Maßnahmen zusammen objektiv geeignet sein müssen, die Gesellschaft in überschaubarer Zeit durchgreifend zu sanieren.[707] Für den dafür anzusetzenden Prognosezeitraum möchte er das aktuelle und das darauf folgende Geschäftsjahr in den Blick nehmen. Ein längerer Zeitraum müsse den Sanierungsberater überfordern.[708]

Nach *Ganter* stellten sich die von *Thole* geäußerten Bedenken, dass das Sanierungskonzept *„jedenfalls in den Anfängen schon in die Tat umgesetzt"*[709] sein müsse, nicht, wenn die angefochtene Leistung selbst Bestandteil des Sanierungskonzepts war. Schließlich sei dieses dann mit der Erbringung dieser Leistung „in den Anfängen schon in die Tat umgesetzt" worden. Im Übrigen werde man die jedenfalls in den Anfängen bereits bewirkte Umsetzung zwar nicht als unabdingbar, wohl aber als ein wichtiges Indiz sowohl für den ernsthaften Sanierungswillen als auch für die objektive Eignung des Sanierungskonzepts ansehen müssen.[710]

Auch *Kayser* nimmt dazu Stellung, ob das Sanierungskonzept bereits in den Anfängen in die Tat umgesetzt sein muss. Im Ergebnis findet er eine solche Voraussetzung für ein Sanierungskonzept zu eng. Der Ersteller des Konzepts müsse durch die ernsthaft versuchte Sanierung ebenso profitieren wie die anderen Gläubiger.[711]

II. Bewertung

Bereits in der Rechtsprechung zur Konkursordnung wies der Bundesgerichtshof darauf hin, dass es sich bei dem gewürdigten Sanierungskonzept lediglich um ein Indiz handelt, das gegen den Benachteiligungsvorsatz des Schuldners spricht,[712] ein Hinweis, der bei der Würdigung eines den Gläubigerbenachteiligungsvorsatz

706 *Ganter*, NZI 2014, 673, 678.
707 *Ganter*, NZI 2014, 673, 677 mit Verweis auf *BGHZ* 165, 106, 112.
708 *Ganter*, NZI 2014, 673, 678.
709 *BGH*, ZIP 1993, 276, 279.
710 *Ganter*, NZI 2014, 673, 678.
711 *Kayser*, WM 2013, 293, 299; *Kayser*, NJW 2014, 422, 428.
712 *BGH*, NJW 1998, 1561, 1564.

potentiell ausschließenden Sanierungskonzeptes nicht vergessen werden darf. Auch bei der Anfechtung von Rechtshandlungen im Rahmen von Sanierungsversuchen muss sauber zwischen den in § 133 InsO geforderten Voraussetzungen und der Würdigung der zum Nachweis dieser Voraussetzungen erbrachten Beweise unterschieden werden. Der für § 133 InsO erforderliche Gläubigerbenachteiligungsvorsatz des Schuldners wird bei der Anfechtung von Rechtshandlungen, die im Rahmen einer Sanierung erbracht wurde, regelmäßig die Frage aufwerfen, ob der Schuldner aufgrund der angestrebten Sanierung darauf vertraut hat, dass eine Benachteiligung der Gläubiger nicht eintreten werde. Der Glaube an ein Ausbleiben der Insolvenz kann durch die Vorlage eines überzeugenden Sanierungskonzeptes belegt werden. Ein überzeugendes Sanierungskonzept ist aber kein die Anwendung der Vorsatzanfechtung ausschließendes Tatbestandsmerkmal des § 133 InsO.

Es ist zu begrüßen, dass den Voraussetzungen an ein den Gläubigerbenachteiligungsvorsatz ausschließendes Sanierungskonzept in letzter Zeit sowohl in der Rechtsprechung als auch in der Literatur genauere Konturen verliehen wurden. Die damit gewonnene Rechtssicherheit hinsichtlich der Frage, ob und inwieweit eine Anfechtung nach § 133 Abs. 1 InsO zu befürchten ist, fördert die Möglichkeit einer Sanierung. Im Voraus an ein Sanierungskonzept gestellte Anforderungen dürfen aber nicht dazu führen, dass im Einzelfall nicht mehr überprüft wird, ob der Schuldner auch tatsächlich mit oder ohne Gläubigerbenachteiligungsvorsatz gehandelt hat. Der Schuldner kann trotz eines überzeugenden Sanierungsplans mit Gläubigerbenachteiligungsvorsatz gehandelt haben; er kann aber auch ohne ein Sanierungskonzept davon überzeugt gewesen sein, dass die finanzielle Lage sich bessern werde und eine Benachteiligung der Gläubiger daher vermieden werden könne. Gleiches gilt bei einem untauglichen Sanierungsversuch. Solange der Schuldner darauf vertraut hat, dass die Sanierung gelingen wird, hat er nicht mit Vorsatz gehandelt.[713] Der Nachweis wird ihm allerdings schwer fallen, da der Verdacht einer bloßen Schutzbehauptung häufig nahe liegen wird.

Insofern stellt sich die Frage, ob ein *„jedenfalls in den Anfängen schon in die Tat umgesetztes“*[714] Sanierungskonzept zwingend erforderlich ist, um darzulegen, dass der Schuldner davon ausgegangen ist, die Insolvenz noch abwenden zu können. Auch hier wird es eher darum gehen, ernsthafte Sanierungsversuche von bloßen Schutzbehauptungen des Schuldners abzugrenzen. Liegt ein Sanierungskonzept vor, kann der Schuldner auch bereits darauf vertrauen, dass seine Umsetzung zu

---

713 So auch *Ganter*, ZIP 2015, 1413, 1417 und *Thole*, ZIP 2015, 2145, 2151.

714 *BGH*, ZIP 1993, 276, 279.

einer Vermeidung der Insolvenz führen wird. Zudem wird sich die Umsetzung der Erstellung des Konzepts üblicherweise zeitnah anschließen. Die Möglichkeit, die Sanierungsmaßnahmen aufzuschieben, wird bei wirtschaftlich angeschlagenen Schuldnern in aller Regel nicht bestehen. Dem Ersteller des Sanierungskonzeptes ist damit aber nicht geholfen. Das Sanierungskonzept muss zwar nicht niedergeschrieben sein, damit Schuldner und Anfechtungsgegner darauf vertrauen können; es muss aber vollständig durchdacht sein und zu dem Ergebnis der Sanierungsfähigkeit kommen. Erst dann kann es Vertrauen in die Vermeidung der Insolvenz begründen. Gläubigerbenachteiligungsvorsatz und Kenntnis geben es dem Ersteller also tatsächlich auf, die Vergütung für das Konzept erst nach dessen (jedenfalls gedanklicher) Fertigstellung und Präsentation von dem Schuldner einzufordern.[715] Daneben bleibt die Möglichkeit, entsprechend der Rechtsprechung des Bundesgerichtshofs eine bargeschäftsähnliche Lage zu konstruieren und damit spätere Anfechtungsrisiken zu minimieren.[716]

Die übrigen in der Rechtsprechung an ein Sanierungskonzept gestellten Anforderungen überzeugen. Das liegt daran, dass sie die für die Bewertung des Vorliegens eines bedingten Vorsatzes relevanten Informationen abfragen. Sie zielen darauf ab, zu überprüfen, ob das vorgelegte Sanierungskonzept belegt, dass der Schuldner ernsthaft und redlich einen Weg aus der Krise gesucht hat und, trotz etwaiger Restzweifel, grundsätzlich davon überzeugt war, einen solchen Weg mit dem eingeschlagenen Sanierungsweg auch gefunden zu haben. Ein in sich schlüssiges Sanierungskonzept, das die Bereinigung sämtlicher Verbindlichkeiten des Schuldners vorsieht und seine dauerhafte wirtschaftliche Stabilisierung anstrebt, zeigt dies, wenn es von den erkannten und erkennbaren tatsächlichen Gegebenheiten ausgeht. Es muss sich insbesondere auf konkret benennbare, nachvollziehbare Umstände stützten, die wirtschaftliche Lage des Schuldners im Rahmen seiner Wirtschaftsbranche analysieren und die Krisenursachen sowie die Vermögens-, Ertrags- und Finanzlage erfassen. Auch darf es nicht offensichtlich undurchführbar sein und es muss ernsthaftes und begründetes Vertrauen des Schuldners in den Sanierungserfolg rechtfertigten. Zudem muss es von einem unvoreingenommen, branchenkundigen Fachmann stammen, dem die vorgeschriebenen oder üblichen Buchhaltungsunterlagen zeitnah vorlagen.[717] Bei

715 So auch *Kayser*, WM 2013, 293, 299, den dieses Ergebnis aber nicht zufriedenstellt.

716 Vgl. *BGHZ* 202, 59, 74 und unten S. 163 ff.

717 Eine nahezu übereinstimmende Zusammenfassung der in der Rechtsprechung gestellten Anforderungen an ein Sanierungskonzept findet sich bei *Ganter*, NZI 2014, 673, 678. Die dort zusätzlich enthaltenen Kritierien der Erkennbarkeit des *„Fortführungswillen*(s) *des Schuldners bzw. seiner Organe"* sowie der wirtschaftli-

Insolvenzen natürlicher Personen kann ein Schuldenberater die vorgenannten Kriterien erfüllen.

Wird ein solches Sanierungskonzept vorgelegt, besteht ein starkes Indiz dafür, dass der Schuldner darauf vertraut hat, dass eine Benachteiligung der Gläubiger aufgrund der Sanierung des Unternehmens nicht eintreten werde. Ein Gläubigerbenachteiligungsvorsatz wird damit in aller Regel ausgeschlossen sein. Auch ein Sanierungskonzept, das die Kriterien nicht erfüllt, kann in Einzelfällen aber belegen, dass der Schuldner auf das Ausbleiben des Benachteiligungserfolges vertraut hat.

Da der Gläubigerbenachteiligungsvorsatz aufgrund eines gut belegten Sanierungsvorhabens ausgeschlossen werden kann, ist die von *Jacoby* genannte erhebliche Beeinflussung von Sanierungsberatern und sanierungswilligen Banken durch die Vorsatzanfechtung weniger stark zu befürchten[718] – zumal ja auch die bereits erwähnte und nachfolgend diskutierte Möglichkeit der Konstruktion einer bargeschäftsähnlichen Lage zur Begrenzung von Anfechtungsrisiken besteht.[719] Zuzustimmen ist ihm insoweit, dass der Erfolg eines jeden Sanierungsvorhabens nicht sicher ist und die beteiligten Personen sich der fehlenden Sicherheit des Erfolgseintritts häufig bewusst sein werden.[720] Ein nach den Vorstellungen der Rechtsprechung durchgeführtes, ernsthaftes und redliches Sanierungsvorhaben kann belegen, dass der Schuldner auf den Erfolg vertraut und somit die Benachteiligung seiner Gläubiger nicht billigend in Kauf genommen hat.

Übertragbar ist das auf die Besicherung von Sanierungskrediten. Ein Vergleich zur Besicherung von Krediten, die an solvente Unternehmen, fern jeder wirtschaftlichen Krise ausgegeben werden, zeigt noch einmal deutlich, worauf es für die Beantwortung der Frage, ob der Schuldner mit bedingtem Benachteiligungsvorsatz gehandelt hat, ankommt. Auch ein solventer Schuldner, der eine Sicherheit für einen Kredit gewährt, wird häufig die Möglichkeit erkennen, dass im Falle seiner Insolvenz die Bestellung der Sicherheit für die übrigen Gläubiger weniger Haftungsmasse lässt, sie mithin benachteiligt. Solange ein Insolvenzverfahren aber noch weit entfernt ist, kann davon ausgegangen werden, dass auch der Schuldner davon ausgeht, seinen Kredit bedienen zu können. Der Schuldner wird nicht nur darauf vertrauen, sondern fest davon ausgehen, dass eine Benachteiligung der Gläubiger nicht eintreten wird. Dieses Vertrauen in die Vermeidung

---

chen Stabilisierung „*in überschauberer Zeit*" werden hier aber nicht als zusätzliche Kriterien genannt. Das ohnehin erforderliche plausible Sanierungsgutachten wird sie regelmäßig erfüllen.

718 Vgl. *Jacoby*, KTS 2009, 3, 17.

719 Siehe unten S. 163 ff.

720 Vgl. *Jacoby*, KTS 2009, 3, 7.

der Insolvenz lässt aber nach, wenn es dem Schuldner wirtschaftlich schlechter geht. Bei Sanierungskrediten ist es dann umgekehrt. Die wirtschaftliche Situation des Schuldners deutet darauf hin, dass auf ein Ausbleiben der Insolvenz nicht mehr vertraut werden konnte. Ein plausibles Sanierungskonzept kann jetzt aber belegen, dass die relevante Rechtshandlung von einem anderen, anfechtungsrechtlich unbedenklichen Willen geleitet war und das Bewusstsein der Benachteiligung anderer Gläubiger infolgedessen in den Hintergrund getreten ist.[721]

Dagegen können die von der Rechtsprechung für Sanierungskredite entwickelten Grundsätze nicht auf Existenzgründungskredite übertragen werden.[722] Auch die Gründungsphase eines Unternehmens ist von Unsicherheit geprägt. Trotzdem kann man den Gründern aufgrund eines mangelhaften Gründungskonzepts nicht unterstellen, dass sie die Gefahr des Scheiterns bereits bei der Gründung billigend in Kauf genommen haben. Im Gegenteil wird man bei der Neugründnung eines Unternehmens doch grundsätzlich davon ausgehen können, dass diese mit dem Willen erfolgte, mit dem Unternehmen Erfolg zu haben. Fehler im Unternehmensgründungskonzept werden daher einen Fahrlässigkeitsvorwurf rechtfertigen, für eine Anfechtung nach § 133 InsO genügt das aber nicht.[723] Deutlich wird daran noch einmal die grundsätzliche Weite des bedingten Vorsatzes, der mit einer vorsichtigen Handhabung und genauen Berücksichtigung des Einzelfalls begegnet werden muss.

III. Zusammenfassung

Bei den in der Rechtsprechung zu findenden Anforderungen an ein die Anfechtung nach § 133 Abs. 1 InsO ausschließendes Sanierungskonzept muss berücksichtigt werden, dass ein die Kriterien erfüllendes Konzept lediglich ein Indiz gegen das Vorliegen eines Gläubigerbenachteiligungsvorsatz des Schuldners darstellt. Die Rechtsprechung sollte dies berücksichtigen und nicht stur an den vom Bundesgerichtshof formulierten Voraussetzungen festhalten. Im Ergebnis geht es darum, dass der Schuldner anhand des Sanierungskonzeptes nachweisen kann, auf eine Rettung seines Unternehmens vertraut zu haben. Grundsätzlich nennt der Bundesgerichthof aber sinnvolle Kriterien, bei deren Vorliegen der Schuldner in aller Regel nicht mit Gläubigerbenachteiligungsvorsatz gehandelt haben wird.

---

721 Vgl. *BGH*, NZI 2012, 142, 143.

722 *BGHZ* 180, 98, 104.

723 *BGHZ* 180, 98, 104; *Ganter*, WM 2009, 1441, 1449; *Schwartz*, Vorsatzanfechtung, S. 158.

Fünftes Kapitel: Ausschluss der Vorsatzanfechtung bei bargeschäftsähnlicher Lage

Nach § 142 InsO ist eine Leistung des Schuldners, für die unmittelbar eine gleichwertige Gegenleistung in sein Vermögen gelangt ist, nur anfechtbar, wenn die Voraussetzungen des § 133 Abs. 1 InsO gegeben sind. Dieses sogenannte Bargeschäftsprivileg wurde bereits unter der Konkursordnung durch die Rechtsprechung gewährt.[724] Mit der Insolvenzordnung wurde es auch in den Gesetzestext aufgenommen. Es dient dazu, den Schuldner trotz der Regelungen der besonderen Insolvenzanfechtung in solchen Fällen nicht vollständig vom Rechtsverkehr auszuschließen, in denen er für seine Leistung unmittelbar eine gleichwertige Gegenleistung erhalten hat. Bei Vorliegen der Voraussetzungen des § 142 InsO werden die Insolvenzgläubiger nicht unmittelbar benachteiligt.[725] Aufgrund der für die Deckung des Schuldners erlangten gleichwertigen Gegenleistung handelt es sich nicht um eine Vermögensverschiebung zu Lasten der Insolvenzgläubiger, sondern lediglich um eine Umschichtung des schuldnerischen Vermögens.[726] Auch innerhalb des Anfechtungszeitraums der §§ 130–132 InsO soll der Schuldner im Rahmen eines gleichwertigen, zeitnahen und vertragsgemäßen Leistungsaustausches am Geschäftsverkehr teilnehmen können, jedenfalls solange dieses Rechtsgeschäft nicht nach § 133 Abs. 1 InsO anfechtbar ist.[727]

Im Rahmen des Vorsatzanfechtungstatbestandes stellt sich die Frage, ob das Vorliegen der Voraussetzungen des Bargeschäftstatbestandes oder jedenfalls das Vorliegen einer *„bargeschäftsähnlichen Lage“*[728] den Gläubigerbenachteiligungsvorsatz des Schuldners ausschließt. Fraglich erscheint hier zum einen, ob das aus der Befriedigung von Gläubigern trotz Kenntnis der Zahlungsunfähigkeit ergebende Beweisanzeichen tatsächlich dadurch entkräftet werden kann, dass der Schuldner auch in Kenntnis einer gleichwertigen Gegenleistung handelte, und zu-

724 Vgl. *RGZ* 100, 62, 64; 136, 152, 158 f.

725 *BGHZ* 202, 59, 74. *Rogger/Leptien*, in: Hamburger Kommentar, InsO, § 142 Rdnr. 1; *Kirchhof*, in: Münchener Kommentar, § 142 Rdnr. 1. *Kayser*, NJW 2014, 422, 427. *Kayser*, Festschrift Fischer, S. 267, 269 weist kurz darauf hin, dass das Fehlen einer objektiver Gläubigerbenachteiligung bei einem gleichwertigen Leistungsaustausch *„in gewisser Weise“* eine wertende Feststellung sei.

726 *Ede/Hirte*, in: Uhlenbruck/Hirte/Vallender, InsO, § 142 Rdnr. 3.

727 *Kirchhof*, in: Münchener Kommentar, § 142 Rdnr. 1.

728 *BGHZ* 202, 59, 74.

dem, ob nicht die Privilegierung der Vorsatzanfechtung in § 142 InsO ausgehebelt werden würde, wenn man eine solche Entkräftung des Beweisanzeichens zuließe.

I. Meinungsstand

In Rechtsprechung und Literatur wird überwiegend davon ausgegangen, dass das Vorliegen eines Bargeschäfts oder einer bargeschäftsähnlichen Lage indiziert, dass der Schuldner nicht mit Gläubigerbenachteiligungsvorsatz gehandelt hat.

1. Rechtsprechung

Am 10. Juli 2014 urteilte der Bundesgerichthof über die Anfechtung einer Lohnzahlung und entschied dabei auch über die Frage, ob eine „*bargeschäftsähnliche Lage*" einen Gläubigerbenachteiligungsvorsatz des Schuldners ausschließt.[729] Er kommt zu dem Ergebnis, dass die von der Schuldnerin geleistete Zahlung nicht mit Gläubigerbenachteiligungsvorsatz vorgenommen wurde und zwar unabhängig davon, ob diese ihre eigene Zahlungsunfähigkeit erkannt habe, da diesem Beweisanzeichen im Streitfall keine ausschlaggebende Bedeutung zukomme. Die Indizwirkung der Kenntnis der Zahlungsunfähigkeit wie auch der Inkongruenz könne im Einzelfall ausgeschlossen sein, wenn die Umstände ergeben, dass der Schuldner von einer anfechtungsrechtlich unbedenklichen Willensrichtung geleitet war und das Bewusstsein der Benachteiligung anderer Gläubiger infolgedessen in den Hintergrund getreten ist. Dies gelte, wenn die Rechtshandlung Bestandteil eines ernsthaften, letztlich aber gescheiterten Sanierungsversuchs war, aber auch dann, wenn dem Schuldner im Falle einer bargeschäftsähnlichen Lage infolge des gleichwertigen Leistungsaustauschs die dadurch eintretende mittelbare Gläubigerbenachteiligung nicht bewusst wurde.[730]

Darum handele ein Schuldner in der Regel nicht mit Gläubigerbenachteiligungsvorsatz, wenn er eine kongruente Leistung Zug um Zug gegen eine zur Fortführung seines eigenen Unternehmens unentbehrliche Gegenleistung erbringt, die den Gläubigern im allgemeinen nützt.[731] Die Tätigkeit eines Arbeitnehmers sei eine solche unverzichtbare Gegenleistung, da die Mitwirkung der Arbeitnehmer für jede betriebliche Wertschöpfung unabdingbar sei. Ein Benachteiligungsvorsatz scheide daher regelmäßig aus, wenn durch Gehaltszahlungen im Zuge eines

---

729 *BGHZ* 202, 59, 74.

730 *BGHZ* 202, 59, 74.

731 *BGHZ* 202, 59, 74; *BGH*, ZIP 2014, 1887, 1889. In *BGH*, ZIP 2008, 232, 234 wird noch von einem „praktischen Nutzen" der erhaltenen Gegenleistung gesprochen. Vgl. zur bargeschäftsähnlichen Lage auch bereits die beiden Nichtannahmebschlüsse *BGH*, NZI 2009, 723 und ZInsO 2014, 496.

Baraustausches die für die Betriebsfortführung unerlässliche Gegenleistung der Arbeitstätigkeit entgolten wird.[732]

In einem wenige Tage später ergangenen Urteil verlangte der Bundesgerichtshof für eine den Gläubigerbenachteiligungsvorsatz ausschließende bargeschäftsähnliche Lage nicht mehr, dass der Leistungsaustausch Zug um Zug erfolgen muss. Nach der Entscheidung reicht es aus, wenn der bargeschäftsähnliche Leistungsaustausch in einem engen zeitlichen Zusammenhang erfolgt.[733] Diesen engen zeitlichen Zusammenhang sah das Gericht als gegeben an, da der Gläubiger die von ihm geschuldete Lieferung von Fenstern und Türen unmittelbar nach Eingang der dafür vereinbarten Zahlung erbrachte.[734] Zur Nützlichkeit führt der Bundesgerichtshof aus, dass die Schuldnerin das Bauvorhaben ohne die Zahlung nicht hätte fortsetzen können, ohne die Zahlung also die berechtigte Aussicht, weitere Werklohnraten zu erhalten, verloren hätte.[735]

Im Jahr 2015 konkretisierte das Gericht die Anforderungen an die Nützlichkeit des bargeschäftsähnlichen Leistungsaustausches für die Gläubiger. In dem Urteil formuliert der Bundesgerichtshof wieder das Erfordernis eines Zug-um-Zug-Austausches der Leistungen für das Vorliegen einer bargeschäftsähnlichen Lage.[736] Selbst bei dem Vorliegen einer bargeschäftsähnlichen Lage könne aber davon ausgegangen werden, dass sich der Schuldner über den Eintritt einer mittelbaren Gläubigerbenachteiligung bewusst sei, wenn er wisse, dass er trotz des gleichwertigen Leistungsaustausches unrentabel arbeitet und durch die Fortführung des Geschäftsbetriebes lediglich weitere Verluste eintreten. Diese Kenntnis macht der Bundesgerichtshof daran fest, dass sich die betriebswirtschaftliche Unterdeckung der Schuldnerin im Laufe des letzten Jahres vor Insolvenzantragstellung verdoppelte. Der Leistungsaustausch habe daher für die Gläubiger keinen Nutzen gehabt.[737]

2. Literatur

Auch die herrschende Meinung in der Literatur ist der Ansicht, dass der Schuldner bei der Leistungserbringung zur Erfüllung eines Bargeschäfts nicht mit Gläubigerbenachteiligungsvorsatz handelt.[738]

---

732 *BGHZ* 202, 59, 74.

733 *BGH* ZIP 2014, 1595, 1598.

734 *BGH* ZIP 2014, 1595, 1595 u. 1598.

735 *BGH* ZIP 2014, 1595, 1598.

736 *BGH* ZIP 2015, 585, 588.

737 *BGH* ZIP 2015, 585, 588.

738 *Fischer*, NZI 2008, 588, 593 f.; *Kayser*, WM 2013, 293, 298; NJW 2014, 422, 427; *Ganter*, WM 2009, 1441, 1444; 2014, 49, 51; *Rogge/Leptien*, in: Hamburger Kommentar, InsO, § 133 Rdnr. 8.

Nach *Jacoby* darf die Privilegierung von § 133 Abs. 1 InsO im Rahmen des Bargeschäftstatbestandes nicht dazu führen, dass der Schuldner vom Rechtsverkehr ausgeschlossen wird. Wie auch bei kongruenten Deckungen und bei der Anfechtung von fehlgeschlagenen Sanierungsversuchen müsse eine Anfechtung hier ausscheiden, wenn das Geschäft als im Interesse der Gläubigergesamtheit billigenswert erscheine.[739]

Wie oben bereits ausgeführt ist *Schoppmeyer* der Ansicht, dass bei der Auslegung von § 133 Abs. 1 InsO dessen Normzweck, der Schutz der Gleichheit und des Fortbestandes der Befriedigungschancen der Gläubiger, berücksichtigt werden müsse. Ein Verstoß gegen die gleichen Befriedigungs- und Zugriffschancen der Gläubiger liege bei einem Bargeschäft aber nicht vor, schließlich bringe der unmittelbare Austausch gleichwertiger Leistungen den Gläubigern ein neues Zugriffsobjekt.[740]

Nach *Schwartz* ist bei einer Leistungserbringung durch den Schuldner im Rahmen eines Bargeschäfts davon auszugehen, dass der Schuldner lediglich seine Verpflichtung aus dem Verpflichtungsvertrag erfüllen wollte, sein Handeln aber nicht auf eine Benachteiligung der Gläubiger gerichtet war.[741] Der Umstand, dass Bargeschäfte nach § 142 InsO ausdrücklich der Vorsatzanfechtung unterliegen, habe keinen Einfluss auf eine Berücksichtigung von Bargeschäften bei der Bewertung im Rahmen des subjektiven Tatbestandes der Vorsatzanfechtung. Auch dürfe der Vorsatzanfechtungstatbestand nicht dem Ziel des § 142 InsO entgegenstehen, dem Schuldner die Teilnahme am Rechtsverkehr mit Bargeschäften zu ermöglichen. Jedenfalls bei kongruenten Deckungen sieht er aber eine Gefährdung dieses Ziels.[742] Gefahr sieht er auch für das Stufenverhältnis zwischen § 130 InsO und § 133 InsO. Dieses werde ausgehebelt, wenn eine kongruente Deckung bei einem Bargeschäft nicht nach § 130 InsO angefochten werden könne, der Weg über § 133 InsO aber möglich bleibt.[743]

Auch *Lind* knüpft bei der Frage der Berücksichtigung des Bargeschäfts im Rahmen der subjektiven Merkmale von § 133 Abs. 1 InsO an seinen oben dargestellten Ansatz zur Begrenzung der Vorsatzanfechtung an.[744] Danach ist der bedingte Gläubigerbenachteiligungsvorsatz kein taugliches Abgrenzungskriterium, um die sozialadäquaten von den sozialinadäquaten Verhaltensweisen zu unterscheiden,

---

739 *Jacoby*, KTS 2009, 3, 21.

740 *Schoppmeyer*, ZIP 2009, 600, 609.

741 *Schwartz*, Vorsatzanfechtung, S. 168.

742 *Schwartz*, Vorsatzanfechtung, S. 167.

743 *Schwartz*, Vorsatzanfechtung, S. 168.

744 Siehe S. 143.

aber nur letztere sollen das Anfechtungsrecht aus § 133 Abs. 1 InsO eröffnen.[745] Wie *Schwartz* ist er der Ansicht, dass die Privilegierung von § 133 Abs. 1 InsO im Rahmen von § 142 InsO nicht dazu führen dürfe, dass Bargeschäfte zwar von der Anfechtung nach § 130 InsO ausgenommen sind, dann aber über § 133 Abs. 1 InsO angefochten werden können. Auch hier sei der bedinge Vorsatz kein taugliches Kriterium, um die sozialinadäquaten Fälle zu bestimmen. Ein Bargeschäft sei daher nach § 133 Abs. 1 InsO nur anfechtbar, wenn der Schuldner dadurch in unlauterer Weise eine Benachteiligung seiner Gläubiger verursacht.[746]

Während *Schwartz* und *Lind* also argumentieren, dass § 142 InsO nicht durch die verbleibende Vorsatzanfechtung bedeutungslos werden dürfe, befürchtet *Foerste*, dass der Anwendungsbereich des ausdrücklichen Vorsatzanfechtungsvorbehaltes in § 142 InsO durch eine Berücksichtung bargeschäftsähnlicher Lagen im subjektiven Tatbestand der Vorsatzanfechtung verloren geht.[747] Er bezweifelt, ob der Glaube des Schuldners, für seine Leistung eine wertgleiche Gegenleistung zu erhalten, den Gläubigerbenachteiligungsvorsatz tatsächlich ausschließen könne. Der in Zahlungsunfähigkeit handelnde Schuldner halte es für möglich und nehme es billigend in Kauf, dass seine Zahlung seine finanzielle Situation verschlechtere, da er vor der Zahlung mit erhaltener Ware und Restliquidität besser dastehe. Er nehme dann aber auch billigend in Kauf, dass die Befriedigung der übrigen Gläubiger erschwert werde. Grund der Benachteiligung sei allein die Erfüllung des Austauschvertrages durch den Schuldner, diese trete unabhängig von einer äquivalenten Gegenleistung ein. Der Vorsatz des Schuldners könne sich sowohl auf eine unmittelbare, aber eben auch auf eine mittelbare Benachteiligung beziehen, also darauf, dass die erhaltene Gegenleistung später aus irgendwelchen Gründen verloren geht. Die Annahme, dass der Schuldner bei der Erfüllung eines Bargeschäfts regelmäßig eher die Angemessenheit seiner Leistung als eine Benachteiligung seiner Gläubiger im Blick gehabt habe, beruhe daher entweder auf einem Denkfehler oder auf einem fiktiven Erfahrungssatz.[748]

Foerste hinterfragt auch, ob nach der Argumentation der herrschenden Meinung überhaupt sämtliche Voraussetzungen eines Bargeschäfts nach § 142 InsO erforderlich sind, um den Vorsatz des Schuldners auszuschließen. Diese stelle allein auf den Austausch gleichwertiger Leistungen ab, dagegen sei das Vorliegen des Unmittelbarkeitskriteriums für den Ausschluss des Vorsatzes offenbar nicht erforderlich. Im Ergebnis hält er einen gezielten Schutz von Bargeschäften vor der Vorsatzanfechtung

---

745 *Lind*, Vorsatzanfechtung, S. 113.

746 *Lind*, Vorsatzanfechtung, S. 155.

747 *Foerste*, WM 2014, 1213, 1216.

748 *Foerste*, WM 2014, 1213, 1216.

als kaum mit dem Gesetz vereinbar. Einer entsprechenden Rechtsfortbildung steht er aber positiv gegenüber.[749] Kritisch sieht *Foerste* das vom Bundesgerichtshof gefordert Merkmal der Nützlichkeit des bargeschäftsähnlichen Austausches für die Gläubiger. Die Privilegierung bargeschäftsähnlicher Leistungsaustausche sei damit weitgehend entwertet, schließlich sei es geradezu typisch, dass die Fortsetzung des Geschäftsbetriebes in der wirtschaftlichen Krise nicht sinnvoll erscheint.[750]

Dagegen sieht *Bork* keine Gefahr der Entwertung der Privilegierung von Bargeschäften. Schließlich handele es sich bei der Berücksichtigung von Bargeschäften nur um ein Gegenindiz.[751] Es biete sich hier ein Erst-Recht-Schluss an. Seien Bargeschäfte trotz materieller Insolvenz schon in der Krise nicht anfechtbar, müsse das erst recht im Vorfeld der Krise gelten.[752]

Thole sieht bei dem vom Bundesgerichtshof geforderten allgemeinen Nutzen der Gegenleistung für die Gläubigerbefriedigung die Gefahr, dass damit eine Voraussetzung gefordert wird, deren Vorliegen im Nachhinein immer verneint werden könne, schließlich musste trotz der erhaltenen Gegenleistung die Eröffnung des Insolvenzverfahrens beantragt werden.[753] Für die Nützlichkeit dürfe es daher zunächst nur darauf ankommen, ob die ausgetauschten Leistungen gleichwertig waren.[754]

II. Bewertung

1. Die Rechtsprechung des Bundesgerichtshofs zur bargeschäftsähnlichen Lage

Der Bundesgerichtshof verlangt für eine den Gläubigerbenachteiligungsvorsatz ausschließende bargeschäftsähnliche Lage teilweise, dass der Leistungsaustausch Zug um Zug erfolgt.[755]

In der praktischen Anwendung ist der Bundesgerichtshof bei dem Zug-um-Zug-Erfordernis aber äußerst großzügig und bejaht eine bargeschäftsähnliche Lage auch ohne das Vorliegen eines Austausches von Leistungen Zug um Zug. In dem einschlägigen Fall ging es um die Anfechtung von Lohnzahlungen an einen Arbeitnehmer der Schuldnerin, genauer um eine Teilzahlung auf die Lohnforderung für den Monat Dezember, die zu Beginn des folgenden Monats erbracht wur-

749 *Foerste*, WM 2014, 1213, 1217.
750 *Foerste*, ZInsO 2015, 832.
751 *Bork*, ZIP 2014,797. 807.
752 *Bork*, ZIP 2014,797. 807 Fn. 176.
753 *Thole*, ZIP 2015, 2145, 2152 f.
754 *Thole*, ZIP 2015, 2145, 2153.
755 *BGHZ* 202, 59, 74; *BGH* ZIP 2015, 585, 588.

de.[756] Eine Zug-um-Zug-Leistung lag also nicht vor, nach dem Bundesgerichtshof aber eine bargeschäftsähnliche Lage.

In einem früheren Nichtzulassungsbeschluss, in dem sich der Bundesgerichtshof bereits kurz zu der Bedeutung einer bargeschäftsähnlichen Lage im Rahmen von § 133 Abs. 1 InsO äußerte, wurde das Zug-um-Zug-Kriterium aber auch gar nicht gefordert. Dort wurde es als ausreichend angesehen, dass der Schuldner eine kongruente Gegenleistung für die von ihm empfangene Leistung erbrachte.[757] Auch in einem späteren Urteil lässt der Bundesgerichtshof einen engen zeitlichen Zusammenhang ausreichen.[758] Es bleibt hier abzuwarten, ob der Bundesgerichthof daran festhält, dass der Leistungsaustausch Zug um Zug erfolgen muss und dieses Kriterium auch tatsächlich zur Anwendung bringt. Für eine Privilegierung nach § 142 InsO genügt es jedenfalls, wenn die Gegenleistung unmittelbar in das Vermögen des Schuldners gelangt, die Leistungen also in einem engen zeitlichen Zusammenhang ausgetauscht werden.[759]

Eine weitere vom Bundesgerichthof formulierte Anforderung an eine bargeschäftsähnliche Lage ist, dass es sich bei der vom Gläubiger erbrachten Gegenleistung, um eine zur Fortführung des Schuldnerunternehmens unentbehrliche Gegenleistung handeln muss, die den Gläubigern nutzt.[760] Die Gegenleistung in einem vom Bundesgerichtshof zu beurteilenden Sachverhalt war die von einem Arbeitnehmer erbrachte Arbeitsleistung. Auch dieses Kriterium legt der Bundesgerichtshof also weit aus, wenn er pauschal annimmt, dass die Tätigkeit der Arbeitnehmer für jede betriebliche Wertschöpfung unabdingbar ist und es sich daher um eine für die Betriebsfortführung unverzichtbare Gegenleistung handelt.[761] Zutreffend ist es, dass bei den aufgrund des Arbeitsverhältnisses erbrachten Leistungen eines Arbeitnehmers zunächst davon ausgegangen werden sollte, dass eine im Sinne des § 142 InsO gleichwertige Gegenleistung vorliegt. Dies gilt jedenfalls dann, wenn ein marktüblicher Lohn vereinbart wurde. Grundsätzlich davon auszugehen, dass jede Arbeitsleistung für die Fortführung eines Unternehmens unentbehrlich ist, führt aber zu weit. Das wird schon dadurch belegt, dass das Abbauen von Arbeitsplätzen häufiger Bestandteil von Sanierungskonzepten ist.[762]

---

756 *BGHZ* 202, 59, 60.

757 *BGH*, NZI 2009, 723; dagegen fordert auch *BGH*, ZInsO 2014, 496 eine Zug um Zug erfolgenden Leistungsaustausch.

758 *BGH* ZIP 2014, 1595, 1598.

759 *BGH*, NZI 2003, 253, 256.

760 *BGHZ* 202, 59, 74; *BGH* ZIP 2015, 585, 588.

761 *BGHZ* 202, 59, 74.

762 *Gude*, ZInsO 2011, 1836, 1838.

Insbesondere das Merkmal der Nützlichkeit wird zu Recht kritisch betrachtet. Die Möglichkeit, Anfechtungsrisiken im Vorfeld zu beurteilen, wird dadurch erschwert, dass die Frage, ob der Leistungsaustausch den Gläubigern genützt hat, eine Überprüfung des Einzelfalls erfordert.[763] *Foerste* liegt auch damit richtig, dass in den Fällen, in denen es zu einer Verfahrenseröffnung kommt, regelmäßig davon ausgegangen werden kann, dass sich die betriebswirtschaftliche Unterdeckung weiter erhöht hat.[764] Eine bargeschäftsähnliche Lage wird damit nur in seltenen Fällen gegeben sein.

Die Rechsprechung des Bundesgerichtshofs verursacht Rechtsunsicherheit, wenn sie für eine bargeschäftsähnliche Lage teilweise einen Zug um Zug erfolgenden Leistungsaustausch sowie eine zur Fortführung des Schuldnerunternehmens unentbehrliche Gegenleistung fordert, die den Gläubigern nützt, und damit engere Kriterien aufstellt, als die in § 142 InsO geforderten, diese Kriterien dann offenbar aber genauso wie die für § 142 InsO erforderlichen Merkmale der Unmittelbarkeit und Gleichwertigkeit versteht. Die weitere Rechtsprechung des Bundesgerichtshofs zum Vorliegen einer bargeschäftsähnlichen Lage muss daher beobachtet werden, um festzustellen, ob die anscheinend bestehende Kongruenz zum Bargeschäftstatbestand offengelegt oder die genannten Voraussetzungen auch weiterhin gefordert werden.[765]

Nach den vom Bundesgerichtshof genannten Anforderungen werden zudem die Wertungen der Rechtsprechung zu fehlgeschlagenen Sanierungsversuchen mit denen vermengt, die eine Privilegierung von Bargeschäften rechtfertigen.[766] Bei Sanierungsversuchen ist es für den Ausschluss eines Gläubigerbenachteiligungsvorsatzes notwendig zu überprüfen, ob der Schuldner davon ausgehen konnte, dass die zum Beispiel von einem Sanierungsberater erbrachte Gegenleistung die Rettung und damit die Fortführung des Unternehmens gewährleistet. Zwar spricht der Bundesgerichtshof nur von bargeschäftsähnlicher Lage,[767] trotzdem sollte sich bei einer an § 142 InsO orientierten Privilegierung die Anfechtungsfestigkeit der Leistung dann auch tatsächlich aus den Wertungen des § 142 InsO ergeben. Dort ist aber nicht relevant, ob die Gegenleistung fortführungserheblich ist, sondern nur, ob die ausgetauschten Leistungen gleichwertig sind. Die Be-

---

763 Vgl. *Foerste*, ZInsO 2015, 832.

764 Vgl. *BGH* ZIP 2015, 585, 588.

765 Die von *Foerste*, WM 2014 1213, 1215 geäußerte Hoffnung, der Bundesgerichtshof werde den Schutz der Bargeschäfte vor der Vorsatzanfechtung klarer fassen, hat sich also zunächst nicht erfüllt.

766 Diese Nähe wird auch von *Thole*, ZIP 2015, 2145, 2153 festgestellt.

767 *BGHZ* 202, 59, 74.

stimmung der Gleichwertigkeit bemisst sich dabei allein nach objektiven, rein wirtschaftlichen Gesichtspunkten.[768] Die Erheblichkeit der Gegenleistung für die Fortführung des Unternehmens ist für die Bewertung der Gleichwertigkeit der ausgetauschten Leistungen aber nicht maßgebend.

2. Ausschluss des Gläubigerbenachteiligungsvorsatzes

Nach *Foerste* kann dem Austausch gleichwertiger Leistungen in einem engen zeitlichen Zusammenhang kein Indiz dafür entnommen werden, dass der Schuldner bei der Vornahme seiner Leistung nicht mit dem Vorsatz handelte, seine Gläubiger zu benachteiligen.[769] *Foerste* liegt damit richtig. Befriedigt der Schuldner in Kenntnis der eigenen Zahlungsunfähigkeit einen Gläubiger, ist der Benachteiligungsvorsatz indiziert, da der Schuldner dadurch sein Vermögen schmälert und sich somit aufgrund der bereits eingetretenen Zahlungsunfähigkeit die Befriedigungsaussichten der anderen Gläubiger verschlechtern. Unerheblich ist es dagegen, ob der Schuldner für seine Leistung eine Gegenleistung erhält; für den Benachteiligungsvorsatz des Schuldners kommt es allein auf dessen Leistung an.[770]

Deutlich wird das insbesondere in den Fällen, in denen der Gläubiger vorgeleistet hat. Ist also die Leistung des Gläubigers bereits in das Vermögen des Schuldners gelangt, ist der für die übrigen Gläubiger positive Effekt, dass die zu ihrer Befriedigung zur Verfügung stehende Masse vermehrt wurde, bereits eingetreten. Gewährt der Schuldner dem Gläubiger im Anschluss in Kenntnis der eigenen Zahlungsunfähigkeit die Gegenleistung, handelt er dabei auch mit Gläubigerbenachteiligungsvorsatz. Es kommt alleine darauf an, dass der Schuldner aufgrund seiner Leistung den gegenwärtigen Vermögensstatus verschlechtert hat; ob er dafür eine Gegenleistung erhalten hat, kann für die Beurteilung des Vorliegens eines Benachteiligungsvorsatzes nicht relevant sein. Schließlich wird nur die Deckung angefochten und nicht das der Deckung zugrundeliegende Kausalgeschäft.[771]

Zuzustimmen ist *Foerste* auch insoweit, als er ausführt, dass das von der herrschenden Meinung gesehene Indiz gegen einen Benachteiligungsvorsatz allein darauf gestützt ist, dass der Schuldner für seine Leistung eine Gegenleistung erhält,

---

768 *Nerlich*, in: Nerlich/Römermann, InsO, § 142 Rdnr. 6.

769 *Foerste*, in: Festschrift Picker, S. 227, 246 f.; *Foerste*, ZInsO 2013, 897, 900; *Foerste*, WM 2014, 1213, 1216.

770 So *Foerste*, WM 2014, 1213, 1216.

771 So *Foerste*, WM 2014, 1213, 1216.

der zeitliche Zusammenhang zwischen den Leistungen dagegen unerheblich ist.[772] Der Gläubigerbenachteiligungsvorsatz werde von der herrschenden Meinung verneint, da der Schuldner darauf vertraut habe, eine gleichwertige Gegenleistung zu erhalten, da er davon ausgehen konnte, dass die Befriedigungsaussichten seiner Gläubiger aufgrund der gleichwertigen Gegenleistung nicht beeinträchtigt würden. Dieses Vertrauen kann dann aber nicht davon abhängig gemacht werden, ob der Schuldner die Gegenleistung bereits erhalten hat, sie nächste Woche oder aber erst in drei Monaten erhält.[773]

3. Verstoß gegen Privilegierung der Vorsatzanfechtung

Nach § 142 InsO werden Bargeschäfte nicht absolut privilegiert, die Möglichkeit der Anfechtung nach § 133 Abs. 1 InsO bleibt ausdrücklich unberührt. Der Gesetzgeber hat hier eine eindeutige Regelung getroffen: Eine Deckung, die wegen § 142 InsO mit den Vorschriften der besonderen Insolvenzanfechtung nicht angefochten werden kann, ist unter den Voraussetzungen des § 133 Abs. 1 InsO weiterhin anfechtbar. Diese Privilegierung der Vorsatzanfechtung ist zudem ohne jede Einschränkung normiert. Damit können die in § 142 InsO für ein Bargeschäft gemachten Anforderungen aber auch nicht die Anfechtung nach § 133 Abs. 1 InsO ausschließen. Eine solche Auslegung des Gläubigerbenachteiligungsvorsatzes setzt sich in Widerspruch zu dem vom Gesetzgeber angeordneten Normbefehl. Das gilt unabhängig davon, ob der Vorsatzanfechtung damit weiterhin ein Anwendungsbereich verbleibt oder nicht. Die Anwendung einer Ausnahmeregelung eines Tatbestandes kann nicht mit dem Argument ausgeschlossen werden, dass die Voraussetzungen des Tatbestandes vorliegen. Auch dem unter den Voraussetzungen des § 32 StGB handelnden Täter kann das Notwehrrecht nicht deshalb verwehrt werden, weil er eine Straftat begangen hat.

Allerdings spricht der Bundesgerichtshof im Rahmen der Vorsatzanfechtung nicht von Bargeschäften, sondern von einer bargeschäftsähnlichen Lage und formuliert für letztere auch engere Voraussetzungen als die in § 142 InsO genannten.[774] Wie zuvor bereits gezeigt wurde, werden die Anforderungen an den zeitlichen Zusammenhang aber derart weit ausgelegt, dass sie mit denen des § 142 InsO im Ergebnis doch übereinstimmen.[775] Für die Feststellung, dass eine bargeschäftsähnliche Lage vorliegt und den Gläubigerbenachteiligungsvorsatz

772 *Foerste*, WM 2014, 1213, 1216.

773 Vgl. *Foerste*, WM 2014, 1213, 1216.

774 *BGHZ* 202, 59, 74.

775 Siehe S. 168.

ausschließt, verweist der Bundesgerichtshof in dieser Entscheidung dann auch auf die zuvor bei der Prüfung der Voraussetzungen des § 142 InsO getroffenen Feststellungen: *„Nach den hier getroffenen Feststellungen fehlt es an einem Benachteiligungsvorsatz der Schuldnerin, weil diese dem Beklagten Gehaltszahlungen im Rahmen eines bargeschäftlichen Leistungsaustauschs gewährt hat.“*[776] Der Bundesgerichtshof bejaht also eine bargeschäftsähnliche Lage mit dem Verweis auf die zu § 142 InsO getroffenen Feststellungen. Dass er zuvor mit dem Zug um Zug Kriterium und der zur Fortführung des Unternehmens unentbehrlichen Gegenleistung, die den Gläubigern nützt, strengere Voraussetzungen definiert hat, hindert ihn daran nicht.

III. Zusammenfassung

Die zeitlichen Voraussetzungen des Leistungsaustausches bei der bargescheschäftsähnlichen Lage in der Rechtsprechung des Bundesgerichtshofes scheinen noch nicht eindeutig geklärt. Es bleibt hier abzuwarten, ob sich tatsächlich eigene Voraussetzungen etablieren werden oder für den Ausschluss des subjektiven Vorsatzanfechtungstatbestandes auch weiterhin die in § 142 InsO genannten zeitlichen Voraussetzzungen entscheidend sind. Die vom Bundesgerichtshof als Bestandteil der bargeschäftsähnlichen Lage geforderte Nützlichkeit des Leistungsaustausches für die Gläubiger ist abzulehnen. Auch ist zweifelhaft, ob der Schuldner tatsächlich nicht mit Gläubigerbenachteiligungsvorsatz handelt, wenn er eine Deckung im Rahmen eines bargeschäftsähnlichen Leistungsaustausches erbringt. Jedenfalls widerspricht die Privilegierung der Vorsatzanfechtung in § 142 InsO einer solchen Wertung.

776 *BGHZ* 202, 59, 74.

Sechstes Kapitel: Zwischenergebnis

Zusammenfassend kann festgehalten werden, dass es sich bei § 133 Abs. 1 InsO nicht um eine Generalklausel des Anfechtungsrechts handelt. Zwar gibt es Überschneidungen im Anwendungsbereich von besonderer Insolvenzanfechtung und Vorsatzanfechtung, die Tatbestände weisen aber auch deutliche Unterschiede auf. Die Nähe besteht insbesondere deshalb, weil mit der (drohenden) Zahlungsunfähigkeit, der Inkongruenz einer Deckung und der unmittelbar benachteiligenden Rechtshandlung Tatbestandsmerkmale der besonderen Insolvenzanfechtung für die Beantwortung der Frage, ob die subjektiven Merkmale der Vorsatzanfechtung vorliegen, häufig entscheidend sind.

Es wurde aber gezeigt, dass zwischen Tatbestandsmerkmal und Beweisanzeichen Unterschiede bestehen. Ein Unterschied zwischen Vorsatzanfechtung und besonderer Insolvenzanfechtung besteht auch darin, dass der Vorsatzanfechtungstatbestand eine Rechtshandlung des Schuldners voraussetzt. An diesem Unterschied sollte festgehalten werden. Zudem ist der Normzweck von besonderer Insolvenzanfechtung und Vorsatzanfechtung ein anderer. Während die §§ 130–132 InsO die Gleichbehandlung der Gläubiger bezwecken, dient § 133 Abs. 1 InsO dem Schutz der Haftungsordnung vor vorsätzlichen Beeinträchtigungen.

Eine Beschränkung des § 133 Abs. 1 InsO bei der Anfechtung kongruenter Deckungen durch ein ungeschriebenes Tatbestandsmerkmal ist nicht möglich. Der Abstand zwischen Vorsatzanfechtung und besonderer Insolvenzanfechtung kann also nicht durch eine dahingehende Auslegung vergrößert werden. Dagegen wird bei der Anfechtung fehlgeschlagener Sanierungsversuche noch einmal deutlich, dass es bei der Vorsatzanfechtung möglich ist, Indizien vorzutragen, die gegen das Vorliegen der subjektiven Tatbestandsmerkmale sprechen.

Etwas anders verhält es sich bei der Anfechtung bargeschäftsähnlicher Lagen. Folgt man der Rechtsprechung des Bundesgerichtshofes, zeigt sich wiederum der Unterscheid zwischen Tatbestandsmerkmal und Beweisanzeichen. Andererseits ist mit § 142 InsO für die Vorschriften der besonderen Insolvenzanfechtung ein Bargeschäftstatbestand sogar gesetzlich geregelt. Die Rechtsprechung zur bargeschäftsähnlichen Lage führt also eher zu einer Annäherung des § 133 Abs. 1 InsO an die §§ 130–132 InsO, da ein dem § 142 InsO ähnlicher Ausnahmetatbestand geschaffen wurde. Ausgeführt wurde aber auch, dass § 142 InsO der Rechtsprechung des Bundesgerichtshofs zur bargeschäftsähnlichen Lage bei § 133 Abs. 1 InsO entgegensteht. Der eindeutige Wortlaut des § 142 InsO sperrt eine

Berücksichtigung der bargeschäftlichen Wertungen zugunsten des Anfechtungsgegners bei der Vorsatzanfechtung.

Weiterhin werden Insolvenzverwalter die Tatbestände der besonderen Insolvenzanfechtung gegenüber der Vorsatzanfechtung bevorzugen. Bei der Anfechtung inkongruenter Deckungen können Sie sich auf zumeist objektive Voraussetzungen berufen, deren Nachweis regelmäßig einfacher sein wird. Zudem hat der Verwalter bei den Vorschriften der besonderen Insolvenzanfechtung nicht die Unsicherheit, ob der Richter nach Vornahme der erforderlichen Gesamtbetrachtung das Vorliegen der subjektiven Tatbestandsmerkmale bejaht. Auch bei der Vorsatzanfechtung ist eine Prognose und Bewertung der Anfechtungsrisiken möglich, ein weitgefasster Tatbestand zum Schutz der Haftungsordnung, dessen Existenz sich aus seinen subjektiven Merkmalen rechtfertigt, beinhaltet solche Unsicherheiten aber naturgemäß.

Die häufig kritisch betrachteten Überschneidungen zwischen besonderer Insolvenzanfechtung und der Vorsatzanfechtung müssen auch in Zukunft beobachtet werden, letztlich sind sie aber logische Konsequenz der Entwicklung des Insolvenzanfechtungsrechts.[777] Das Absenken der Anforderungen an den Vorsatz bei der Vorsatzanfechtung und die Objektivierung der §§ 130–132 InsO erwecken zunächst den Anschein eines parallelen Verschiebens der Grenzen. Lässt man aber diese grobe Zusammenfassung des anfechtungsrechtlichen Fortschritts hinter sich, wird deutlich, dass auch eine Anfechtung nach den Vorschriften der besonderen Insolvenzanfechtung zum Zwecke des Verkehrsschutzes und der Rechtssicherheit die Erfüllung subjektiver Tatbestandsmerkmale voraussetzt. Hat man aber auf beiden Seiten des Insolvenzanfechtungsrechts subjektive Voraussetzungen und werden diese auf Seiten der Vorsatzanfechtung immer weiter abgesenkt und anhand von Tatbestandsmerkmalen der Vorschriften der besonderen Insolvenzanfechtung nachgewiesen, liegen die kritisierten Überschneidungen in der Natur der Sache.

Im Rahmen der Anfechtung kongruenter Deckungen endet der Schutz des Rechtsverkehrs mit der Kenntnis des Gläubigers von Umständen, die zwingend auf die Zahlungsunfähigkeit hinweisen (vgl. § 130 Abs. 2 InsO).[778] Gläubiger, denen solche Umstände nicht bekannt waren, sind vor einem Anfechtungsanspruch

---

777 Neben den bereits mehrfach genannten *Foerste*, NZI 2006, 6, 7 und *Paulus*, in: Festschrift Fischer, 445, 458 mahnt auch *Schoppmeyer*, ZIP 2009, 600, 603 zur Vorsicht.

778 Die Kenntnis von Umständen, die zwingend auf den Eröffnungsantrag hinweisen, vgl. § 130 Abs. 2 InsO a. E., können als Unterfall der Kenntnis von Umständen, die auf die Zahlungsunfähigkeit hinweisen, eingeordnet werden, wird das *zwingende Schließen* von der wohl herrschenden Meinung doch großzügig in Richtung eines

geschützt.[779] Sieht man mit dem Bundesgerichthof bei der Vorsatzanfechtung bei Handeln trotz Kenntnis der Zahlungsunfähigkeit ein starkes Beweisanzeichen für den Benachteiligungsvorsatz des Schuldners, ist ein Konkurrieren der Tatbestände immer dann sehr gut möglich, wenn der Schuldner an der in Frage stehenden Rechtshandlung beteiligt ist.[780] Ein sauberes Trennen zwischen den Anwendungsbereichen ist nicht möglich. Nun mag bei den Überschneidungen Vorsicht geboten sein. Dem wird aber genüge getan, wenn man darauf achtet, dass die Konturen der von den Tatbeständen geförderten Zwecke nicht verschwimmen, was wiederum durch eine *„sachgerechte Handhabung der tatbestandlichen Erfordernisse"*[781] erreicht werden kann. Die besondere Insolvenzanfechtung und die Vorsatzanfechtung sind weitgehend unabhängige Regelungen, denen für die jeweils andere systematisch Zwingendes nicht entnommen werden kann.

fahrlässiges Nichtschließens ausgelegt. Vgl. *Henckel*, in: Jaeger, InsO, § 130 Rdnr. 121; *Thole*, in: Heidelberger Kommentar, § 130 Rdnr. 35.

779 *Häsemeyer*, Insolvenzrecht, Rdnr. 21.50.

780 Richtig ist es, dass sich aus der Tatsache, dass § 133 Abs. 1 InsO – im Gegensatz zu §§ 130 und 131 InsO – nur Rechtshandlungen des Schuldners erfasst, keine wesentlichen Erkenntnisse zu der hier behandelten Problematik gewinnen lassen. Vgl. *Schoppmeyer*, ZIP 2009, 600, 604.

781 *Thole*, ZZP 121 (2008), 67, 84.

Dritter Teil
Ein Vorschlag zur Begrenzung der Vorsatzanfechtung

Die Anfechtungsregeln verfolgen nicht den Zweck, dem Schuldner die Teilnahme am Rechtsverkehr vollständig zu verwehren. Das wäre einfacher durch die Anordnung einer vollumfänglichen Rückabwicklung aller nach dem Eintritt der Krise vorgenommenen Rechtsgeschäfte zu erreichen.[782] Das Insolvenzanfechtungsrecht differenziert zwischen den verschiedenen Rechtshandlungen des Schuldners und lässt nur bei solchen eine Rückabwicklung zu, die für die Masse wirtschaftlich nachteilig sind. Der Austausch wertäquivalenter Leistungen ist aber für sich betrachtet wirtschaftlich neutral. Daher nahm bereits das Reichsgericht die Unanfechtbarkeit von Bardeckungen an,[783] deren Privilegierung heute gesetzlich festgehalten ist. Nur so besteht für den Schuldner auch während der Krise noch die Möglichkeit, Rechtsgeschäfte abzuschließen und sein Geschäft fortzuführen. Der Schuldner wird vom Geschäftsverkehr nicht ausgeschlossen, wenn es sich um Bargeschäfte handelt. Die Anfechtung eines Austausches gleichwertiger Leistungen ist, wenn er zeitnah erfolgt, durch § 142 InsO begrenzt.[784]

Die wirtschaftliche Situation des Schuldners ist nicht nur bei den Vorschriften der besonderen Insolvenzanfechtung, sondern auch für eine Anfechtung nach § 133 Abs. 1 InsO regelmäßig entscheidend, da der Nachweis der Kenntnis der Zahlungsunfähigkeit des Schuldners auf den subjektiven Tatbestand hinweist.[785]

782 Hierzu findet sich schon in der Begründung des Entwurfs der Konkursordnung eine ausführliche rechtsvergleichende Abwägung der verschiedenen Regelungsmöglichkeiten. Vgl. Begründung des RegE, in: *Hahn*, Reichsjustizgesetze, Vierter Band, S. 113 ff.

783 *RGZ* 100, 62, 64.

784 Regierungsentwurf, BT-Drucksache 12/2443, S. 167; *Kirchhof*, in: Münchener Kommentar, InsO, § 142 Rdnr. 1.

785 *BGHZ* 167, 190, 194 f.; *BGH*, NZI 2005, 690, 692.

Aber auch bei inkongruenten Deckungen hält der Bundesgerichtshof es – zutreffend – für erforderlich, dass ernsthafte Zweifel an der Liquiditätslage des Schuldners bestehen.[786] Erleichtert die wirtschaftliche Krise des Schuldners aber den Nachweis der subjektiven Tatbestandsmerkmale der Vorsatzanfechtung, sollte der Zweck des § 142 InsO, unter bestimmten Voraussetzungen in dem Zeitraum drei Monate vor Insolvenzantragstellung ein Weiterwirtschaften zu ermöglichen, auch bei der Vorsatzanfechtung berücksichtigt werden.

Der Bundesgerichtshof beschränkt die Reichweite der Vorsatzanfechtung, indem er Wertungen der Bargeschäftslehre bei dem Nachweis der subjektiven Tatbestandsmerkmale zur Anwendung bringt.[787] Im Ergebnis ist dies ein Schritt in die richtige Richtung. Tatsächlich bedeutet das Vorliegen eines Bargeschäftes aber nicht, dass regelmäßig davon ausgegangen werden kann, dass der Schuldner nicht mit dem Vorsatz handelte, seine Gläubiger zu benachteiligen. Der von dem Bundesgerichtshof bejahte Beweiswert einer bargeschäftsähnlichen Lage muss für den Einzelfall überprüft werden.[788] Die eindeutige gesetzliche Regelung, nach der die Anfechtung von Bardeckungen möglich bleibt, wenn die Voraussetzungen des § 133 Abs. 1 InsO vorliegen, sperrt zudem eine Anwendung der Bargeschäftsgrundsätze auf die Vorsatzanfechtung und steht damit der Rechtsprechung des Bundesgerichtshofes entgegen.[789]

Bei der Privilegierung der Vorsatzanfechtung im Rahmen des § 142 InsO besteht daher Reformbedarf.[790] Es ist erstrebenswert, Bargeschäfte *de lege ferenda* zumindest teilweise von der Anfechtung nach § 133 Abs. 1 InsO auszunehmen. Dies gilt zum einen, weil der Eintritt der materiellen Insolvenz für die Vorsatzanfechtung an Bedeutung gewonnen hat. Die Kenntnis der (drohenden) Zahlungsunfähigkeit ist in der Praxis wohl mittlerweile das bedeutendste Beweisanzeichen für die Vorsatzanfechtung. Dies ist auch darin begründet, dass der Insolvenzverwalter den Eintritt der Zahlungsunfähigkeit regelmäßig ohnehin ermitteln wird, da dieser auch für andere Haftungstatbestände relevant ist, etwa für § 64 GmbHG. In vielen Fällen wird es spätestens ab dem Zeitpunkt, ab dem der Insolvenzverwalter die Kenntnis der Zahlungsunfähigkeit bei Schuldner und Anfechtungsgegner nachweisen kann, für den Anfechtungsgegner schwierig einer Inanspruchnahme zu entgehen. Ist aber mittlerweile die wirtschaftliche Situation des Schuldners regelmäßig ausschlaggebend für ein Anfechtungsrecht nach § 133

786 *BGH*, NZI 2014, 68, 69.
787 Vgl. *BGHZ* 202, 59, 74.
788 Siehe S. 171 f.
789 Siehe S. 172 f.
790 Auch *Foerste*, WM 2014, 1213, 1217 befürwortet eine Rechtsfortbildung.

Abs. 1 InsO, sollte der Normzweck des § 142 InsO, in solchen Fällen äquivalente Leistungsaustausche weiterhin zu ermöglichen, auch im Rahmen der Vorsatzanfechtung berücksichtigt werden.

Als Argument für das Bedürfnis einer Privilegierung von Bargeschäften im Rahmen der Vorsatzanfechtung *de lege ferenda* kann auch die Systematik der §§ 129 ff. InsO herangezogen werden. § 142 InsO enthält eine Ausnahmeregelung, nach der Bardeckungen dann angefochten werden können, wenn die Voraussetzungen der Vorsatzanfechtung gegeben sind. Liegt bei einem Sachverhalt, der die Möglichkeit der Anfechtung nach § 130 Abs. 1 InsO eröffnet, aber regelmäßig auch der Tatbestand des § 133 Abs. 1 InsO vor, erscheint eine solche Ausnahme systematisch bedenklich. § 142 InsO verbliebe damit kaum ein Anwendungsbereich. Das Argument der verschiedene Zwecke verfolgenden Tatbestände stößt an dieser Stelle langsam an seine Grenzen. Es vermag nicht zu erklären, dass § 142 InsO seiner wichtigen Funktion nicht nachkommen kann, weil bei nach § 142 InsO privilegierten Bardeckungen regelmäßig die Vorsatzanfechtung greift.

Zudem dient eine gesetzliche Fixierung der Privilegierung von Bargeschäften im Rahmen von § 133 Abs. 1 InsO auch der Rechtssicherheit. Dies gilt zum einen, da die Rechtsprechung des Bundesgerichtshofs zur bargeschäftsähnlichen Lage bei der Vorsatzanfechtung viele Fragen aufwirft.[791] Zum anderen bietet ein auch für die Vorsatzanfechtung eindeutig geregeltes Bargeschäftsprivileg mehr Rechtssicherheit bei dem Unterfangen, masseneutrale Rechtsgeschäfte anfechtungsfest zu gestalten.

791 Siehe S. 168 ff.

Erstes Kapitel: Reformvorschläge und Insolvenzrechtsreform

I. Gravenbrucher Kreis

Zusammengefasst sieht der Reformvorschlag des Gravenbrucher Kreises für § 133 InsO und § 142 InsO die folgenden Änderungen vor:[792] Der Anfechtungszeitraum der Vorsatzanfechtung soll im Regelfall drei Jahre betragen. Ein zehnjähriger Anfechtungszeitraum ist nur für die Fälle vorgesehen, in denen der Anfechtungsgegner zum Zeitpunkt der Rechtshandlung unredlich oder eine nahestehende Person (§ 138 InsO) war. Dagegen wird der Anwendungsbereich des § 142 InsO ausgeweitet. Bardeckungen sollen auch nach § 133 Abs. 1 InsO nur angefochten werden können, wenn der Anfechtungsgegner zum Zeitpunkt der Rechtshandlung wiederum unredlich oder eine nahestehende Person (§ 138 InsO) war.

Zur Förderung der Rechtssicherheit ist das Verkürzen des zehnjährigen Anfechtungszeitraums der Vorsatzanfechtung zu begrüßen. Der vom Gravenbrucher Kreis vorgeschlagene dreijährige Anfechtungszeitraum erscheint im Hinblick auf die Regelung in § 134 InsO aber zu kurz. Dort ist eine Frist von vier Jahren vorgesehen. Gegen das Verkürzen des Anfechtungszeitraums des § 133 Abs. 1 InsO unter den, der in § 134 InsO vorausgesetzt wird, spricht, dass hinter § 134 InsO lediglich Billigkeitsgründe stehen.[793] Grund für die Anfechtung nach § 133 Abs. 1 InsO ist dagegen ein vorsätzliches Fehlverhalten des Schuldners.[794] Hinter § 134 InsO steht dagegen der im deutschen Zivilrecht allgemein anerkannte Grundsatz, dass die Schutzwürdigkeit von Empfängern unentgeltlicher Leistungen geringer ist als die von Empfängern entgeltlicher Leistungen.[795] Bei unentgeltlichen Leistungen wird daher innerhalb des von § 134 InsO umfassten Zeitraums das Interesse des Empfängers am Bestand der Leistung aus Billigkeitserwägungen gegenüber dem Interesse der übrigen Gläubiger auf Mehrung der zu ihrer Befriedigung zur

---

792 Im Internet abrufbar unter: https://www.gravenbrucher-kreis.de/2014/08/05/vorschlag-des-gravenbrucher-kreises-zur-reformierung-des-anfechtungsrechts/ (nachfolgend „*Gravenbrucher Kreis*, Reformvorschlag" genannt) (zuletzt abgerufen am 1. Oktober 2017).

793 *BGHZ* 58, 240, 243; *Kayser*, in: Münchener Kommentar, InsO, § 134 Rdnr. 1; *Ede/Hirte*, in: Uhlenbruck/Hirte/Vallender, InsO, § 134 Rdnr. 1.

794 Siehe oben S. 72.

795 Der Grundsatz hat auch in den §§ 528, 816 Abs. 1 S. 2, 822, 988, 2287, 2329 BGB Berücksichtigung gefunden.

Verfügung stehenden Insolvenzmasse zurückgesetzt.[796] Unabhängig davon, mit welcher Form des Vorsatzes der Schuldner handelte: Das Interesse am Bestand einer Rechtshandlung, die mit dem Vorsatz vorgenommen wurde, Gläubiger zu benachteiligen, wird regelmäßig geringer sein als das Interesse am Bestand an einer unentgeltlichen Rechtshandlung. Daher sollte der Anfechtungszeitraum des § 133 Abs. 1 InsO jedenfalls dem des § 134 InsO entsprechen.

Zudem vermag auch das Tatbestandsmerkmal der Redlichkeit des Anfechtungsgegners, bei dessen Vorliegen nach dem Reformvorschlag des Gravenbrucher Kreises der Anfechtungszeitraum wiederum zehn Jahre betragen soll, nicht zu überzeugen. Insbesondere für die Tatbestände der Insolvenzanfechtung ist es zu ungenau. Bei einem Tatbestand, dessen einschneidenden Rechtsfolgen in der Rechtspraxis häufig schwer vermittelbar sind, sollten Tatbestandsmerkmale verwendet werden, die weniger wertungsoffen sind. Außerdem richtet sich der Anfechtungsanspruch zwar gegen den Anfechtungsgegner, der Grund für die Möglichkeit einer Anfechtung liegt im Falle des § 133 Abs. 1 InsO aber insbesondere darin, dass der Schuldner vorsätzlich seine Gläubiger benachteiligt. Um der Vorsatzanfechtung klare Konturen zu verleihen, sollte man, wenn bei der Länge des Anfechtungszeitraums differenziert werden soll, eher anhand der Qualität des Schuldnerhandelns unterschieden werden.

Darüber hinaus ist zweifelhaft, ob die Vorsatzanfechtung gegenüber nahestehenden Personen nach § 138 InsO über einen Zeitraum von zehn Jahren zugelassen und solchen Personen zudem das Bargeschäftsprivileg verwehrt werden sollte. Nach den §§ 130 Abs. 3, 132 Abs. 3, 137 Abs. 2 S. 2 InsO besteht für Personen, die dem Schuldner gemäß § 138 InsO nahestehen, eine gesetzliche Vermutung, dass diese die Zahlungsunfähigkeit sowie den Eröffnungsantrag des Schuldners kennen. Nach § 131 Abs. 2 S. 2 InsO wird bei solchen Personen vermutet, dass sie die Gläubigerbenachteiligung kannten. Der Entwurf des Gravenbrucher Kreises begnügt sich aber nicht mit einer gesetzlichen Vermutung, sondern verschärft die Vorsatzanfechtung gegenüber diesem Personenkreis deutlich. Im Rahmen der besonderen Insolvenzanfechtung wird die erleichterte Anfechtung gegenüber Personen im Sinne des § 138 InsO damit begründet, dass aufgrund ihrer wirtschaftlichen oder persönlichen Verbundenheit eher davon ausgegangen werden kann, dass sie sich der wirtschaftlichen Schwierigkeiten des Schuldners bewusst sind und aufgrund der Verbundenheit auch eher dazu bereit sind, Verträge zum

796 *BGHZ* 58, 240, 243; *Kayser*, in: Münchener Kommentar, InsO, § 134 Rdn. 1; *Nerlich*, in: Nerlich/Römermann, InsO § 134 Rdnr. 2; *Ede/Hirte*, in: Uhlenbruck/Hirte/Vallender, InsO, § 134 Rdnr. 1.

Nachteil der übrigen Gläubiger zu schließen.[797] Eine solche Vermutung mag eine Beweislastumkehr rechtfertigen, die vom Gravenbrucher Kreis gemachte Unterscheidung zu den nicht in § 138 InsO genannten Personen geht dagegen zu weit. Es ist nicht gerechtfertigt, die Anfechtung gegenüber nahestehenden Personen auch zehn Jahre vor Insolvenzantragsstellung zuzulassen und das unabhängig davon, ob ein Bargeschäft vorliegt oder nicht, gegenüber langjährigen Lieferanten aber nur drei Jahre und nur bei Nichtvorliegen eines Bargeschäfts. Fragwürdig ist zudem die Gleichstellung von Personen, bei denen aufgrund ihrer persönlichen und wirtschaftlichen Verbundenheit mit dem Schuldner die Bereitschaft vermutet wird, für die übrigen Gläubiger nachteilige Rechtsgeschäfte vorzunehmen und Personen, denen nachgewiesen wurde, dass sie unredlich gehandelt haben.

II. Marotzke

Marotzke schlägt vor, die Vorsatzanfechtung auf Rechtshandlungen Dritter zu erweitern.[798] Zudem soll eine Anfechtung von Deckungen oder Sicherungen nach § 133 InsO nur noch möglich sein, wenn der Anfechtungsgegner mit Gläubigerbenachteiligungsvorsatz handelte und diesem „*zurzeit der Rechtshandlung das Recht zustand, die Eröffnung des Insolvenzverfahrens über das Vermögen des Schuldners zu beantragen.*“[799] Eine Anfechtung soll hier aber ausgeschlossen sein, „*wenn dem Gläubiger nach der Lage des Falles weder die Ausübung seines Antragsrechts noch die Rücksichtnahme auf andere Gläubiger zugemutet werden konnte.*“[800]

Weiter sieht der Entwurf von *Marotzke* ein Sanierungsprivileg vor: „*Eine Rechtshandlung, die vorgenommen wurde, um einen bestehenden oder drohenden Eröffnungsgrund dauerhaft abzuwenden,*“ soll nicht angefochten werden können, „*wenn die Beteiligten Grund zu der Annahme hatten, dass der Erfolgseintritt überwiegend wahrscheinlich sein würde.*“[801]

Auch § 142 InsO soll nach dem Reformvorschlag von *Marotzke* angepasst werden. Ein Bargeschäft soll nach den Vorschriften der Insolvenzordnung nur angefochten werden können, „*wenn der Empfänger Grund zu der Annahme hatte, dass der Leistungsaustausch nach dem Plan des Schuldners oder aus einem anderen Grund zu einer Benachteiligung der übrigen Gläubiger führen würde.*“[802]

---

797 *BGHZ* 96, 352, 358.
798 *Marotzke*, ZInsO 2014, 745, 746.
799 *Marotzke*, ZInsO 2014, 745, 746.
800 *Marotzke*, ZInsO 2014, 745, 746.
801 *Marotzke*, ZInsO 2014, 745, 746.
802 *Marotzke*, ZInsO 2014, 745, 748.

Es kann davon ausgegangen werden, dass die Erstreckung auf Rechtshandlungen Dritter sowie einen Gläubigerbenachteiligungsvorsatz des Anfechtungsgegners trotz der von *Marotzke* ebenfalls vorgesehenen Beschränkungen insgesamt eher eine Ausweitung des Anwendungsbereichs der Vorsatzanfechtung bewirkt.[803] Eine Erweiterung der Vorsatzanfechtung auf Rechtshandlungen Dritter ist aber aus historischen und systematischen Erwägungen abzulehnen.[804]

Kritisch wird auch gesehen, dass *Marotzke* vorschlägt, die Anfechtung von Deckungen nach § 133 InsO an ein bestehendes Insolvenzantragsrecht anzuknüpfen. Der Anwendungsbereich der Vorsatzanfechtung würde hierdurch zwar begrenzt, die Grenzen zu den Vorschriften der besonderen Insolvenzanfechtung würden aber weiter verschwimmen. Bisher wird der Gläubigergleichbehandlungsgrundsatz insbesondere durch die §§ 130–132 InsO auf den Zeitraum vor Insolvenzantragstellung ausgeweitet. Für die Ausweitung des Gläubigergleichbehandlungsgrundsatzes ist dabei regelmäßig erforderlich, dass der Schuldner bereits zahlungsunfähig ist, also ein Insolvenzgrund vorliegt, vgl. §§ 130 Abs. 1 S. 1 Nr. 1, 131 Abs. 1 Nr. 2, 132 Abs. 1 Nr. 1 InsO. Eine weitergehende Rückwirkung des Gläubigergleichbehandlungsgrundsatzes vor den Zeitpunkt der Insolvenzantragstellung – etwa durch eine generelle Wirkung des Gläubigergleichbehandlungsgrundsatz ab Eintritt der Insolvenz – wurde in den Motiven zur Konkursordnung zwar diskutiert, dann aber ausdrücklich verworfen.[805] Diese Nähe zu dem Insolvenzgrund der Zahlungsunfähigkeit gibt es *de lege lata* bei der Vorsatzanfechtung dadurch, dass die Kenntnis der Zahlungsunfähigkeit als Beweisanzeichen für die subjektiven Tatbestandsmerkmale der Vorsatzanfechtung gewertet wird.[806] Lässt man die Vorsatzanfechtung bei der Deckungsanfechtung erst ab Vorliegen eines Insolvenzgrundes zu, wird deren Anwendungsbereich zwar eingeschränkt, die Nähe zur besonderen Insolvenzanfechtung aber verstärkt. Bevor die Grenzen zwischen den beiden Rechtsinstituten durch eine solche Anpassung der Vorsatzanfechtung weiter verschwimmen, sollte eher eine zeitliche Ausweitung der besonderen Insolvenzanfechtung und damit des Grundsatzes der Gläubigergleichbehandlung in Verbindung mit einer erheblichen Beschränkung der Vorsatzanfechtung in Betracht gezogen werden.

---

803 Davon, dass seine Vorschläge insgesamt zu einer Verschärfung der Vorsatzanfechtung führen, geht auch *Marotzke*, ZInsO 2014, 417, 420 aus. Dieser frühere Beitrag enthält bereits viele der in *Marotzke*, ZInsO 2014, 745 ausformulierten Reformvorschläge.

804 Auch *Thole*, ZZP 121 (2008), 67, 89 ist der Ansicht, dass die Wertungen des *„schuldnerbezogenen Anfechtungsrecht"* zumindest einer analogen Anwendung des § 133 Abs. 1 InsO auf Vollstreckungshandlungen entgegenstehen. Vergleiche hierzu auch S. 102.

805 Vgl. Begründung des RegE, in: *Hahn*, Reichsjustizgesetze, Vierter Band, S. 113 ff.

806 Vgl. *Ganter*, ZIP 2015, 1413, 1417; *Thole*, ZIP 2015, 2145, 2151.

Die von *Marotzke* vorgeschlagene gesetzliche Fixierung eines Sanierungsprivilegs führt zu ähnlichen Ergebnissen, die auch *de lege lata* erreicht werden. Auch bei der Bewertung von Sanierungsvorhaben im Rahmen des Gläubigerbenachteiligungsvorsatzes kommt es darauf an, ob der Schuldner davon ausgehen konnte, dass seine Sanierungsbemühungen erfolgreich sein werden.[807] Bei *Marotzke* muss aber Grund zu der Annahme einer überwiegend wahrscheinlichen Sanierung bestanden haben. Anders als nach der geltenden Rechtslage[808] werden daher Schuldner, die irrig von einer möglichen Sanierung ausgingen, nicht privilegiert. Allerdings wird der Nachweis eines solchen Irrtums in der Praxis häufig schwerfallen.

III. Entwurf der Bundesregierung

Der Entwurf eines Gesetzes zur Verbesserung der Rechtssicherheit bei Anfechtungen nach der Insolvenzordnung und nach dem Anfechtungsgesetz der Bundesregierung sieht eine Anpassung des § 131 InsO vor. Die Inkongruenz einer Deckung soll sich nicht allein daraus ergeben, *„dass die Sicherung oder Befriedigung durch Zwangsvollstreckung erwirkt oder zu deren Abwendung bewirkt worden ist"*.[809]

Bei § 133 InsO wird der Anfechtungszeitraum auf vier Jahre begrenzt, wenn die angefochtenen Rechtshandlung dem Anfechtungsgegner eine Sicherung oder Befriedigung gewährt oder ermöglicht hat.[810] Bei der Anfechtung kongruenter Deckungen ist es darüber hinaus für die Vermutung des derzeit geltenden § 133 Abs. 1 S. 2 InsO nicht mehr ausreichend, dass der Anfechtungsgegner die drohende Zahlungsunfähigkeit des Schuldners kannte; er muss nun Kenntnis von der eingetretenen Zahlungsunfähigkeit des Schuldners haben. Zudem wird bei Zahlungsvereinbarungen oder in sonstiger Weise gewährten Zahlungserleichterungen vermutet, dass der Anfechtungsgegner die Zahlungsunfähigkeit nicht kannte.

Weiter sieht der Entwurf der Bundesregierung eine Anpassung des § 142 InsO vor.[811] Für eine Anfechtung eines Bargeschäftes mittels der Vorsatzanfechtung soll es danach erforderlich sein, dass dem Anfechtungsgegner bekannt war, dass der Schuldner unlauter handelte. Auch wird durch einem neuen § 142 Abs. 2 InsO die Unmittelbarkeit des Leistungsaustausches konkretisiert. Die Unmittelbarkeit des

807 Siehe S. 157.
808 Siehe S. 158.
809 Regierungsentwurf, BT-Drucksache 18/7045, S. 7.
810 Regierungsentwurf, BT-Drucksache 18/7045, S. 7.
811 Regierungsentwurf, BT-Drucksache 18/7045, S. 7 f.

Austausches liegt danach vor, „*wenn dieser nach Art der ausgetauschten Leistungen und unter Berücksichtigung der Gepflogenheiten des Geschäftsverkehrs in einem engen zeitlichen Zusammenhang*“[812] erfolgte. Der enge zeitliche Zusammenhang ist nach dem Entwurf bei der Gewährung von Arbeitsentgelt gegeben, „*wenn der Zeitraum zwischen Arbeitsleistung und Gewährung des Arbeitsentgelts drei Monate nicht übersteigt*“[813].

Für die Vorschriften der Insolvenzanfechtung sieht der Regierungsentwurf als letzte Neuerung der Insolvenzanfechtungsnormen eine Anpassung des Rückgewähranspruches in § 143 InsO vor. Nach dem neuen § 143 Abs. 1 S. 3 InsO sind Geldschulden nur zu verzinsen, wenn der Schuldner sich im Verzug befindet oder der Rückgewähranspruch rechtshängig ist (§ 291 BGB).[814]

Der Entwurf der Bundesregierung privilegiert bei der Anfechtung nach § 131 InsO jegliche durch Zwangsvollstreckung erlangten Deckungen und muss insoweit angepasst werden. Hierdurch werden insbesondere solche Gläubiger bevorzugt, die sich ihre Zwangsvollstreckungstitel selbst schaffen können, also öffentlich-rechtliche Gläubiger wie Finanzämter (vgl. §§ 249 ff. AO) und Sozialversicherungsträger (vgl. § 66 SGB X), da für diese eine Befriedigung durch Zwangsvollstreckung viel schneller zu erlangen ist als für Gläubiger, die vor einer Zwangsvollstreckung einen gerichtlichen Titel erstreiten müssen. Eine solche Gesetzesänderung widerspricht dem zentralen Ziel der Insolvenzrechtsreform aus dem Jahr 1999, Insolvenzprivilegien abzuschaffen, damit weniger Insolvenzanträge mangels Masse abgewiesen werden.[815]

Systematisch bedenklich erscheint der Entwurf der Bundesregierung, da er im Rahmen der Vorsatzanfechtung Sonderregelungen für Deckungshandlungen vorsieht. Durch eine solche Differenzierung wird die Nähe der Vorsatzanfechtung zu den §§ 130, 131 InsO weiter verstärkt und dabei vernachlässigt, dass die beiden Rechtsinstitute unterschiedliche Zwecke verfolgen.[816] Soweit es für notwendig erachtet wird, ausdrückliche Regelungen für die Anfechtung von Deckungen in die Tatbestände der Insolvenzanfechtung aufzunehmen, die Zeiträume außerhalb der gesetzlichen Krise betreffen, sollte dies im Rahmen der § 130–132 InsO erfolgen. Sonst besteht die Gefahr, dass die Grenzen zwischen der Vorsatzanfechtung und den Vorschriften der besonderen Insolvenzanfechtung weiter verschwimmen.

---

812 Regierungsentwurf, BT-Drucksache 18/7045, S. 7.
813 Regierungsentwurf, BT-Drucksache 18/7045, S. 8.
814 Regierungsentwurf, BT-Drucksache 18/7045, S. 8.
815 Regierungsentwurf, BT-Drucksache 12/2443, S. 81.
816 Siehe S. 76.

Die im Regierungsentwurf vorgesehene Einschränkung der Vermutung des § 133 Abs. 1 S. 2 InsO bei kongruenten Deckungen erschwert die Anfechtung. Im Hinblick darauf, dass bei der Bewertung des Beweiswertes einer lediglich drohenden Zahlungsunfähigkeit für die subjektiven Merkmale der Vorsatzanfechtung ohnehin eine genaue Abwägung des Einzelfalls erfolgen sollte,[817] ist sie aber zu begrüßen. Dass der Entwurf für die Vermutung lediglich bei kongruenten Deckungen eine bereits eingetretene Zahlungsunfähigkeit verlangt, wird die Anfechtung inkongruenter Deckungen nach § 133 InsO wenig beeinflussen. Bei ernsthaften Zweifeln an der Liquidität des Schuldners ist eine inkongruente Deckung ein Beweisanzeichen für die subjektiven Vorsatzanfechtungsmerkmale. Auf die gesetzliche Vermutung in § 133 Abs. 1 S. 2 InsO wird der Insolvenzverwalter daher regelmäßig nicht zurückgreifen müssen.[818]

Nach dem Regierungsentwurf wird die Anfechtung von Bargeschäften mittels der Vorsatzanfechtung dadurch erschwert, dass der Anfechtungsgegner Kenntnis davon gehabt haben muss, dass der Schuldner unlauter handelte.[819] Der Vorteil einer solchen Beschränkung der Vorsatzanfechtung besteht darin, dass sie die Gefahr einer Entwertung des Bargeschäftsprivilegs durch die Vorsatzanfechtung beseitigt.[820] Unbestimmte Tatbestandsmerkmale sollten bei der Insolvenzanfechtung aber vermieden werden.[821] Bei der in dem neuen § 142 Abs. 2 InsO enthaltenen Konkretisierung der Unmittelbarkeit stellt sich die Frage, warum überhaupt an dem Begriff der Unmittelbarkeit festgehalten wird. Soll nun, entsprechend der Rechtsprechung zum geltenden § 142 InsO,[822] auch in den Gesetzestext aufgenommen werden, dass ein enger zeitlicher Zusammenhang für die Unmittelbarkeit ausreicht, kann man den Begriff der Unmittelbarkeit in dem neuen § 142 Abs. 1 InsO auch streichen und bereits dort einen engen zeitlichen Zusammenhang ausreichen lassen.

Die Regelung zum Arbeitnehmerentgelt im neuen § 142 Abs. 2 S. 2 InsO, der eine zweifelhafte Rechtsprechung des Bundesarbeitsgerichts gesetzlich festhält,[823] steht wiederum im Widerspruch zu dem im Jahr 1999 umgesetzten Ziel, die Insolvenzmasse durch Abschaffung von Insolvenzprivilegien zu stärken.[824] Im

---

817 Siehe S. 117.

818 *BGHZ* 157, 242, 251; *BGH*, NZI 1999, 152, 153; 2010, 439, 440; 2014, 68, 69 f.

819 Regierungsentwurf, BT-Drucksache 18/7045, S. 7.

820 Siehe S. 181.

821 Siehe S. 196.

822 Etwa *BGHZ* 167, 190, 201; *BGH*, NJW 1980, 1961, 1962.

823 Vgl. *BAGE* 139, 235, 240 f.

824 Regierungsentwurf, BT-Drucksache 12/2443, S. 81.

Hinblick auf den für Arbeitnehmerentgelte ausreichenden Austausch der Leistungen innerhalb von drei Monaten besteht die Gefahr, dass dieser als Maßstab für vergleichbare Leistungsaustausche herangezogen wird. Hier ist eine weitere Ausweitung des Bargeschäftsprivilegs zu Lasten der Insolvenzmasse zu befürchten.

Der Vorschlag zur Beschränkung des Anspruches auf Zahlung von Zinsen bei Geldschulden ist zu begrüßen. Nach §§ 143 Abs. 1 S. 2 InsO, 819 Abs. 1, 818 Abs. 4, 291, 288 Abs. 1 S. 2 BGB ist der auf eine Geldleistung gerichtete Rückgewähranspruch ab Fälligkeit in Höhe von fünf Prozentpunkten über dem Basiszinssatz zu verzinsen.[825] Die Fälligkeit des Anspruchs auf Rückgewähr tritt mit der Eröffnung des Insolvenzverfahrens ein.[826] Damit wird die Gefahr, dass Insolvenzverwalter das Entstehen des Zinsanspruches ab Verfahrenseröffnung ausnutzen und den Anfechtungsanspruch erst verzögert geltend machen, beseitigt.

IV. Insolvenzrechtsreform 2017

Nach Fertigstellung dieser Untersuchung trat am 5. April 2017 das „Gesetz zur Verbesserung der Rechtssicherheit bei Anfechtungen nach der Insolvenzverordnung und nach dem Anfechtungsgesetz" in Kraft.[827] Dieses Gesetz entspricht im Wesentlichen dem im vorherigen Abschnitt dargestellten Entwurf der Bundesregierung, auf den insoweit verwiesen wird.[828] Die wenigen Änderungen folgen der Beschlussempfehlung des Rechtsausschusses.[829]

Der Gesetzgeber hat davon Abstand genommen, in § 131 InsO aufzunehmen, dass Zwangsvollstreckungshandlungen keine inkongruenten Deckungen sind. Die Ergänzung, die im Entwurf der Bundesregierung vorgesehen war, wurde auf Empfehlung des Rechtsausschusses ersatzlos gestrichen.[830] Auch der Gesetzgeber hat erkannt, dass die verworfene Regelung eine ungerechtfertigte Privilegierung solcher öffentlich-rechtlicher Gläubiger bewirkt hätte, die sich ihre Zwangsvollstreckungstitel selbst schaffen können.[831]

---

825 *BGHZ* 171, 38, 42.

826 *BGH*, NZI 2004, 444, 445; *Kirchhof*, in: Münchener Kommentar, InsO, § 143 Rdnr. 9.

827 Gesetz zur Verbesserung der Rechtssicherheit bei Anfechtungen nach der Insolvenzverordnung und nach dem Anfechtungsgesetz vom 29. März 2017, BGBl. I, S. 654.

828 Siehe S. 187 ff. und Regierungsentwurf, BT-Drucksache 18/7045.

829 Beschlussempfehlung Rechtsausschuss, BT-Drucksache 18/11199.

830 Beschlussempfehlung Rechtsausschuss, BT-Drucksache 18/11199, S. 4

831 Zur diesbezüglichen Kritik an dem Regierungsentwurf siehe S. 188 f. und Beschlussempfehlung Rechtsausschuss, BT-Drucksache 18/11199, S. 11 zur entsprechenden Begründung des Rechtsausschusses.

Änderungen an dem Reformentwurf der Bundesregierung zu § 133 InsO wurden keine gemacht. Anders verhält es sich bei § 142 InsO n. F., der in seinem zweiten Absatz um einen weiteren Satz ergänzt wurde.[832] Danach steht der Gewährung des Arbeitsentgelts durch den Schuldner die Gewährung dieses Arbeitsentgelts durch einen Dritten nach § 267 BGB gleich, wenn für den Arbeitnehmer nicht erkennbar war, dass ein Dritter die Leistung bewirkt hat. Insbesondere in Konzernen finden sich Gestaltungen, in denen die Arbeitslöhne nicht durch den Arbeitgeber, sondern durch ein anderes Konzernunternehmen geleistet werden. Die Regelung soll sicherstellen, dass solche Zahlungen, soweit sie sich im Rahmen des Bargeschäfts bewegen, insolvenzfest sind.[833] Fraglich ist, welche Fälle unter § 142 Abs. 2 S. 3 InsO subsumiert werden können. Nach Rechtsprechung und herrschender Lehre werden inkongruente Deckungen nicht vom Bargeschäftsprivileg erfasst.[834] Die Rechtsprechung geht aber davon aus, dass die Zahlung eines Dritten inkongruent ist, wenn der Anfechtungsgegner keinen Anspruch auf diese Zahlung hatte.[835] Legt man § 142 Abs. 2 S. 3 InsO n. F. diese Rechtsprechung zugrunde, hat die Fiktion, dass der Schuldner und nicht der Dritte geleistet hat, keinen Anwendungsbereich.[836]

Es bleibt nun abzuwarten, wie sich das „Gesetz zur Verbesserung der Rechtssicherheit bei Anfechtungen nach der Insolvenzverordnung und nach dem Anfechtungsgesetz“ in der Praxis schlagen wird. Auf die zuvor diskutierten Fallgruppen der Anfechtung kongruenter Deckungen, der Vorsatzanfechtung fehlgeschlagener Sanierungen und des Ausschlusses der Vorsatzanfechtung bei bargeschäftsähnlicher Lage haben die Änderungen folgende Auswirkungen:

Kongruente Deckungen sind zukünftig nur noch vier Jahre anfechtbar, da der Anfechtungszeitraum in § 133 Abs. 2 InsO n. F. für alle Deckungen entsprechend verkürzt wurde. Dies wird eher selten zu anderen Ergebnissen führen. Aufgrund des wichtigen Beweiswertes der Kenntnis der Zahlungsunfähigkeit für die subjektiven Merkmale bei Schuldner und Anfechtungsgegner, ist die Vorsatzanfechtung

---

832 Auf die ebenfalls ergänzte Regelung des § 103j EGInsO wird hier nicht näher eingegangen. Vgl. hierzu Beschlussempfehlung Rechtsausschuss, BT-Drucksache 18/11199, S. 6 u. 11 f.

833 Beschlussempfehlung Rechtsausschuss, BT-Drucksache 18/11199, S. 4.

834 *BGHZ* 123, 320, 328 f.; 150, 122, 130; *Kirchhof*, in: Münchener Kommentar, InsO, § 142 Rdnr. 7; *Thole*, in: Heidelberger Kommentar, InsO, § 142 Rdnr. 9 f.; *Kayser*, in: Festschrift Fischer, S. 267, 272.

835 *BGH*, NZI 2007, 456; *BAG*, NZI 2014, 276, 277.

836 Vgl. *Thole*, ZIP 2017, 401, 408.

eng mit dem Insolvenzgrund in § 17 InsO verknüpft.[837] Dass der Insolvenzgrund der Zahlungsunfähigkeit früher als vier Jahre vor der tatsächlichen Insolvenzantragstellung vorliegt und dies auch nachgewiesen werden kann, dürfte nur eine kleine Anzahl von Fällen betreffen.

Mit der Einführung von § 133 Abs. 3 S. 1 InsO n. F. muss bei der Anfechtung kongruenter Deckungen zwischen den beiden subjektiven Tatbestandsmerkmalen der Vorsatzanfechtung im Hinblick auf die Bedeutung der Kenntnis der drohenden Zahlungsunfähigkeit unterschieden werden. Die Begrenzung der Beweislastregel des § 133 Abs. 1 S. 2 InsO n. F. durch § 133 Abs. 3 S. 1 InsO n. F. hat keinen Einfluss auf den Beweiswert der drohenden Zahlungsunfähigkeit für den Gläubigerbenachteiligungsvorsatz des Schuldners.[838] Die Kenntnis der drohenden Zahlungsunfähigkeit ist weiterhin ein Indiz für den Schuldnervorsatz.[839]

Dagegen kann die Kenntnis des Anfechtungsgegners von der drohenden Zahlungsunfähigkeit des Schuldners bei der Anfechtung kongruenter Deckungen zukünftig keinen Beweiswert mehr für das subjektive Tatbestandsmerkmal des Anfechtungsgegners haben. Zwar lässt sich auch für die Kenntnis des Anfechtungsgegners argumentieren, dass die Kenntnis der drohenden Zahlungsunfähigkeit für diese ein Beweisanzeichen darstellt, das unabhängig von der Beweislastregel in § 133 Abs. 1 S. 2 InsO n. F. den Schluss auf den Schuldnervorsatz zulässt, das eindeutige gesetzgeberische Bestreben, den Nachweis der Kenntnis des Gläubigerbenachteiligungsvorsatzes bei kongruenten Deckungen nur bei bereits eingetretener Zahlungsunfähigkeit zu ermöglichen, steht einer solchen Auslegung aber entgegen.

Die von der Rechtsprechung entwickelten Anforderungen an ein die Vorsatzanfechtung ausschließendes Sanierungskonzept werden auch im Rahmen des § 133 InsO n. F. zu berücksichtigen sein.[840] Soweit das Sanierungskonzept eine Zahlungsvereinbarung oder eine Zahlungserleichterung im Sinne des § 133 Abs. 3 S. 2 InsO n. F. enthält, wird zudem zugunsten des Anfechtungsgegner vermutet, dass er die Kenntnis des Schuldners nicht kannte.[841]

Der Gefahr, dass die bargeschäftliche Privilegierung kongruenter Deckungen durch die Vorsatzanfechtung verhindert wird,[842] steht nun § 142 Abs. 1 InsO

837 Für den Nachweis des Gläubigerbenachteiligungsvorsatzes vgl. *BGHZ* 167, 190, 195; für den Nachweis der Kenntnis des Anfechtungsgegners vgl. *BGH*, NZI 2005, 690, 692.

838 Vgl. *Thole*, ZIP 2017, 401, 404.

839 Siehe S. 114 ff.

840 Vgl. hierzu S. 154 ff.

841 *Thole*, ZIP 2017, 401, 407.

842 Vgl. hierzu S. 181.

n. F. entgegen, nach dem eine Anfechtung von Bargeschäften mittels der Vorsatzanfechtung nur möglich ist, wenn der andere Teil erkannt hat, dass der Schuldner unlauter handelte. Dadurch wird die für die Vorsatzanfechtung bestehende Ausnahme vom Bargeschäftsprivileg eingeschränkt. Auch die Rechsprechung des Bundesgerichtshofs zur bargeschäftsähnlichen Lage zu § 142 InsO a. F. schränkt diese Ausnahme ein, steht dabei jedoch im Widerspruch zu der absoluten Formulierung des § 142 InsO a. F.[843] Ausweislich der Begründung des Regierungsentwurfes soll die Einschränkung der Anfechtung von Bargeschäften mittels der Vorsatzanfechtung über das Maß hinausgehen, das aufgrund der Rechtsprechung zur bargeschäftsähnlichen Lage erreicht wurde.[844] Wie auch weiter oben gefordert soll es für die Insolvenzfestigkeit eines Bargeschäfts insofern nicht darauf ankommen, ob die Gegenleistung den Gläubigern konkreten Nutzen verspricht.[845]

843 Vgl. hierzu S. 172 f.

844 Regierungsentwurf, BT-Drucksache 18/7045, S. 19.

845 Regierungsentwurf, BT-Drucksache 18/7045, S. 19 und S. 169.

Zweites Kapitel: Ein Vorschlag zur Begrenzung der Vorsatzanfechtung

Zur Geltungszeit der Konkursordnung hat sich *Karsten Schmidt* zu dem Konflikt zwischen wirtschaftlich vernünftigen Entscheidungen und Rechtssicherheit im Insolvenzrecht geäußert.[846] Er geht davon aus, dass eine Rechtsprechung, die versucht, Insolvenzrisiken gerecht zu verteilen, ökonomische Vernunft und Rechtssicherheit nicht in Einklang zu bringen vermag.[847] Speziell im Anfechtungsrecht bestünde große Rechtsunsicherheit, die sich an den oft langwierigen Anfechtungsprozessen bemerkbar mache. Nur so könnten aber ökonomisch vernünftige Entscheidungen getroffen werden; Rechtssicherheit sei im Insolvenzrecht nur durch *„blinden Schematismus"* zu erreichen.[848]

Es wurde bereits festgestellt, dass die verschiedenen in der Literatur zum derzeit geltenden Recht vorgebrachten Begrenzungsvorschläge nicht überzeugen können.[849] Weder mit Hilfe der sozialen Inadäquanz, noch der Gleichheit und dem Fortbestehen der Befriedigungschance, dem Merkmal der Unlauterkeit oder der von *Jacoby* vorgeschlagenen Stärkung des Vertrauensschutzes kann der Anwendungsbereich der Vorsatzanfechtung ausreichend klar bestimmt werden. Wann Rechtshandlungen anfechtbar sind, sollte möglichst der gesetzlich fixierte Tatbestand vorgeben. *De lege lata* handelt der Schuldner danach sozial inadäquat oder verletzt die Gleichheit und das Fortbestehen der Befriedigungschance, wenn der spätere Insolvenzschuldner die Benachteiligung der Gläubiger billigend in Kauf genommen hat. Die Begrenzung eines Tatbestands anhand eines unterschiedlich interpretierten Normzwecks erscheint als sehr weitgehender Eingriff in die Befugnisse des Gesetzgebers. Lediglich in Einzelfällen mag eine normative Betrachtungsweise der Vorsatzanfechtung begründbar sein; die Anfechtung kongruenter Deckungen ist aber kein solcher Einzelfall.

Das gesamte Anfechtungsrecht ist eine Rechtsmaterie, deren Wertungen nur für einen kleinen Kreis fachlich Eingeweihter vollumfänglich nachvollziehbar sind. Insbesondere bei der Vorsatzanfechtung, mit ihrem zehnjährigen Anfechtungszeitraum, wird der Rückforderungsanspruch des Insolvenzverwalters für den betroffenen Gläubiger häufig überraschend sein. Die Regelungen der be-

---

846 *K. Schmidt*, WM 1983, 490.

847 *K. Schmidt*, WM 1983, 490.

848 *K. Schmidt*, WM 1983, 490, 493.

849 Siehe oben S. 142 ff.

sonderen Insolvenzanfechtung zeichnen sich durch klare Voraussetzungen aus, die regelmäßig zu eindeutigen Ergebnissen führen. Auf den ersten Blick hat auch § 133 Abs. 1 InsO klare Tatbestandsmerkmale, seine Anwendung gestaltet sich aber aufgrund des erforderlichen Nachweises subjektiver Vorsaussetzungen regelmäßig als schwierig. Dem Hineinlesen weiterer Ungenauigkeiten in den Tatbestand durch die Literatur kann auch daher nicht gefolgt werden. Bei einem für juristische Laien schwer durchschaubaren Rechtsinstitut sind klare Lösungen erwünschenswert. Solchen Bedenken kann auch noch ein weiterer, von *Bork* vorgebrachter Aspekt hinzugefügt werden. Sogar die Untergerichte seien von der Komplexität der vom Bundesgerichtshof entwickelten Rechtsregeln überfordert, auch ihnen sei das Insolvenzanfechtungsrecht allenfalls in Grundzügen bekannt.[850] Wenn aber schon Richter höherinstanzlicher deutscher Gerichte, *Bork* nennt das Beispiel eines Vorsitzenden Richters am Oberlandesgericht,[851] Schwierigkeiten bei der Anwendung des Anfechtungsrechts haben, kann der allgemeine Rechtsverkehr bei einer normativen Einzelfallbetrachtung der Vorsatzanfechtung künftige Entscheidungen erst recht nicht vorhersehen. Bei einer Begrenzung der Vorsatzanfechtung muss daher darauf geachtet werden, dass dem Tatbestand präzise Grenzen gesetzt werden, damit Entscheidungen prognostizierbar bleiben. Auf unbestimmte Rechtsbegriffe sollte verzichtet werden.

I. Bedingter Vorsatz als grundsätzlich ausreichende Vorsatzform

Es wurde gezeigt, dass das prägende Merkmal des Vorsatzes das Wollen der Tatbestandsverwirklichung ist, dagegen bei dem Nachweis des Vorsatzes dem kognitiven Element die größere Bedeutung zukommt.[852] Bereits zur Geltungszeit der Konkursordnung wurden die Anforderungen an das Wollen nach und nach herabgestuft, aus Absicht wurde einfacher Vorsatz, was sich schließlich mit der Insolvenzrechtsreform auch im Gesetz wiederfand, zu diesem Zeitpunkt aber nur den bereits durch die Rechtsprechung geschaffenen Rechtszustand gesetzlich abbildete.[853] Damit wurden also die Anforderungen an das ursprünglich als entscheidend eingeordnete Vorsatzmerkmal im Laufe der Zeit aufgeweicht. Ist aber der Vorsatz das begründende und begrenzende Merkmal der Vorsatzanfechtung[854] und wurde eigentlich das volunta-

---

850 *Bork*, ZIP 2008, 1041, 1049.
851 *Bork*, ZIP 2008, 1041, 1049, Fn. 83.
852 Siehe S. 95 f.
853 Siehe S. 36.
854 Siehe S. 72.

tive Merkmal als zentraler Vorsatzbestandteil angesehen, so stellt sich die Frage, ob eine solche Aufweichung von Grenze und Grund auch gerechtfertigt werden kann. Ist die Entscheidung des Gesetzgebers richtig, dass Rechtsgeschäfte bis zu zehn Jahre vor der Stellung eines begründeten Insolvenzantrages angefochten werden können, wenn der Schuldner die Möglichkeit der Benachteiligung seiner Gläubiger durch die Rechtshandlung lediglich gebilligt hat?

Die aufgeworfene Frage ist dabei von dem Problem zu unterschieden, das sich noch zur Zeit der Konkursordnung stellte. Ging es damals vor allem darum, wie man den eindeutigen Wortlaut von § 31 Nr. 1 KO, der Absicht vorsah, umgehen konnte, also um das methodische „Zurechtbiegen" des Tatbestandes, geht es heute darum, ob der früher durch Auslegung erzielte und heute gesetzlich vorgegebene Anwendungsbereich die richtigen Grenzen aufweist. Die jeweils erforderlichen Argumente für die richtige Reichweite von Absichts- bzw. Vorsatzanfechtung sollten sich aber ähneln, geht es doch bei beiden Fragestellungen darum, ob Sinn und Zweck von § 31 Nr. 1 KO bzw. § 133 Abs. 1 InsO einen bestimmten Anwendungsbereich verlangen. Überzeugen konnten die zur Konkursordnung vorgetragenen Argumente aber schon damals nicht, wurde doch zumeist damit argumentiert, dass die Absichtsanfechtung sonst ihrer praktischen Bedeutung beraubt würde.[855] Viele Gründe können dazu führen, dass eine Vorschrift in der Praxis nicht angewendet wird. Die bloße Existenz einer Norm bedeutet nicht, dass diese auch angewendet werden muss, ist also kein Argument für einen über den Wortlaut hinausgehenden Anwendungsbereich. Grundsätzlich mag die Begründung in die richtige Richtung zielen, sie ging aber schon damals nicht tief genug. Nicht die Existenz eines Gesetzes, sondern der notwendige, aber aufgrund des Wortlauts nicht erreichte Gesetzeszweck könnte eine teleologische Reduktion des Begriffs der Absicht rechtfertigen bzw. den Wortlaut der heutigen Gesetzesfassung tragen.

Letztlich ist das gesamte Insolvenzanfechtungsrecht, also auch die Vorsatzanfechtung, Mittel zur Anreicherung der Insolvenzmasse.[856] Damit müsste also eine Abwägung zu dem Ergebnis kommen, dass der durch eine Anfechtung bewirkte schwere Eingriff in die Privatautonomie auch bei bedingtem Gläubigerbenachteiligungsvorsatz hinter dem Ziel der Massemehrung zurückzustehen hat. Grundsätzlich ist jede bewusste Entscheidung gegen die Haftungsordnung missbilligenswert genug, um sie der Anfechtung auszusetzen. Das zielgerichtete Benachteiligen der Gläubiger erscheint nicht zwingend erforderlich, erhöht die

---

855 *RG*, JW 1919, 244, 244. *Lent*, in: Jaeger, KO^{8}, § 31 Anm. 5. Besonders deutlich ist hier *BAGE* 20, 11, 20: *„Vielmehr ist die Formulierung des Gesetzes anerkanntermaßen irreführend."*

856 *Reischl*, Insolvenzrecht, § 9 Rdnr. 570, 571.

Verwerflichkeit des Schuldnerverhaltens aber um ein Vielfaches. Das Herabsetzen der Anforderungen ist eine konsequente Anpassung auch des Wortlauts der Vorsatzanfechtung an einen der Hauptbeweggründe der Insolvenzrechtsreform von 1999, der wirkungsvolleren Ausgestaltung des Anfechtungsrechts zwecks allgemeiner Vergrößerung der Insolvenzmasse, um das regelmäßige Abweisen des Insolvenzantrages mangels Masse zu verhindern (§ 26 InsO).[857] Nur so kann die Vorsatzanfechtung eines der Mittel zur Bekämpfung der zur Zeit der Konkursordnung regelmäßig vorliegenden Massearmut sein und einen Beitrag zu einem funktionierenden Insolvenzrecht leisten.[858] Die Erweiterung der Absichtanfechtung auf vorsätzliches Verhalten war also erforderlich.

Macht man sich aber über die Ausdehnung der Absichtsanfechtung Gedanken, sollte man auch einen Schritt in die andere Richtung gehen und darüber nachdenken, ob die Möglichkeit der Anfechtung zwangsläufig bei bedingtem Vorsatz stehen bleiben muss. Wäre es nicht sinnvoll, die fahrlässige oder zumindest die grob fahrlässige Beeinträchtigung der Haftungsordnung für das Bestehen eines Anfechtungsrechts ausreichen zu lassen, um durch eine derart erstarkte Vorsatzanfechtung höhere Quoten zu erreichen? Solche Überlegungen können aber schnell beendet werden. Es ist kaum eine objektiv zu einer Gläubigerbenachteiligung führende Rechtshandlung denkbar, deren benachteiligende Wirkung sich dem Schuldner ganz und gar verschließt; fahrlässige Unkenntnis könnte ihm also fast immer vorgeworfen werden. Damit würden sich die spezifischen Voraussetzungen der Vorsatzanfechtung auf das subjektive Merkmal beim Anfechtungsgegner begrenzen. Einerseits hätte das eine uferlose Ausdehnung der Vorsatzanfechtung zur Folge, andererseits würden sich die Grenzen zur besonderen Insolvenzanfechtung vollständig auflösen und würde die im Grundsatz stimmige Systematik der Anfechtungstatbestände aus den Fugen geraten. Vor allem kann aber eine mehrjährige Anfechtungsfrist nur mit dem besonderen Verhältnis des Vorsatztäters zur Haftungsordnung gerechtfertigt werden. Erforderlich ist hier die von dem Vorsatztäter ausgehende besondere Gefahr für die Insolvenzmasse, ein Außer-Acht-Lassen der im Verkehr erforderlichen Sorgfalt reicht dagegen nicht aus.

II. Ausweitung des Bargeschäftprivilegs

Möchte man Bargeschäfte auch im Rahmen der Voratzanfechtung privilegieren, muss berücksichtigt werden, dass es sich bei § 133 Abs. 1 InsO um einen Tatbestand handelt, der einen Anfechtungszeitraum von mehreren Jahren erfasst. Es ist also zu

---

857 Vgl. Regierungsentwurf, BT-Drucksache 12/2443, S. 160.

858 Vgl. *Reischl*, Insolvenzrecht, § 1 Rdnr. 17.

überprüfen, ob die einzelnen Tatbestandsmerkmale von § 142 InsO auch bei der Vorsatzanfechtung sinnvoll erscheinen oder in welcher Ausgestaltung Bargeschäfte von der Anfechtung nach § 133 Abs. 1 InsO ausgenommen werden sollten.

1. Gleichwertigkeit

Voraussetzung für die Privilegierung einer Deckung nach § 142 InsO ist die Gleichwertigkeit der ausgetauschten Leistungen. Leistung und Gegenleistung sind objektiv zu vergleichen, und unter Berücksichtigung von Marktpreisen und der Verkehrsaufassung wird überprüft, ob ein angemessenes Verhältnis der Leistungen oder sogar die Höherwertigkeit der in die Masse fließenden Leistung festgestellt werden kann.[859] Das Merkmal der Gleichwertigkeit stellt sicher, dass unmittelbar durch das Rechtsgeschäft nur eine Vermögensumschichtung stattfindet und der Masse kein Vermögen entzogen wird.[860] Die Gleichwertigkeit gibt also den Normzweck von § 142 InsO, dass masseneutrales Wirtschaften geschützt wird, wieder. Auch für die Privilegierung von Bargeschäften im Rahmen von § 133 InsO muss sie daher Bedingung sein und das unabhängig davon, wie weit entfernt die angefochtene Rechtshandlung von dem späteren Antrag auf Eröffnung des Insolvenzverfahrens entfernt ist.

2. Verknüpfung der Leistungen durch Parteivereinbarung

Neben der Gleichwertigkeit ist allgemein anerkannt, dass die ausgetauschten Leistungen *„durch Parteivereinbarung miteinander verknüpft sein müssen“*.[861] Das wird daraus geschlossen, dass die Gegenleistung des Gläubigers „für die“ Leistung des Schuldners erbracht werden muss.[862] Meinungsverschiedenheiten bestehen nun darüber, wie eng diese Verknüpfung der Leistungen sein muss. Fraglich ist insbesondere, ob auch eine inkongruente Deckung eine Leistung sein kann, die durch Parteivereinbarung mit einer anderen verknüpft ist. Unter der Konkursord-

859 *Zeuner*, in: Leonhardt/Smid/Zeuner, InsO, § 142 Rdnr. 2; *Rogge*, in: Hamburger Kommentar, InsO, § 142 Rdnr. 10; *Pape/Uhlenbruck/Voigt-Salus*, Insolvenzrecht, Kap. 33 Rdnr. 36.

860 *K. Schmidt*, WM 1983, 490, 493 bevorzugt gegenüber dem Bargeschäft den Begriff der Vermögensumschichtung, da die Bezeichnung als Bargeschäft zwar historisch begründbar, aber schon zur Geltungszeit der Konkursordnung aufgrund des teilweises erheblichen Intervalls zwischen den Leistungen nicht richtig wäre.

861 Regierungsentwurf, BT-Drucksache 12/2443, S. 167; *BGHZ* 123, 320, 328; *Kirchhof*, in: Münchener Kommentar, InsO, § 142 Rdnr. 5.

862 *BGHZ* 123, 320, 328; *Raschke*, Bargeschäftstatbestand, S. 73.

nung war zunächst ganz herrschende Meinung, dass sowohl bei kongruenten als auch bei inkongruenten Deckungen die Möglichkeit der Privilegierung durch ein Bargeschäft bestand.[863] Mit einer Entscheidung des Bundesgerichtshofs im Jahre 1993 fand hier aber eine Wende statt.[864] In dieser Entscheidung gab der Bundesgerichtshof die Auffassung auf, dass eine Bardeckung auch die Anfechtung inkongruenter Deckungen ausschließt.[865] Seitdem begrenzen die Rechtsprechung und Teile des Schrifttums § 142 InsO entgegen dessen Wortlaut auf kongruente Deckungen.[866] Durch die Worte „für die" werde ausgedrückt, dass eine Bardeckung nur vorliege, wenn Leistung und Gegenleistung miteinander verknüpft sind. Eine Leistung, die nicht der Parteivereinbarung entspricht, stelle keine Bardeckung dar; weder rechtlich noch wirtschaftlich bestünde ein Anlass dazu, Umsatzgeschäfte des Schuldners in der Krise zu begünstigen, die anders abgewickelt werden als vereinbart. Eine Vermögensumschichtung könne nur durch das zugrundeliegende Rechtsgeschäft erfolgen, nicht aber durch eine davon abweichende Erfüllung. Vielmehr stelle eine andersartige als die vereinbarte Erfüllung immer eine einseitige Begünstigung des Gläubigers dar.[867] Dieses Umschwenken wurde in der Literatur teilweise kritisiert,[868] eine Kritik, die schon unter dem Vorgängergesetz berechtigt erschien und durch die Insolvenzrechtsreform entscheidende Argumente gewonnen hat.

Blickt man zurück auf das ursprüngliche Verständnis des Bargeschäftsbegriffs in der Konkursordnung, erkennt man, dass dessen enger Tatbestand inkongruente Deckungen nicht erfassen konnte.[869] Diesem lag noch das klassische zivilrechtliche Verständnis des Begriffes zu Grunde, bei dem das Verpflichtungsgeschäft mit dem Leistungsaustausch zeitlich zusammenfällt; für eine andersartige Leistung blieb also kein Raum.[870] Gerade was die zeitliche Komponente angeht, hat sich der heutige Bargeschäftsbegriff aber von seinen Anfängen weit entfernt. Als Stütze einer Argumentation können diese daher nicht mehr herhalten. Indes

---

863 *BGHZ* 70, 177, 184 f., 118, 171, 173.

864 *BGHZ* 123, 320.

865 *BGHZ* 123, 320, 329

866 *BGHZ* 123, 320, 328 f.; 150, 122, 130; *Kirchhof*, in: Münchener Kommentar, InsO, § 142 Rdnr. 7. *Thole*, in: Heidelberger Kommentar, InsO, § 142 Rdnr. 9 f.; *Kayser*, in: Festschrift Fischer, S. 267, 272.

867 *BGHZ* 123, 320, 328.

868 *Eckardt*, ZIP 1999, 1417, 1424; *Rigol/Homann*, ZIP 2003, 15, 16; *Bork*, in: Festschrift Kirchhof, S. 57, 67; *Paulus*, in: Festschrift Fischer, S. 444, 454.

869 Vgl. *RGZ* 100, 62, 64.

870 Vgl. *Flume*, Allgemeiner Teil II, S. 170 f.

weist aber der Normzweck von § 142 InsO die richtige Auslegung. Geht es bei dem Bargeschäftsprivileg darum, dem Schuldner mit Beginn des dreimonatigen Zeitraums vor Insolvenzantragsstellung nicht den ordentlichen Geschäftsverkehr zu verwehren, ist doch das entscheidende Kriterium gegen eine Anfechtung die Wertäquivalenz der ausgetauschten Leistungen.[871] Bilanziert man Leistung und Gegenleistung, bleibt der Wert des Schuldnervermögens gleich und die Gläubiger werden bei Gesamtbetrachtung der miteinander verknüpften Rechtsgeschäfte nicht benachteiligt. Als Teil eines wirtschaftlich geprägten Insolvenzrechts dienen die Anfechtungstatbestände der Masseanreicherung. Das bedeutet, dass Rechtsgeschäfte von der Anfechtung ausgenommen werden können, wenn sie die Masse unverändert lassen. Nun lässt sich bei isolierter Betrachtung der Leistung des Schuldners eine Gläubigerbenachteiligung feststellen, eine solche Sicht kann bei Verfügungen, denen eine Gegenleistung gegenübersteht, aber grundsätzlich nicht ausschlaggebend sein, dienen sie doch immer der Erfüllung eines Kausalgeschäftes und können insofern nur in Abhängigkeit von der darin vereinbarten Gegenleistung betrachtet werden. Hier hilft das Bargeschäftsprivileg, indem es eine Gesamtbetrachtung ermöglicht. Letztlich ist § 142 InsO dem Trennungsprinzip geschuldet, das durchbrochen werden muss.[872]

Der Grund für die gegenüber den kongruenten Deckungen erleichterte Anfechtung inkongruenter Deckungen besteht darin, dass sie sowohl Schuldner als auch Gläubiger verdächtig machen, ungerechtfertigte Prioritäten zu setzen.[873] Der Schuldner erweckt durch die vom Vertrag abweichende Erfüllung den Anschein, dass er seine Vermögens- und Haftungsverhältnisse nicht mehr unbeeinflusst lenken kann; der Gläubiger scheint das Ziel zu verfolgen, ungerechtfertigter Weise

---

871 Vgl. *Nerlich*, in: Nerlich/Römermann, InsO, § 142 Rdnr. 2.

872 Dagegen ist im französischen Recht eine Bargeschäftslehre nicht zu finden ist, gilt doch dort das Einheitsprinzip, bei dem das Eigentum an einer Sache bereits durch den Kaufvertrag übertragen wird. (Art. 1138 Abs. 2 und Art. 1583 Code Civil). Vgl. zum Bargeschäft im französischen Recht *v. Campe*, Insolvenzanfechtung, S. 56 ff. Wiederum im österreichischen Recht gilt das Trennungsprinzip, weswegen das Insolvenzanfechtungsrecht auch eine Parallele zur deutschen Bargeschäftslehre aufweist. Vgl. *König*, Die Anfechtung, Kap. 10 Rdnr. 225. Das österreichische Recht orientiert sich aber am Zug-um-Zug-Geschäft und erscheint daher enger. Vgl. auch *König*, in: Insolvenzrecht im Umbruch, S. 255, 259, bei Vorliegen eines Zug-um-Zug-Geschäfts gäbe es keinen Gläubiger im Sinne der Deckungsanfechtung. Eine eigene Norm für das Bargeschäft sei überflüssig. Dahingehend habe er die bundesdeutsche Bargeschäftslehre nie richtig verstanden

873 Siehe S. 126 f.

noch vor den anderen Gläubigern befriedigt zu werden.[874] Ist nun aber für das Bargeschäft entscheidend, dass lediglich eine Vermögensumschichtung stattgefunden hat, vermag die bloße Verdächtigkeit einer Rechtshandlung ihre Anfechtung trotz Masseneutralität des Austauschgeschäftes nicht zu rechtfertigen.[875] Die Einschränkung der Anfechtung bei Bargeschäften wird damit begründet, dass bei einem Austausch gleichwertiger Leistungen keine Vermögensverschiebung zu Lasten der Insolvenzmasse vorliegt.[876] Eine solche Vermögensverschiebung ist aber Voraussetzung von § 129 InsO und damit sowohl für die Anfechtung kongruenter als auch inkongruenter Deckungen erforderlich. Die besondere Verdächtigkeit der Inkongruenz ist der Grund für die im Vergleich zu § 130 InsO herabgesetzten Anforderungen an die Anfechtbarkeit von Deckungen nach § 131 InsO, auf die Gläubigerbenachteiligung hat sie aber keinen Einfluss. Solange die Gleichwertigkeit gewahrt wird, macht die Andersartigkeit der Leistung für die übrigen Gläubiger keinen Unterschied.

Auch der Wortlaut des § 142 InsO steht nicht entgegen, inkongruente Deckungen zu privilegieren, wenn sie im Rahmen eines Bargeschäftes gewährt werden. § 142 InsO verlangt allein, dass die Gegenleistung des Gläubigers „für die" Leistung des Schuldners erbracht wird. Daraus wird geschlossen, dass die ausgetauschten Leistungen durch Parteivereinbarung mit einander verbunden sein müssen.[877] Durch die Parteivereinbarung werden die ausgetauschten Leistungen aufeinander bezogen; dagegen bezweckt sie nicht, jede Abweichung vom Vertragsinhalt herauszufiltern.[878] Auch eine inkongruente Deckung, die der Schuldner im Rahmen eines Austauschvertrages anstelle einer anderen Leistung erbringt, wird immer noch „für die" Gegenleistung erbracht.

Spätestens seit der Insolvenzrechtsreform ist der Weg des Bundesgerichthofs und der ihm folgenden Literatur nicht mehr gangbar. Nicht zwingend ausschlaggebend ist dafür der Wortlaut von § 142 InsO, der kongruente und inkongruente Deckungen gleichermaßen erfasst. Eindeutig ist aber der Wille des Gesetzgebers, erfasst doch das Bargeschäftsprivileg nach dem Regierungsentwurf einer Insolvenzordnung ausdrücklich sowohl kongruente als auch inkongruente Deckungen, womit dem Grundsatz des damals geltenden Konkursrechts entsprochen werden sollte.[879] Als der Gesetzentwurf beschlossen wurde, gab es aber das Urteil des

874 *Häsemeyer*, Insolvenzrecht, Rdnr. 21.55.

875 Anders *Bräuer*, Ausschluss der Insolvenzanfechtung bei Bargeschäften, S. 60.

876 *BGHZ* 123, 320, 323; vgl. auch *Eckardt*, ZIP 1999, 1417, 1421.

877 *BGHZ* 123, 320, 328 f.; *Kirchhof*, in: Münchener Kommentar, InsO, § 142 Rdnr. 7.

878 *Henckel*, in: Jaeger, InsO, § 142 Rdnr. 8.

879 *Regierungsentwurf*, BT-Drucksache 12/2443, S. 167

Bundesgerichtshofs, das die Bargeschäftslehre auf kongruente Deckungen beschränkte, noch nicht. Vielmehr wurde in der Rechtsprechung vertreten, dass beide Arten der Deckung als Bargeschäft möglich seien.[880] Es kann nun darüber spekuliert werden, ob der Gesetzgeber sich dem Bundesgerichtshof angeschlossen hätte, wenn ihm dessen Entscheidung bekannt gewesen wäre. Anhaltspunkte dafür sind aber nicht ersichtlich.

Inkongruente Deckungen müssen von § 142 InsO insbesondere dann erfasst werden, wenn man die Privilegierung von Bargeschäften erweitert und gesetzlich fixiert, dass bestimmte Bargeschäfte auch im Hinblick auf § 133 InsO anfechtungsfest sind. Außerhalb des von den §§ 130–132 InsO umfassten Anfechtungszeitraums und vor allem dann, wenn der Schuldner keine Liquiditätsschwierigkeiten hat, sind die Schuldner und Gläubiger wesentlich freier in der Wahl, wie die von ihnen eingegangenen Verpflichtungen erfüllt werden. Wichtig ist allein, dass die als Bargeschäft geltend gemachten Leistungen aufeinander bezogen sind.[881] Als Bargeschäft kann nicht geltend gemacht werden, dass der Masse irgendeine gleichwertige Leistung zugeflossen ist, obwohl diese überhaupt nicht mit der abfließenden Leistung im Zusammenhang steht. Es muss sich bei dem Bargeschäft um ein einheitliches Rechtsgeschäft handeln. Erst recht abseits von Liquiditätsschwierigkeiten des Schuldners darf es für eine Privilegierung von Deckungen, die für gleichwertige Gegenleistungen gewährt wurden, keinen Unterschied machen, ob der Schuldner die vereinbarte oder eine andersartige Gegenleistung erbringt. Damit kann festgehalten werden, dass das Bargeschäftsinstitut nach gegenwärtiger Rechtslage sowohl auf kongruente als auch auf inkongruente Deckungen anwendbar ist. Dies sollte auch bei einer Privilegierung von Bardeckungen im Rahmen der Vorsatzanfechtung beibehalten werden.

Auch außerhalb der Krise ist die Verknüpfung der ausgetauschten Leistungen ein sinnvolles Tatbestandsmerkmal, das die Gesamtbetrachtung der einzelnen Deckungen ermöglicht. Der Gläubiger kann nicht einfach einwenden, er habe dem Schuldner irgendeine gleichwertige Forderung erfüllt und die Masse sei daher nicht geschmälert. Das Bilanzieren verschiedener Deckungen ist nur dann möglich, wenn sie wegen des Erhalts der jeweils anderen erbracht werden. Ähnlich wie bei der Gleichwertigkeit der Leistungen wird auch durch die Parteivereinbarung sichergestellt, dass lediglich eine Vermögensumschichtung stattfindet und der Masse kein Vermögen entzogen wird.

---

880 *BGHZ* 70, 177, 184 f.; 118, 171, 173.

881 *Henckel*, in: Jaeger, InsO, § 142 Rdnr. 8.

3. Unmittelbarkeit

Zusätzlich wird in § 142 InsO die Unmittelbarkeit von Leistung und Gegenleistung vorausgesetzt. Dieses zeitliche Element wurde in den Anfängen des Rechtsinstituts wesentlich enger verstanden, als ihm noch der klassische zivilrechtliche Bargeschäftsbegriff zu Grunde lag, nach dem das Verpflichtungsgeschäft mit dem Leistungsaustausch zeitlich zusammenfällt.[882] Heute ist der Begriff etwas ungenau, wird doch bereits ein enger zeitlicher Zusammenhang zwischen den Leistungen als ausreichend angesehen.[883] Zwar geht die Norm nach wie vor von einem sofortigen Leistungsaustausch aus, die zeitliche Beschränkung musste sich aber den veränderten Zahlungsgewohnheiten anpassen. Feste zeitliche Grenzen sind der Rechtsprechung nicht zu entnehmen, vielmehr ist jeweils der Einzelfall zu berücksichtigen. So kann bei Kaufverträgen über bewegliche Sachen und bei der Verrechnung von Zahlungseingängen auf Kontokorrentkonten auch bei einem Zeitraum von zwei Wochen zwischen den Leistungen ein Bargeschäft bejaht werden.[884] In Sonderfällen können sogar zwei Monate den Anforderungen der Unmittelbarkeit genügen.[885] Andererseits ist ein Bargeschäft bereits bei einer Stundung einer Gegenleistung für eine Woche abzulehnen, wenn diese erfolgt, weil der Schuldner die von ihm zu erbringende Leistung bei Fälligkeit nicht erbringen konnte.[886] Regelmäßig kann für die Bestimmung des Unmittelbarkeitskriterium § 286 Abs. 3 BGB, also die Verzugsfrist von 30 Tagen, als Höchstgrenze herangezogen werden.[887]

Den angeführten Beispielen ist zu entnehmen, dass die Frage der Unmittelbarkeit heute nicht mehr alleine von zeitlichen Kriterien geprägt ist; gleichwohl gibt sie dem Bargeschäft sein wesentliches Erscheinungsbild. Entscheidend ist, ob es sich bei dem Rechtsgeschäft um ein privilegiertes Bargeschäft oder um ein in diesem Zusammenhang als gläubigerschädigend anzusehendes Kreditgeschäft handelt. Der mit der Unmittelbarkeit geforderte enge zeitliche Zusammenhang von Leistung und Gegenleistung gibt erste Anhaltspunkte für diese Abgrenzung. Schon der Regierungsentwurf führte dahingehend aus, dass es der Annahme eines

882 *RGZ* 100, 62, 64. Vgl. auch *Zeuner*, Die Anfechtung, § 2 Rdnr. 57.

883 *Henckel*, in: Jaeger, InsO, § 142 Rdnr. 14.

884 Zum Bargeschäft bei der Veräußerung beweglicher Sachen *BGH*, NJW 1980, 1961, 1962; beim Kontokorrentkonto *BGHZ* 70, 177, 184 f.

885 So bei *BGH*, NJW 1977, 718, 718, wo für die Leistung des Schuldners eine Grundbucheintragung erforderlich war.

886 *BGH*, ZIP 2003, 488, 493; *Kirchhof*, in: Münchener Kommentar, InsO, § 142 Rdnr. 15.

887 *Riggert*, in: Braun, InsO, § 142 Rdnr. 18 mit Verweis auf *BGHZ* 167, 190, 201.

Bargeschäfts nicht entgegenstünde, wenn zwischen der Leistung des Vertragspartners und der Gegenleistung des Schuldners eine gewisse Zeitspanne liegt. Diese Zeitspanne dürfe aber nicht so lang sein, dass das Rechtsgeschäft unter Berücksichtigung der üblichen Zahlungsbräuche den Charakter eines Kreditgeschäfts annimmt.[888] Bei den Gläubigern, die mit dem Schuldner ein Kreditgeschäft vorgenommen oder eine eine Stundungsabrede getroffen haben, wird es als gerechtfertigt angesehen, dass sie sich in die Haftungsgemeinschaft der übrigen Gläubiger einreihen.[889] Ausgehend von Zug um Zug abgewickelten Rechtsgeschäften wurde damit ein Kriterium zur vorsichtigen Ausweitung der Bargeschäftslehre gefunden.

Besteht nun aber der Primärzweck des Unmittelbarkeitskriteriums darin, zu verhindern, dass Kreditgeschäfte als Bargeschäfte bevorrechtigt werden, stellt sich die Frage des an das Tatbestandsmerkmal zu stellenden zeitlichen Maßstabes bei Vorleistung des Schuldners. Schließlich hat der Gläubiger hier offensichtlich keinen Kredit gewährt und man könnte insofern gewillt sein, den zeitlichen Zusammenhang zwischen den ausgetauschten Leistungen etwas weiter zu verstehen.[890] Andererseits ist der Schuldner gerade in der Krise, in der sich die angespannte Vermögenslage deutlich bemerkbar macht, häufig auf die Gegenleistung angewiesen. Eine Benachteiligung der Gläubiger ist auch darin zu sehen, dass der Schuldner dem Gläubiger Kredit gewährt und dem Schuldner damit die Möglichkeit genommen wird, mit der Gegenleistung zu wirtschaften.[891] Folglich gelten unabhängig davon, ob Schuldner oder Gläubiger vorgeleistet haben, für die Bewertung der Unmittelbarkeit einheitliche Maßstäbe.

Unter der Konkursordnung wurde von namhaften Stimmen die vollständige Abkehr von einer zeitlichen Begrenzung des Bargeschäfts verlangt.[892] Aufgrund der eindeutigen gesetzlichen Fixierung der Unmittelbarkeit in § 142 InsO ist es *de lege lata* ein leichtes, dieser Auffassung für die Insolvenzordnung eine Absage zu erteilen.[893] Bedeutung kommt der Diskussion aber im Hinblick auf eine Aus-

---

888 *Regierungsentwurf*, BT-Drucksache 12/2443, S. 167; *Obermüller*, Insolvenzrecht in der Bankpraxis, Rdnr. 1.362.

889 *Bräuer*, Ausschluss der Insolvenzanfechtung bei Bargeschäften, S. 62.

890 So auch *Gerhardt*, in: Festschrift Brandner, S. 605, 611, aber mit einer etwas anderen Begründung: Nur der vorleistende Vertragspartner des Schuldners falle unter den Grundsatz der Gläubigergleichbehandlung.

891 *BGHZ* 167, 190, 202; *Thole*, in: Heidelberger Kommentar, InsO, § 142 Rdnr. 7.

892 *Canaris*, in: Festschrift 100 Jahre Konkursordnung, S. 73, 83 und ihm folgend *K.Schmidt*, WM 1983, 490, 494.

893 So *Kirchhof*, in: Münchener Kommentar, InsO, § 142 Rdnr. 15 Fn. 119; *Bräuer*, Ausschluss der Insolvenzanfechtung bei Bargeschäften, S. 62.

weitung des Bargeschäftsprivilegs auf die Vorsatzanfechtung zu. *Foerste* hinterfragt bei der Rechtsprechung des Bundesgerichtshofes und der dort entwickelten bargeschäftsähnlichen Lage, ob es für den Ausschluss des für eine Anfechtung nach § 133 Abs. 1 InsO erforderlichen Gläubigerbenachteiligungsvorsatzes auf einen unmittelbaren Leistungsaustausch ankommen könne.[894]

Bereits *Canaris* und *Karsten Schmidt* haben die wirtschaftliche Ausprägung des Bargeschäftsprivilegs betont und wollen mit den Ursprüngen des Rechtsinstituts brechen. Die Rechtsprechung solle sich von der alten Bargeschäftslehre lösen und sich dem Kriterium der Vermögensumschichtung zuwenden. Zwar sei es richtig, dass die Vermögensumschichtung auf der wirtschaftlichen Einheit zweier Vorgänge beruhe und sich diese Einheit am klarsten in einem zeitlichen Zusammenhang manifestiere; notwendig sei dieser aber keinesfalls.[895] Wichtig für die Privilegierung der Rechtshandlung sei alleine die Gleichwertigkeit der verknüpften Leistungen. Wann diese ausgetauscht werden, sei dagegen unerheblich, an einer Benachteiligung der Gläubiger fehle es in jedem Fall.[896]

Jedenfalls für die besondere Insolvenzanfechtung steht die Auffassung von *Canaris* und *Karsten Schmidt* im Gegensatz zum Ausnahmecharakter der Bargeschäftslehre. Lediglich einzelne, ausgewählte Rechtsgeschäfte sollen von der Anfechtung bewahrt werden.[897] Wären Bargeschäfte innerhalb der gesetzlichen Krise auch ohne einen zeitlichen Zusammenhang von der besonderen Insolvenzanfechtung ausgenommen, würden diese Vorschriften seltener zu einer Mehrung der Insolvenzmasse führen. Zugunsten der Insolvenzmasse sollte daher innerhalb der Krise auch weiterhin ein enger zeitlicher Zusammenhang gefordert werden. Der Begriff der Unmittelbarkeit sollte jedoch durch den eines engen zeitlichen Zusammenhangs ersetzt werden, wodurch aber nur die gegenwärtige Rechtsprechung gesetzlich abgebildet wird.[898] Innerhalb der gesetzlichen Krise sollten die zeitlichen Kriterien angewendet werden, die zu dem geltenden Recht von der Rechtsprechung entwickelt wurden.[899]

Anders sollte dies aber außerhalb der in den §§ 130–132 InsO definierten Krise sein. Hier sollten die von *Canaris* und *Karsten Schmidt* aufgezeigten wirtschaftlichen Erwägungen stärker berücksichtigt werden. Nur innerhalb der gesetzlichen

894 *Foerste*, WM 2014, 1213, 1216.
895 *K. Schmidt*, WM 1983, 490, 494.
896 *Canaris*, in: Festschrift 100 Jahre Konkursordnung, S. 73, 83.
897 Vgl. *Regierungsentwurf*, BT-Drucksache 12/2443, S. 167.
898 Vgl. *BGHZ* 167, 190, 199.
899 Etwa *BGHZ* 167, 190, 201; *BGH*, NJW 1980, 1961, 1962.

Krise wird der Grundsatz der Gläubigergleichbehandlung partiell vorverlagert.[900] Außerhalb der Krise ist der Schuldner grundsätzlich freier in seinen Entscheidungen, welche seiner Gläubiger er befriedigen möchte. Dann sollten hier aber auch die Voraussetzungen des Bargeschäfts weiter sein. Entscheidend ist, dass ein Rechtsgeschäft abgeschlossen wird, welches das Vermögen des Schuldners nicht verringert, sondern dazu führt, dass gleichwertige, miteinander verknüpfte Leistungen ausgetauscht werden.

Jedenfalls dann, wenn der Schuldner zum Zeitpunkt des Leistungsaustausches nicht zahlungsunfähig war, ist außerhalb der gesetzlichen Krise ein zeitlicher Zusammenhang zwischen den ausgetauschten Leistungen daher nicht erforderlich. Dagegen ist ein zeitlicher Zusammenhang zwischen den Leistungen für die Privilegierung vorauszusetzen, wenn der Insolvenzverwalter nachweist, dass der Schuldner zum Zeitpunkt des Leistungsaustausches zahlungsunfähig war und dem Anfechtungsgegner Umstände bekannt waren, die auf die Zahlungsunfähigkeit des Schuldners hinweisen. Die Beweislast sollte hierfür beim Insolvenzverwalter liegen, da der Anfechtungsgegner in aller Regel Schwierigkeiten haben wird, das Nichtvorliegen einer Zahlungsunfähigkeit zu belegen, da er keinen Zugang zu den Buchhaltungsunterlagen des Schuldners hat. Der enge zeitliche Zusammenhang sollte umso weiter ausgelegt werden, je weiter entfernt der Leistungsaustausch von dem Zeitpunkt der Insolvenzantragstellung war. Starre Grenzen sollten vermieden werden, damit bei der praktischen Anwendung eine Berücksichtigung des Einzelfalls möglich bleibt.

4. Kein Bargeschäftsprivileg bei absichtlicher Benachteiligung der Gläubiger

Die Argumentation, dass § 133 Abs. 1 InsO den Regelungszweck des § 142 InsO konterkariert, wenn eine Vorsatzanfechtung nach dem Gesetzeswortlaut ausdrücklich möglich bleibt, greift aber dann nicht mehr, wenn das Vorliegen der subjektiven Voraussetzungen des § 133 Abs. 1 InsO nicht überwiegend daraus resultiert, dass der Schuldner zahlungsunfähig ist[901] oder eine inkongruente Deckung gewährt hat und dabei ernsthafte Zweifel an seiner Liquidität bestehen[902].

Handelt der Schuldner zielgerichtet zur Benachteiligung seiner Gläubiger, sollte auch das Vorliegen eines Bargeschäftes eine Anfechtung nach § 133

900 Siehe oben S. 59.

901 *BGHZ* 167,190, 195.

902 *BGH*, NZI 2014, 68, 69.

Abs. 1 InsO nicht ausschließen. Verkauft der Schuldner von ihm produzierte Ware und erhält er dafür unmittelbar die wertäquivalente, vertraglich vereinbarte Gegenleistung, muss eine Anfechtung jedenfalls dann möglich sein, wenn der Schuldner erkennt, dass er demnächst Insolvenz anmelden wird und die erhaltene Gegenleistung dann zur Befriedigung der Gläubiger nicht mehr zur Verfügung stehen wird, etwa weil der Schuldner das erhaltene Geld auf die Seite geschafft hat. Das Bargeschäftsprivileg soll es dem Schuldner ermöglichen, verkehrsübliche Umsatzgeschäfte zu tätigen.[903] Ein Bargeschäft, mit dem der Schuldner absichtlich die Benachteiligung der Gläubiger bewirkt, also absichtlich die Haftungsordnung beeinträchtigt, ist jedoch kein verkehrsübliches Umsatzgeschäft und daher nicht vom Normzweck des Bargeschäftstatbestandes erfasst.

Zur Beantwortung der Frage, wann der Schuldner mit Absicht handelt, kann an die weiter oben gemachten Ausführungen angeknüpft werden.[904] Damit der Schuldner mit Absicht handelt, ist es erforderlich, dass er die Benachteiligung seiner Gläubiger final anstrebt.[905] Die Benachteiligung der Gläubiger muss aber nicht der eigentliche Beweggrund für das Handeln des Schuldners sein. Handelt der Schuldner, um das aufgrund des Bargeschäfts erlangte Geld dem Zugriff der Gläubiger zu entziehen, liegt die erforderliche Absicht bei ihm vor. Es genügt, dass die Benachteiligung der Gläubiger lediglich ein Zwischenziel zu dem eigentlichen angestrebten Erfolg ist.[906] Absicht liegt auch hinsichtlich der Nebenfolge des angestrebten Erfolges vor, wenn der Schuldner erkennt, dass diese sicher eintreten wird.[907] Selbst wenn der Schuldner die Benachteiligung der Gläubiger nicht für wünschenswert hält, kann er mit Gläubigerbenachteiligungsabsicht gehandelt haben. Erkennt der Schuldner, dass er das aus dem Bargeschäft erlangte Geld nur auf die Seite schaffen kann, indem er seine Gläubiger benachteiligt, beabsichtigt er deren Benachteiligung und dies unabhängig davon, ob er die Benachteiligung wünscht.[908] Weiter sollte es für eine Anfechtung von Bargeschäften nach § 133 Abs. 1 InsO erforderlich sein, dass dem Anfechtungsgegner die Absicht des Schuldners bekannt ist.

---

903 *Ede/Hirte*, in: Uhlenbruck/Hirte/Vallender, InsO, § 142 Rdnr. 1.

904 Siehe oben S. 85. Wiederum ist ein Rückgriff auf die strafrechtliche Vorsatzdogmatik hilfreich.

905 Vgl. *Sternberg-Lieben/Schuster*, in: Schönke/Schröder, StGB, § 15 Rdnr. 66.

906 Vgl. *BGHSt* 4, 107, 109 f.; *BGH*, NJW 2010, 2672, 2673 f.

907 So für das Strafrecht auch *Rengier*, JZ 1990, 321, 326.

908 Vgl. *Sternberg-Lieben/Schuster*, Schönke/Schröder, StGB, § 15 Rdnr. 66.

III. Verkürzung des Anfechtungszeitraums auf vier Jahre

Ein weiterer Beitrag zur Rechtssicherheit kann durch die Verkürzung des Anfechtungszeitraums der Vorsatzanfechtung erreicht werden. Nach gegenwärtiger Rechtslage können gläubigerbenachteiligende Rechtshandlungen des Schuldners bis zu zehn Jahre vor Beantragung eines Insolvenzverfahrens angefochten werden, wenn Schuldner und Anfechtungsgegner in Kenntnis der (drohenden) Zahlungsunfähigkeit des Schuldners handelten. Auch wenn eine Anfechtung unter diesen Voraussetzunge zehn Jahre vor Insolvenzantragsstellung eher die Ausnahme sein dürfte, erscheint ein zehnjähriger Anfechtungszeitraum hier sehr lang. Das gilt insbesondere im Hinblick darauf, dass eine Anfechtung nach Voraussetzungen möglich ist, die mit denen vergleichbar sind, die für eine Anfechtung mittels der besonderen Insolvenzanfechtung innerhalb der letzten drei Monate vor Insolvenzantragsstellung verlangt werden. Über eine Verkürzung des Anfechtungszeitraums scheint auch weitgehend Konsens zu bestehen, schließlich hat sich mit dem Gravenbrucher Kreis sogar eine Vereinigung von Insolvenzverwaltern dafür ausgesprochen.[909]

Vorgeschlagen wird hier ein Gleichlauf mit § 134 Abs. 1 InsO, also ein Anfechtungszeitraum von vier Jahren. Damit wird *„die geringere Erwerbskraft unentgeltlichen Erwerbs"*[910] hinsichtlich des Zeitraums, in dem eine Anfechtung möglich ist, gleichgesetzt mit der vorsätzlichen Benachteiligung der Gläubiger. Unter der Konkursordnung betrug der Anfechtungszeitraum der Schenkungsanfechtung noch ein Jahr (§ 32 Nr. 1 KO), mit der Absichtsanfechtung konnten Rechtshandlungen dagegen 30 Jahre angefochten werden (§ 41 Abs. 1 S. 3 KO). Diese Zeiträume wurden in der Insolvenzordnung mit vier (§ 134 Abs. 1 InsO) gegenüber zehn Jahren (§ 133 Abs. 1 InsO) angeglichen. Um dieses historisch gewachsene Verhältnis nicht vollends umzukehren, sollte der Anfechtungszeitraum des § 133 Abs. 1 InsO jedenfalls nicht kürzer sein als der des § 134 Abs. 1 InsO.[911]

---

909 Siehe oben S. 183.

910 *Regierungsentwurf*, BT-Drucksache 12/2443, S. 161.

911 Dagegen muss bei der Bewertung eines angemessenen Anfechtungszeitraums der zehn Jahreszeitraum des § 135 Abs. 1 Nr. 1 InsO nicht berücksichtigt werden. Nach § 39 Abs. 1 Nr. 5 InsO sind Forderungen aus Gesellschafterdarlehen in einer Insolvenz nachrangig. Erhält der Gesellschafter nun eine Sicherung für diese Forderung erhält er damit ein Absonderungsrecht. Der lange Anfechtungszeitraum des § 135 Abs. 1 Nr. 1 InsO hängt mit diesem zeitlich eigentlich nicht begrenzten Nachrang zusammen. Vgl. *Gehrlein*, in: Münchener Kommentar, InsO, § 135 Rdnr. 33.

IV. Beschränkung des § 133 Abs. 1 S. 2 InsO

Der Regierungsentwurf der Bundesregierung sieht eine Beschränkung der gesetzlichen Vermutung des § 133 Abs. 1 S. 2 InsO bei kongruenten Deckungen vor und geht damit nicht weit genug.[912] *De lege lata* lässt sich aus den Vorschriften der besonderen Insolvenzanfechtung keine einschränkende Auslegung der Vorsatzanfechtung ableiten.[913] Bei einer Reform der Vorsatzanfechtung sollte aber berücksichtigt werden, dass für die Vorschriften der besonderen Insolvenzanfechtung die Kenntnis oder das Vorliegen der drohenden Zahlungsunfähigkeit nicht ausreicht. Es ist dort immer die Kenntnis oder das Vorliegen der eingetretenen Zahlungsunfähigkeit des Schuldners erforderlich. Für die Anfechtung außerhalb der gesetzlichen Krise sollten dann – unabhängig davon, ob es sich um eine kongruente oder eine inkongruente Deckung handelt – keine geringeren Voraussetzungen gelten.

V. Anfechtungsgesetz

Das Anfechtungsgesetz enthält keinen Bargeschäftstatbestand. Nach *Paulus* wird der Anfechtungsgegner dadurch gegenüber den sonstigen Gläubigern benachteiligt. Habe der Anfechtungsgegner die von ihm zu erbringende gleichwertige Gegenleistung vollständig erbracht, dürfe er nicht gegenüber einem später anfechtenden Gläubiger benachteiligt werden.[914] Daher müsse § 142 InsO auch auf die Anfechtung nach dem Anfechtungsgesetz angewendet werden. Eine Gläubigerbenachteiligung dürfe dort nicht vorliegen, wenn der Schuldner eine gleichwertige Gegenleistung erhalten hat. Hinsichtlich der genauen Voraussetzungen bleibt *Paulus* aber wage, die nähere Ausgestaltung möge sich nach den in § 142 InsO aufgestellten Kriterien richten.[915]

Kirchhof stellt sich dieser Argumentation entgegen. Ein Bargeschäftstatbestand sei im Anfechtungsgesetz nicht erforderlich, da diesem nur eine Funktion bei der Anfechtung unter der Insolvenzordnung zukomme.[916] Für das geltende Recht trifft dies zu. § 142 InsO soll dem Schuldner ermöglichen, in der Krise auch in den letzten Monaten vor Stellung eines Insolvenzantrages weiter zu wirtschaften.[917] Der Austausch gleichwertiger Leistungen wird daher insbesondere bei der Anfechtung nach § 130 InsO und nach hier vertretener Auffassung[918] auch bei der Anfechtung

912 *Regierungsentwurf*, BT-Drucksache 18/7045, S. 7.

913 Siehe S. 139.

914 *Paulus*, in: Kübler/Prütting/Bork, AnfG, § 3 Rdnr. 3.

915 *Paulus*, in: Kübler/Prütting/Bork, AnfG, § 1 Rdnr. 1.

916 *Kirchhof*, in: Münchener Kommentar, AnfG, § 3 Rdnr. 6.

917 *Ede/Hirte*, in: Uhlenbruck/Hirte/Vallender, InsO, § 142 Rdnr. 1.

918 Siehe oben S. 200 ff.

nach § 131 InsO privilegiert. Dagegen lässt § 142 InsO die Anfechtung nach § 133 InsO gerade unberührt. Das Anfechtungsgesetz enthält keine Regelungen, die den Vorschriften der besonderen Insolvenzanfechtung entsprechen; daher ist dort *de lege lata* auch keine Privilegierung von Bargeschäften erforderlich.[919]

Schränkt man aber die Anfechtung von Bargeschäften nach § 133 Abs. 1 InsO weiter ein, muss eine solche Gesetzesänderung auch § 3 AnfG berücksichtigen. Sonst wird die Haftung der Anfechtungsgegner infolge der Insolvenzanfechtung verringert, die Haftung der Anfechtungsgegner nach dem Anfechtungsgesetz aber auf dem derzeitigen Stand belassen. Dies widerspräche dem weitgehenden Gleichlauf der Vorschriften.[920] Verkauft der Schuldner etwa einen Gegenstand aus seinem Vermögen zu dessen tatsächlichem Wert, um das erhaltene Geld im Ausland dem Zugriff der Gläubiger zu entziehen, ist er nicht schützenwert, und eine Anfechtung sollte auch weiterhin möglich sein. Auch im Rahmen von § 3 AnfG muss eine Anfechtung also bei absichtlichem Handeln des Schuldners möglich bleiben.

VI. Eigener Vorschlag zur Reform der Vorschriften der Insolvenzanfechtung und des Anfechtungsgesetzes

Vorschlag für eine Reform der Insolvenzordnung:

§ 133 Abs. 1 InsO

Alte Fassung	Neue Fassung
Anfechtbar ist eine Rechtshandlung, die der Schuldner in den letzten zehn Jahren vor dem Antrag auf Eröffnung des Insolvenzverfahrens oder nach diesem Antrag mit dem Vorsatz, seine Gläubiger zu benachteiligen, vorgenommen hat, wenn der andere Teil zur Zeit der Handlung den Vorsatz des Schuldners kannte. Diese Kenntnis wird vermutet, wenn der andere Teil wusste, dass die Zahlungsunfähigkeit des Schuldners drohte und dass die Handlung die Gläubiger benachteiligte.	Anfechtbar ist eine Rechtshandlung, die der Schuldner in den letzten <u>vier</u> Jahren vor dem Antrag auf Eröffnung des Insolvenzverfahrens oder nach diesem Antrag mit dem Vorsatz, seine Gläubiger zu benachteiligen, vorgenommen hat, wenn der andere Teil zur Zeit der Handlung den Vorsatz des Schuldners kannte. Diese Kenntnis wird vermutet, wenn der andere Teil wusste, dass <u>der Schuldner zahlungsunfähig war</u> und dass die Handlung die Gläubiger benachteiligte.

919 Vgl. *Kirchhof*, in: Münchener Kommentar, AnfG, § 3 Rdnr. 6.
920 Siehe oben S. 140.

§ 142 InsO

Alte Fassung	**Neue Fassung**
Eine Leistung des Schuldners, für die unmittelbar eine gleichwertige Gegenleistung in sein Vermögen gelangt, ist nur anfechtbar, wenn die Voraussetzungen des § 133 Abs. 1 InsO gegeben sind.	Eine Leistung des Schuldners, für die in einem engen zeitlichen Zusammenhang eine gleichwertige Gegenleistung in sein Vermögen gelangt, ist nur anfechtbar, wenn die Voraussetzungen des § 133 Abs. 1 InsO gegeben sind, der Schuldner mit der Absicht handelte, seine Gläubiger zu benachteiligen, und wenn der andere Teil zur Zeit der Handlung die Absicht des Schuldners kannte. Wurden die Leistungen früher als drei Monate vor dem Antrag auf Eröffnung des Insolvenzverfahrens ausgetauscht, ist ein enger zeitlicher Zusammenhang nicht erforderlich. S. 2 findet keine Anwendung, wenn der Schuldner zum Zeitpunkt seiner Leistung zahlungsunfähig war und dem Anfechtungsgegner Umstände bekannt waren, die auf die Zahlungsunfähigkeit des Schuldners hinweisen.

Vorschlag für eine Reform des Anfechtungsgesetztes:

§ 3 Abs. 1 AnfG

Alte Fassung	**Neue Fassung**
Anfechtbar ist eine Rechtshandlung, die der Schuldner in den letzten zehn Jahren vor der Anfechtung mit dem Vorsatz, seine Gläubiger zu benachteiligen, vorgenommen hat, wenn der andere Teil zur Zeit der Handlung den Vorsatz des Schuldners kannte. Diese Kenntnis wird vermutet, wenn der andere Teil wusste, dass die Zahlungsunfähigkeit des Schuldners drohte und dass die Handlung die Gläubiger benachteiligte.	Anfechtbar ist eine Rechtshandlung, die der Schuldner in den letzten vier Jahren vor der Anfechtung mit dem Vorsatz, seine Gläubiger zu benachteiligen, vorgenommen hat, wenn der andere Teil zur Zeit der Handlung den Vorsatz des Schuldners kannte. Diese Kenntnis wird vermutet, wenn der andere Teil wusste, dass der Schuldner zahlungsunfähig war und dass die Handlung die Gläubiger benachteiligte.

§ 6b AnfG

Alte Fassung	Neue Fassung
–	Eine Leistung des Schuldners, für die eine gleichwertige Gegenleistung in sein Vermögen gelangt, ist nur anfechtbar, wenn die Voraussetzungen des § 3 Abs. 1 AnfG gegeben sind, der Schuldner mit der Absicht handelte, seine Gläubiger zu benachteiligen, und wenn der andere Teil zur Zeit der Handlung die Absicht des Schuldners kannte.

Literaturverzeichnis

Allgayer, Peter: Rechtsfolgen und Wirkungen der Gläubigeranfechtung, Köln 2000 (zit.: *Allgayer*, Gläubigeranfechtung)

Allner, Uwe: Die tatsächliche Vermutung mit besonderer Berücksichtigung der GEMA-Vermutung, Pfaffenweiler 1993
(zit.: *Allner*, Die tatsächliche Vermutung)

Andres, Dirk; Leithaus, Rolf; Michael, Dahl: Insolvenzordnung (InsO) – Kommentar, 3. Aufl., München 2014
(zit.: *Bearbeiter* in: Andres/Leithaus)

Antoni, Peter: Anmerkung zum Urteil des Oberlandesgerichts Dresden vom 29. März 2007–13 U 1132/06, NZI 2007, 664

Baur, Fritz; Stürner, Rolf: Zwangsvollstreckungs-, Konkurs- und Vergleichsrecht – Ein Lehrbuch, Band II: Insolvenzrecht, 12. Aufl., Heidelberg 1990
(zit.: *Baur/Stürner*, Insolvenzrecht)

Baumgärtel, Gottfried: Die Bedeutung der sog. „tatsächlichen Vermutung" im Zivilprozeß – eine Analyse der Rechtsprechung – , in: Festschrift für Karl Heinz Schwab zum 70. Geburtstag, München 1990, S. 43–51
(zit.: *Baumgärtel*, in: Festschrift Schwab)

Baumbach, Adolf; Hueck, Alfred: GmbH – Gesetz, 20. Aufl., München 2013
(zit.: *Bearbeiter* in: Baumbach/Hueck, GmbHG[20])

Baumbach, Adolf; Hueck, Alfred: GmbH – Gesetz, 18. Aufl., München 2006
(zit.: *Bearbeiter* in: Baumbach/Hueck, GmbHG[18])

Baumgärtel, Gottfried; Laumen, Hans-Willi; Prütting, Hanns: Handbuch der Beweislast, Grundlagen, 3. Aufl., Köln 2016
(zit.: *Bearbeiter*, in: Handbuch der Beweislast)

Baur, Fritz; Stürner, Rolf; Bruns, Alexander: Zwangsvollstreckungsrecht, 13. Aufl., Heidelberg 2006
(zit.: *Baur/Stürner/Bruns*, Zwangsvollstreckungsrecht)

Behrends, Okko: Der Zwöftafelprozeß, Göttingen 1972
(zit.: *Behrends*, Zwölftafelprozess)

Berger, Christian: Anmerkung zum Urteil des Bundesgerichthofs vom 5. März 2009 – IX ZR 85/07, LMK 2009, 290926

Berges, August Maria: Die rechtlichen Grundlagen der Gläubigergleichbehandlung im Konkurs, KTS 1957, S. 49–58

Binding, Karl: Die Normen und ihre Übertretung, Zweiter Band, Leipzig 1877
(zit.: *Binding*, Die Normen)

Bitter, Georg: Zur Haftung des Geschäftsführers aus § 64 Abs. 2 GmbHG für „Zahlungen“ nach Insolvenzreife, WM 2001, S. 666–672

Bork, Reinhard: Anfechtung als Kernstück der Gläubigergleichbehandlung, ZIP 2014, 797–810

Bork, Reinhard: Grundtendenzen des Insolvenzanfechtungsrechts, ZIP 2008, 1041–1049

Bork, Reinhard: Die Renaissance des § 133 InsO, ZIP 2004, 1684–1692

Bork, Reinhard: Kontokorrentverrechnung und Bargeschäft, in: Insolvenzrecht im Wandel der Zeit, Festschrift für Hans-Peter Kirchhof, Bonn 2003, S. 57–72
(zit.: *Bork*, in: Festschrift Kirchhof)

Brammsen, Joerg: Inhalt und Elemente des Eventualvorsatzes – Neue Wege in der Vorsatzdogmatik?, JZ 1989, S. 71–81

Bräuer, Gregor: Ausschluss der Insolvenzanfechtung bei Bargeschäften nach Maßgabe des § 142 InsO, Berlin 2006
(zit.: *Bräuer*, Ausschluss der Insolvenzanfechtung bei Bargeschäften)

Braun, Eberhard: Insolvenzordnung, 6. Aufl., München 2014
(zit.: *Braun*, InsO)

Brinkmann, Gerhard; Luttmann, Maik: Anfechtung von Zwangsvollstreckungsmaßnahmen trotz fehlender Schuldnerhandlung analog § 133 Abs. 1 InsO?, ZInsO 2007, 565–569

von Campe, Moritz: Insolvenzanfechtung in Deutschland und Frankreich, Köln 1996
(zit.: *v. Campe*, Insolvenzanfechtung)

Canaris, Claus-Wilhelm: Aktuelle insolvenzrechtliche Probleme des Zahlungsverkehrs und des Effektenwesens, in: Einhundert Jahre Konkursordnung 1877–1977, Köln 1977, S. 73–109
(zit.: *Canaris*, in: Festschrift 100 Jahre Konkursordnung)

Cosack, Konrad: Das Anfechtungsrecht der Gläubiger eines zahlungsunfähigen Schuldners innerhalb und außerhalb des Konkurses nach deutschem Reichsrecht, Stuttgart 1884
(*Cosack*, Anfechtungsrecht)

Cranshaw, Friedrich; Hinkel, Lars: Gläubigerkommentar Anfechtungsrecht, Praxiskommentar zum gesamten für Gläubiger relevanten Anfechtungsrecht nach AnfG, InsO und ausgewählten ausländischen Rechtsordnungen, 2. Aufl., Heidelberg 2015
(zit.: *Bearbeiter*, in: Cranshaw/Hinkel, Gläubigerkommentar Anfechtungsrecht)

Dabelow, Christoph: Ausführliche Entwickelung der Lehre vom Concurse der Gläubiger, Halle 1801
(zit.: *Dabelow*, Entwicklung)

de Bra, Peter: BGH: Keine Vermutung subjektiver Tatbestandsvoraussetzungen bei der Vorsatzanfechtung, LMK 2009, 294572

Dernburg, Heinrich: Pandekten, Band 2, 6. Aufl., Berlin 1900
(zit.: *Dernburg*, Pandekten II)

Eckardt, Diederich: Kreditsicherung versus Insolvenzanfechtung, Zur Anfechtung globaler Kreditsicherheiten, dargestellt anhand des AGB-Pfandrechts der Banken, ZIP 1999, S. 1417–1426

Engisch, Karl: Logische Studien zur Gesetzesanwendung, 3. Aufl., Heidelberg 1963
(zit.: *Engisch*, Logische Studien zur Gesetzesanwendung)

Engisch, Karl: Untersuchungen über Vorsatz und Fahrlässigkeit im Strafrecht, Berlin 1930
(zit.: *Engisch*, Vorsatz und Fahrlässigkeit)

Erler, Adalbert; Kaufmann, Ekkehard: Handwörterbuch zur deutschen Rechtsgeschichte, Band 2, Berlin 1978
(zit.: *Bearbeiter*, in: Erler/Kaufmann, Handwörterbuch Rechtsgeschichte, Band 2)

Fikentscher, Wolfgang; Heinemann, Andreas: Schuldrecht, 10. Aufl., Berlin 2006
(zit.: *Fikentscher*, Schuldrecht)

Fischer, Gero: Gläubigerbenachteiligungsvorsatz bei kongruenter Deckung, NZI 2008, S. 588–594

Fischer, Michael: Die Verlagerung des Gläubigerschutzes vom Gesellschafts- in das Insolvenzrecht nach „Inspire Art", ZIP 2004, S. 1477–1486

Fischer, Thomas: Strafgesetzbuch, 63. Aufl., München 2016
(zit.: *Fischer*, StGB)

Flume, Werner: Allgemeiner Teil des Bürgerlichen Rechts, Band 2: Das Rechtsgeschäft, 4. Aufl., Berlin 1992
(zit.: *Flume*, Allgemeiner Teil II)

Foerste, Ulrich: Zwischenruf: Künftig Selektion der Bargeschäfte, ZInsO 2015, S. 832–833

Foerste, Ulrich: Insolvenzrecht, 6. Aufl., München 2014
(zit.: *Foerste*, Insolvenzrecht)

Foerste, Ulrich: Zum Ausschluss der Vorsatzanfechtung (§ 133 InsO) bei „bargeschäftsähnlicher Lage", WM 2014, S. 1213–1217

Foerste, Ulrich: Die Ausdehnung der Vorsatzanfechtung – ein rechtsstaatliches Problem, ZInsO 2013, 897–902

Foerste, Ulrich: Die Vorsatzanfechtung (§ 133 InsO) – zum politischen Potential der Begriffsjurisprudenz, in: Festschrift Picker, Tübingen 2010, S. 227–248
(zit.: *Foerste*, in: Festschrift Picker)

Foerste, Ulrich: Grenzen der Vorsatzanfechtung bei kongruenter Deckung, NZI 2006, S. 6–10

Franke: Über die Zulässigkeit der actio Pauliana bei Zahlungen, Pfandbestellungen und Hingabe an Zahlungs-Statt, AcP 16 (1833), S. 125–144

Freund, Georg: Normative Probleme der „Tatsachenfeststellung“ – Eine Untersuchung zum tolerierten Risiko einer Fehlverurteilung im Bereich subjektiver Deliktsmerkmale, Heidelberg 1987
(*Freund*, Probleme der Tatsachenfeststellung)

Frind, Frank: Insolvenzanfechtung – unverzichtbarer Baustein zur gleichmäßigen Gläubigerbefriedigung und zur Stärkung der Ordnungsfunktion oder Instrument zur Gefährdung des Wirtschaftsverkehrs?, ZInsO 2014, S. 1985–1990

Frisch, Wolfgang: Gegenwartsprobleme des Vorsatzbegriffs und der Vorsatzfeststellung am Beispiel der AIDS-Diskussion, in: Gedächtnisschrift für Karlheinz Meyer, Berlin 1990, S. 533–566
(zit.: *Frisch*, in: Gedächtnisschrift Meyer)

Frisch, Wolfgang: Vorsatz und Risiko – Grundfragen des tatbestandsmäßigen Verhalten und des Vorsatzes. Zugleich ein Beitrag zur Behandlung außertatbestandlicher Möglichkeitsvorstellungen, Köln 1983
(zit.: *Frisch*, Vorsatz und Risiko)

Ganter, Hans Gerhard: „Sanierungsberaters Kunst – oft umsonst“?, ZIP S. 2015, 1413–1418

Ganter, Hans Gerhard: Die Anforderungen der höchstrichterlichen Rechtsprechung an eine zuverlässige Fortführungsprognose bei der Sanierungsprüfung, NZI 2014, S. 673–679

Ganter, Hans Gerhard: Vorsatzanfechtung nach fehlgeschlagener Sanierung, WM 2009, S. 1441–1452

Gaugler, Hans: Die Paulianische Anfechtung unter besonderer Berücksichtigung der Lebensversicherung, Band 1, Basel 1944
(zit.: *Gaugler*, Paulianische Anfechtung, Band 1)

Gaul, Hans Friedhelm: Rechtsverwirklichung durch Zwangsvollstreckung aus rechtsgrundsätzlicher und rechtsdogmatischer Sicht, ZZP 112 (1999), S. 135–184

Gaul, Hans Friedhelm; Schilken, Eberhard; Becker-Eberhard, Ekkehard: Zwangsvollstreckungsrecht, 12. Aufl., München 2010
(zit.: *Gaul/Schilken/Becker-Eberhard*, Zwangsvollstreckungsrecht)

Gerhardt, Walter: Zum maßgeblichen Zeitpunkt bei mehraktigem Rechtserwerb – Eine Vision vom Gleichklang in §§ 91 Abs. 2, 140 Abs. 2, 147 und 88 InsO – , in: Festschrift für Günter Greiner, Köln 2005, S. 31–40
(zit.: *Gerhard*, in: Festschrift Greiner)

Gerhardt, Walter: Gereimtes und Ungereimtes im Anfechtungsrecht der neuen Insolvenzordnung, in: Festschrift für Hans Erich Brandner zum 70. Geburtstag, Köln 1996, S. 605–619
(zit.: *Gerhard*, in: Festschrift Brandner)

Gerhardt, Walter: Kurzkommentar zu BGH, Urteil vom 27.04.1995 – IX ZR 147/94, EWiR 1995, S. 689–699

Gerhardt, Walter: Zur Reform des Insolvenzrechts: das Anfechtungsrecht im Konkurs, ZIP 1985, S. 582–592

Gerhardt, Walter: Die systematische Einordnung der Gläubigeranfechtung, Göttingen 1969
(zit.: *Gerhardt*, Gläubigeranfechtung)

Gessner, Volkmar; Rhode, Barbara; Strate, Gerhard; Ziegert, Klaus: Die Praxis der Konkursabwicklung in der Bundesrepublik Deutschland, Köln 1978
(zit.: *Gessner/Rhode/Strate/Ziegert*, Konkursabwicklung)

von Gleichenstein, Hans: Par condicio creditorum: Subsidiäre Verteilungsregel oder abstrakte Ausprägung des verfassungsrechtlichen allgemeinen Gleichheitssatzes?, NZI 2015, S. 49–55

Gottwald, Peter: Insolvenzrechtshandbuch, 5. Aufl., München 2015
(zit.: *Bearbeiter* in: Gottwald, Insolvenzrechts-Handbuch)

Grevesmühl, Götz: Die Gläubigeranfechtung nach klassischem römischen Recht (Quellen und Forschungen zum Recht und seiner Geschichte), Göttingen 2003
(zit.: *Grevesmühl*, Gläubigeranfechtung nach klassischem römischen Recht)

Gude, Hardy: (K)ein Mittel gegen eine Unternehmenskrise? – Stellenstreichung im Vorfeld der Insolvenz, ZInsO 2011, S. 1836–1839

Guski, Roman: Sittenwidrigkeit und Gläubigerbenachteiligung, Berlin 2007
(zit.: *Guski*, Sittenwidrigkeit)

Guski, Roman: Rechtsprechung auf Irrwegen: Zur Funktion des § 133 Abs. 1 InsO, WM 2009, S. 1071–1073

Haas, Ulrich: Kapitalerhaltung, Insolvenzanfechtung, Schadensersatz und Existenzvernichtung – wann wächst zusammen, was zusammen gehört?, ZIP 2006, S. 1373–1382

Hahn, Carl: Die gesammelten Materialien zu den Reichs-Justizgesetzen – Auf Veranlassung des Kaiserlichen Reichs-Jusitzamts herausgegeben, Band 4 – Materialien zu der Konkursordnung und dem Einführungsgesetz vom 10. Februar 1877
(zit.: *Hahn*, Reichsjustizgesetze, Vierter Band)

Hannich, Rolf: Karlsruher Kommentar zur Strafprozessordnung, 7. Aufl., München 2013
(zit.: *Bearbeiter*, in: Karlsruher Kommentar, StPO)

Harke, Jan Dirk: Römisches Recht, München 2008
(zit.: *Harke*, Römisches Recht)

Häsemeyer, Ludwig: Insolvenzrecht, 4. Aufl., Köln 2007
(zit.: *Häsemeyer*, Insolvenzrecht)

Häsemeyer, Ludwig: Aktuelle Tendenzen in der Rechtsprechung zur Konkurs- und Einzelanfechtung, ZIP 1994, S. 418–424

Häsemeyer, Ludwig: Die Gleichbehandlung der Konkursgläubiger, KTS 1982, S. 507–575

Hassemer, Winfried: Kennzeichen des Vorsatzes, in: Gedächtnisschrift für Armin Kaufmann, Köln 1989, S. 289–309
(zit.: *Hassemer*, in: Gedächtnisschrift Armin Kaufmann)

Hassold, Gerhard: Strukturen der Gesetzesauslegung, in: Festschrift für Karl Larenz zum 80. Geburtstag, München 1983, S. 211–240
(zit.: *Hassold*, in: Festschrift Larenz)

Henckel, Wolfram: Die letzten Vorrechte im Insolvenzverfahren, in: Insolvenzrecht in Wissenschaft und Praxis, Festschrift für Wilhelm Uhlenbruck zum 70. Geburtstag, Köln 2001, S. 19–31
(zit.: *Henckel*, in: Festschrift Uhlenbruck)

Henckel, Wolfram: Insolvenzanfechtung, in: Kölner Schrift zur Insolvenzordnung, 2. Aufl., Herne Berlin 2000, S. 813–857
(zit.: *Henckel*, in: Kölner Schrift zur Insolvenzordnung)

Henckel, Wolfram: Die Gläubigeranfechtung – ein taugliches Mittel zur Beseitigung von Verkürzungen der Konkursmasse?, ZIP 1982, S. 391–399

Henckel, Wolfram; Gerhardt, Walter: Jaeger: Insolvenzordnung,
Band 2 (§§ 56–102), Berlin 2007,
Band 4 (§§ 129–147), Berlin 2008
(zit.: *Bearbeiter*, in: Jaeger, InsO)

Herzberg, Rolf: Die Abgrenzung von Vorsatz und bewusster Fahrlässigkeit – ein Problem des objektive Tatbestandes, JuS 1986, S. 249–262

Hoffmann, Jan Felix: Prioritätsgrundsatz und Gläubigergleichbehandlung, Tübingen 2016 (zit.: *Hoffmann*, Prioritätsgrundsatz und Gläubigergleichbehandlung)

Honsell, Heinrich; Mayer-Maly, Theo; Selb, Walter: Römisches Recht, 4. Aufl., Berlin 1987
(zit.: *Honsell/Mayer-Maly/Selb*)

Hruschka, Joachim: Über Schwierigkeiten mit dem Beweis des Vorsatzes, in: Strafverfahren im Rechtsstaat – Festschrift für Theodor Kleinknecht zum 75. Geburtstag, München 1985, S. 191–202
(zit.: *Hruschka*, in: Festschrift Kleinknecht)

Huber, Michael: Anfechtungsgesetz, 11. Aufl., München 2016
(zit.: *Huber*, AnfG)

Huber, Michael: Schon fehlgeschlagener Versuch eines Gesetzes zur Anpassung des Rechts der Insolvenzanfechtung?, ZIP 2007, S. 501–509

Huber, Michael: Anmerkung zu *BGH*, Urteil vom 17.07.2003 - IX ZR 272/02, NZI 2003, 599–600

Ingelmann, Thomas: Die Existenzgründerfinanzierung vor dem Aus?, ZInsO 2007, S. 802–803

Jacoby, Florian: Zur Bedeutung des § 133 InsO im System der Insolvenzanfechtungsgründe, KTS 2009, S. 3–25

Jacoby, Florian: Die Anfechtbarkeit von Deckungen durch Zwangsvollstreckungen und auf Grund von Zwangsvollstreckungsdruck, KTS 2005, S. 371–401

Jaeger, Ernst: Konkursordnung – Großkommentar
Band 1 (§§ 1–42), 9. Aufl., Berlin 1997
(zit.: *Bearbeiter* in: Jaeger, KO^{9})

Jaeger, Ernst: Konkursordnung mit Einführungsgesetzen,
Band 1, 8. Aufl., Berlin 1973
(zit.: *Bearbeiter* in: Jaeger, KO^{8})

Jaeger, Ernst: Lehrbuch des Deutschen Konkursrechts, 8. Aufl., Berlin 1932
(zit.: *Jaeger*, Konkursrecht)

Jaeger, Ernst: Kommentar zur Konkursordnung und den Einführungsgesetzen,
Band 1 (§§ 1–46) 6. und 7. Aufl., Berlin 1931
(zit.: *Jaeger*, KO$^{6/7}$)

Jaeger, Ernst: Kommentar zur Konkursordnung und den Einführungsgesetzen,
Band 1 (§§ 1–70), 3. und 4. Aufl., Berlin 1907
(zit.: *Jaeger*, KO^{3,4})

Jensen, Thore: Vollstreckt gnadenlos!, NZI 2011, S. 798–801

Jauernig, Othmar: Zwangspool von Sicherungsgläubigern im Konkurs, ZIP 1980, S. 318–327

Jescheck, Hans Heinrich; Weigend, Thomas: Lehrbuch des Strafrechts Allgemeiner Teil, 5. Aufl., Berlin 1996
(zit.: *Jeschek/Weigend*, Strafrecht AT)

Kaser, Max; Hackl, Karl: Das römische Zivilprozessrecht, 2. Aufl., München 1996
(zit.: *Kaser/Hackl*, Römisches Zivilprozessrecht)

Kaser, Max: Das römisches Privatrecht, Zweiter Abschnitt, Die nachklassische Entwicklung, 2. Aufl., München 1975
(zit.: *Kaser*, Das römisches Privatrecht, Band 2)

Kaser, Max; Knütel, Rolf: Römisches Privatrecht, 20. Aufl., München 2014 (zit.: *Kaser/Knütel*, Römisches Privatrecht)

Kayser, Godehard: Vorsatzanfechtung im Spannungsverhältnis von Gläubigergleichbehandlung und Sanierungschancen, NJW 2014, 422–428

Kayser, Godehard: Die Entkräftung der die Insolvenzanfechtung begründenden Vermutungen und Indizien, WM 2013, 293–301

Kayser, Godehard: Der Rechtsgedanke des Bargeschäfts – Ein Beitrag zu den Grenzen des Anwendungsbereich des § 142 InsO – , in: Festschrift für Gero Fischer zum 65. Geburtstag, München 2008, S. 267–284
(zit.: *Kayser*, in: Festschrift Fischer)

Kayser, Godehard; Thole, Christoph: Insolvenzordnung – Heidelberger Kommentar, 8. Aufl., Heidelberg 2016
(zit.: *Bearbeiter*, in: Heidelberger Kommentar, InsO)

Kilger, Joachim; Schmidt, Karsten: Insolvenzgesetze, KO/VglO/GesO, 17. Aufl., München 1997
(zit.: *Kilger/K. Schmidt*, Insolvenzgesetze)

Kirchhof, Hans-Peter: Münchener Kommentar zum Anfechtungsgesetz, München 2012
(zit.: *Kirchhof* in: Münchener Kommentar, AnfG)

Kirchhof, Hans-Peter: Fraudulös, betrügerisch, unlauter – Versuche zur Einschränkung des Vorsatzbegriffs im Sinne von § 133 InsO, in: Festschrift für Gero Fischer zum 65. Geburtstag, München 2008, S. 285–295
(zit.: *Kirchhof*, in: Festschrift Fischer)

Kirchhof, Hans-Peter; Eidenmüller, Horst; Stürner, Rolf: Münchener Kommentar zur Insolvenzordnung,
Band 2 (§§ 80–216), 3. Aufl., München 2013
Band 3 (§§ 217–359), 3. Aufl. München 2014
(zit.: *Bearbeiter* in: Münchener Kommentar, InsO)

Klinck, Fabian: Die Grundlagen der besonderen Insolvenzanfechtung, Berlin 2011 (zit.: *Klinck*, Insolvenzanfechtung)

König, Bernhard: Die Anfechtung nach der Konkursordnung, 2. Aufl., Wien 1993 (zit.: *König*, Anfechtung)

König, Bernhard: Bemerkungen zu den anfechtungsrechtlichen Normen aus österreichischer Sicht, in: Insolvenzrecht im Umbruch, Köln 1991, S. 255–260

Krause, Jens-Uwe: Gefängnisse im Römischen Reich, Stuttgart 1996 (zit.: *Krause*, Gefängnisse im römischen Reich)

Kreft, Gerhard: Zum Verhältnis von Judikative und Legislative am Beispiel des Insolvenzrechts, KTS 2004, S. 205–228

Kübler, Bruno M.; Prütting, Hanns; Bork, Reinhard: Kommentar zur Insolvenzordnung, 64. Lfg. 7/15, Köln 2015
(zit.: *Bearbeiter*, in: Kübler/Prütting/Bork, InsO)

Kühl, Kristian: Strafrecht Allgemeiner Teil, 7. Aufl., München 2012
(zit.: *Kühl*, Strafrecht AT)

Kuhn, Georg; Uhlenbruck, Wilhelm: Konkursordnung, 11. Aufl., München 1994
(zit.: *Bearbeiter*, in: Kuhn/Uhlenbruck, KO)

Kummer, Joachim: Die actio Pauliana im 21. Jahrhundert oder: Was blieb von D.42.8? – Eine Bestandsaufnahme –, in: Verschuldung Haftung Vollstreckung Insolvenz,
Festschrift für Gerhard Kreft zum 65. Geburtstag, Bonn 2004, S. 397–410
(zit.: *Kummer*, in: Festschrift Kreft)

Kunkel, Wolfgang; Schermaier, Martin: Römische Rechtsgeschichte, 14. Aufl., Köln 2005
(zit.: *Kunkel*, Römische Rechtsgeschichte)

Lange, Hermann; Schiemann, Gottfried: Schadensersatz, 3. Auflage, Tübingen 2003
(zit.: *Lange/Schiemann*, Schadensersatz)

Larenz, Karl; Canaris, Claus-Wilhelm: Methodenlehre der Rechtswissenschaft, 3. Aufl., Berlin Heidelberg New York 1995
(zit.: *Larenz/Canaris*, Methodenlehre der Rechtswissenschaft)

Laspeyres: Ueber Anfechtung von Zahlungen mit der actio Pauliana, AcP 21 (1838), S. 35–100

Lenel, Otto: Das Edictum Perpetuum, 3. Aufl., Leipzig 1927
(zit.: *Lenel*, Edictum Perpetuum)

Leonhard, Rudolf: Der Anspruchsbegriff des Entwurfs eines bürgerlichen Gesetzbuches für das deutsche Recht, ZZP 15 (1891), S. 327–364

Leonhardt, Peter; Smid, Stefan; Zeuner, Mark: Insolvenzordnung, 3. Aufl., Stuttgart 2010
(zit.: *Bearbeiter*, in: Leonhardt/Smid/Zeuner, InsO)

Lind, Thorsten Patric: Zur Auslegung von § 133 InsO, insbesondere im System der Anfechtungstatbestände, Berlin 2006
(zit.: *Lind*, Zur Auslegung von § 133 InsO)

von Liszt, Franz Eduard: Lehrbuch des Deutschen Strafrechts, 9. Aufl., Berlin 1899
(zit.: *v. Liszt*, Strafrecht^{9})

von Liszt, Franz Eduard: Das Deutsche Reichsstrafrecht, Berlin 1881
(zit.: *v. Liszt*, Reichsstrafrecht)

Loos, Fritz: Grenzen und Umsetzung der Strafrechtsdogmatik in der Praxis, in: Rechtswissenschaft und Rechtentwicklung, Göttingen 1980
(zit.: *Loos*, in: Rechtswissenschaft und Rechtsentwicklung)

Looschelders, Dirk: Schuldrecht Besonderer Teil, 10. Aufl., Köln 2015
(zit.: *Looschelders*, Schuldrecht BT)

Looschelders, Dirk: Die Mitverantwortlichkeit des Geschädigten im Privatrecht, Tübingen 1999
(zit.: *Looschelders*, Mitverantwortlichkeit)

Marotzke, Wolfgang: Vertrauensschutz kontra Gesamtgläubigerinteresse – Gedanken zu Auslegung und Reform des Insolvenzanfechtungsrechts, ZInsO 2014, S. 417–447

Marotzke, Wolfgang: Formulierungsvorschläge für eine „kleine" Reform des Insolvenzanfechtungsrechts (Ergänzungsbeitrag zu ZInsO 2014, 417 ff.), ZInsO 2014, S. 745–747

Marotzke, Wolfgang: Freiwillige Forderungserfüllung, Zwangsvollstreckung und Vollstreckungsdruck im Fokus des Insolvenzanfechtungsrechts, DZWIR 2007, S. 265–282

Marotzke, Wolfgang: Die Anfechtbarkeit von Vollstreckungsmaßnahmen wegen Benachteiligung konkurrierender Gläubiger ZZP S. 105 (1992), 451–456

Musielak, Hans-Joachim: Die Grundlagen der Beweislast im Zivilprozeß, Berlin 1975
(zit.: *Musielak*, Grundlagen der Beweislast)

Musielak, Hans-Joachim; Voit, Wolfgang: Kommentar zur Zivilprozessordnung, 12. Aufl., München 2015
(zit.: *Bearbeiter*, in: Musielak/Voit, ZPO)

Nerlich, Jörg; Römermann, Volker: Insolvenzordnung, Stand: 32. Ergänzungslieferung, München 2017
(zit.: *Bearbeiter*, in: Nerlich/Römermann, InsO)

Obermüller, Manfred: Insolvenzrecht in der Bankpraxis, 9. Aufl., Köln 2016
(zit.: *Obermüller*, Insolvenzrecht in der Bankpraxis)

Otto, Victor: Die Anfechtung von Rechtshandlungen, welche ein Schuldner, zu dessen Vermögen ein Konkurs nicht eröffnet ist, zum Nachhteile seiner Gläubiger vornimmt, nach gemeinem, sächsichem und deutschem Reichsrecht, Leipzig 1881
(zit.: *Otto*, Anfechtung)

Pagenstecher, Max; Grimm, Max: Der Konkurs, 3. Aufl., München 1955
(zit.: *Pagenstecher/Grimm*, Der Konkurs)

Pape, Gerhard; Uhlenbruck, Wilhelm; Voigt-Salus, Joachim: Insolvenzrecht, 2. Aufl., München 2010
(zit.: *Pape/Uhlenbruck/Voigt-Salus*, Insolvenzrecht)

Paulus, Christoph: Zur Auslegung anfechtungsrechtlicher Vorschriften, in: Festschrift für Gero Fischer zum 65. Geburtstag, München 2008, S. 445–458
(zit.: *Paulus*, in: Festschrift Fischer)

Paulus, Christoph: Insolvenzrecht, Frankfurt 2007
(zit.: *Paulus*, Insolvenzrecht)

Paulus, Christoph; Zenker, Wolfgang: Grenzen der Privatautonomie, JuS 2001, S. 1–9

Philipps, Lothar: An der Grenze von Vorsatz und Fahrlässigkeit – Ein Modell multikriterieller computergestützter Entscheidungen –, in: Festschrift für Claus Roxin zum 70. Geburtstag, Berlin 2001, S. 365–377
(zit.: *Philipps*, in: Festschrift Roxin)

Phrankistas, Charalambos: Das Präventionsprinzip in der Zwangsvollstreckung, Mannheim 1931
(zit.: *Phrankistas*, Das Präventionsprinzip in der Zwangsvollstreckung)

Piekenbrock, Andreas: Zivilrechtliche Dogmatik und Insolvenzrecht, in: Zur Integrationskraft zivilrechtlicher Dogmatik, Tübingen 2014, S. 51–83
(zit.: Piekenbrock, in: Integrationskraft zivilrechtlicher Dogmatik)

Piekenbrock, Andreas: Der Kausalitätsbeweis im Kapitalanlegerprozess: ein Beitrag zur Dogmatik der „ungesetzlichen" tatsächlichen Vermutungen, WM 2012, S. 429–440

Piekenbrock, Andreas: Insolvenzprivilegien im deutschen, ausländischen und europäischen Recht, ZZP 122 (2009), S. 63–106

Piekenbrock, Andreas: Zum Wert der Globalzession in der Insolvenz, WM 2007, S. 141–151

Plander, Harro: Die Gewähr kongruenter Deckungen und ihr Anfechtung wegen absichtlicher Gläubigerbenachteiligung, BB 1972, S. 1480–1487

Planitz, Hans: Studien zur Geschichte des deutschen Arrestprozesses Der Arrest gegen den fugitivus, ZRG Germ. Abt. 34 (1913), S. 49–140

Prittwitz, Cornelius: Die Ansteckungsgefahr bei AIDS – Ein Beitrag zur objektiven und subjektiven Zurechnung von Risiken – (Teil II), JA 1988, S. 486–502

Prütting, Hanns: Allgemeine Verfahrensgrundsätze der Insolvenzordnung, in: Kölner Schrift zur Insolvenzordnung, 2. Aufl., Herne Berlin 2000, S. 221–247
(zit.: *Prütting*, in: Kölner Schrift zur Insolvenzordnung)

Prütting, Hanns: Gegenwartsprobleme der Beweislast, München 1983
(zit.: *Prütting*, Gegenwartsprobleme der Beweislast)

Ragues I Valles, Ramon: Überlegungen zum Vorsatzbeweis, GA 2004, S. 257–271

Raschke, Thorsten: Funktion und Abgrenzung des Bargeschäftstatbestandes in § 142 InsO, Hamburg 1999, im Internet abrufbar unter: http://www.sub.uni-hamburg.de/opus/volltexte/1999/83/pdf/dissertation.pdf
(zit.: *Raschke*, Bargeschäftstatbestand)

Rauscher, Thomas; Krüger, Wolfgang: Münchener Kommentar zur Zivilprozessordnung

Band 1 (§§ 1–354), 5. Aufl., München 2016
(zit.: *Bearbeiter*, in: Münchener Kommentar, ZPO)

Rendels, Dietmar: Nochmals: Wann ist eine Vollstreckungshandlung als Rechtshandlung des Schuldners nach § 133 Abs. 1 InsO anfechtbar?, ZIP 2004, S. 1289–1297

Rengier, Rudolf: Die Unterscheidung von Zwischenzielen und unvermeidlichen Nebenfolgen bei der Betrugsabsicht, JZ 1990, S. 321–326

Rigol, Ruth; Homann, Stefan: Die Anfechtbarkeit von Gutschriften auf einem debitorischen Girokonto, ZIP 2002, S. 15–17

Reischl, Klaus: Insolvenzrecht, 4. Aufl., Heidelberg 2016
(zit.: *Reischl*, Insolvenzrecht)

Rosenberg, Leo; Schwab, Karl Heinz; Gottwald, Peter: Zivilprozessrecht, 17. Aufl., München 2010
(zit.: *Rosenberg/Schwab/Gottwald*, Zivilprozessrecht)

Roxin, Claus: Strafrecht Allgemeiner Teil, Band 1, 4. Aufl., München 2006
(zit.: *Roxin*, Strafrecht AT I)

Roxin, Claus: Unterlassung, Vorsatz und Fahrlässigkeit, Versuch und Teilnahme im neuen Strafgesetzbuch, JuS 1973, S. 197–202

Roxin, Claus: Zur Abgrenzung von bedingtem Vorsatz und bewusster Fahrlässigkeit - *BGHSt* 7, 262, JuS 1964, S. 53–61

Säcker, Franz Jürgen; Rixecker, Roland; Oetker, Hartmut; Limpberg, Bettina: Münchener Kommentar zum Bürgerlichen Gesetzbuch,
Band 2 (§§ 241–432), 7. Aufl., München 2016
Band 6 (§§ 705–853), 6 Aufl., München 2013
(zit.: *Bearbeiter*, in: Münchener Kommentar, BGB)

Sander, Volker: Die Beweiswirkung von Zahlungen zur Abwendung der Einzelzwangsvollstreckung im subjektiven Tatbestand der Insolvenzanfechtung nach § 133 Abs. 1 InsO, ZIP 2003, S. 613–616

von Sarwey, Otto; Bossert, Gustav: Die Konkursordnung für das Deutsche Reich, 4. Aufl., Berlin 1901
(zit.: *Sarwey/Boßert*, KO)

Scheffler, Uwe: „J. S. F. von Böhmer (1704–1772) und der dolus eventualis. – Kann der große Professor der alten Viadrina dem heutigen Strafrecht noch etwas geben?“, JURA 1995, S. 349–356

von Schey: Zur Geschichte der actio Pauliana und des inderdictum fraudatorium, 1878, ZRechtsG (13), S. 120–195

Schlechtriem, Peter; Schmidt-Kessel, Martin: Schuldrecht Allgemeiner Teil, 6. Aufl., Tübingen 2005
(zit.: *Schlechtriem/Schmidt-Kessel*, Schuldrecht AT)

Schmidt, Andreas: Hamburger Kommentar zum Insolvenzrecht, 5. Aufl., Münster 2015
(zit.: *Bearbeiter* in: Hamburger Kommentar, InsO)

Schmidt, Karsten: Insolvenzordnung, InsO mit EuInsVO, 19. Aufl., München 2016
(zit.: *Bearbeiter*, K. Schmidt, InsO)

Schmidt, Karsten: Das Insolvenzrisiko der Banken zwischen ökonomischer Vernunft und Rechtssicherheit – Bemerkungen zu einem Zielkonflikt in der bankenrechtlichen Judikatur, WM 1983, S. 490–495

Scholz, Franz: Kommentar zum GmbH-Gesetz,
Band 3 (§§ 53–85), 11. Aufl., Köln 2015
(zit.: *Bearbeiter*, in: Scholz, GmbHG)

Schönke, Adolf; Schröder, Horst: Strafgesetzbuch Kommentar, 29. Aufl., München 2014
(zit.: *Bearbeiter*, in: Schönke/Schröder, StGB)

Schoppmeyer, Heinrich: § 133 Abs. 1 InsO versus §§ 130, 131 InsO: Ist die Deckungsanfechtung nur ein Unterfall der Vorsatzanfechtung?, ZIP 2009, S. 600–609

Schoppmeyer, Heinrich: Besondere und allgemeine Insolvenzanfechtung am Beispiel der Anfechtung von Zwangsvollstreckungen, NZI 2005, S. 185–194

Schroth, Ulrich: Der Begriff des „Begriffes" dolus eventualis – Eine Auseinandersetzung mit der Vorsatzkonzeption von Lothar Philipps, in: Gerechtigkeitswissenschaft-Kolloquium aus Anlass des 70. Geburtstages von Lothar Philipps, Berlin 2005, S. 467
(zit.: *U. Schroth*, in: Gerechtigkeitswissenschaft)

Schulte, Heinz: Zum Anwendungsverständnis der Absichtsanfechtung (§ 31 Nr. 1 KO) in der Konkursordnung von 1877, Frankfurt am Main 1984
(zit.: *Schulte*, Anwendungsverständnis der Absichtsanfechtung)

Schultze, Alfred: Über Gläubigeranfechtung und Verfügungsbeschränkungen des Schuldners nach deutschem Stadtrecht des Mittelalters, ZRG Germ. Abt. 41, (1920), S. 210–280

Schwartz, Daniel: Der subjektive Tatbestand der Vorsatzanfechtung nach § 133 InsO, Bestandsanalyse und Entwicklungsmöglichkeiten, Frankfurt 2013
(zit.: *Schwartz*, Vorsatzanfechtung)

Seuffert, Lothar: Deutsches Konkursprozeßrecht, Leipzig, 1899
(zit.: *Seuffert*, Konkursprozeßrecht)

von Staudinger, Julius: Kommentar zum Bürgerlichen Gesetzbuch,
Allgemeiner Teil 5, §§ 164–240, Neubearbeitung 2014
(zit.: *Bearbeiter* in: Staudinger, BGB)

Stein, Friedrich; Jonas, Martin: Kommentar zur Zivilprozessordnung,
Band 4 (§§ 253–327), 22. Aufl., Tübingen 2008
Band 7 (§§ 704–827) 22. Aufl., Tübingen 2002
(zit.: *Bearbeiter* in: Stein/Jonas, ZPO)

Steines, Werner: Gläubigerbenachteiligung bei Veräußerung eines dem Schuldner gehörenden voll belasteten Gegenstandes?, KTS 1986, S. 21–26

Stiller, Jörn: Anfechtbarkeit der nach Vollstreckungsmaßnahmen vorgenommenen Schuldnerzahlungen, ZInsO 2003, 595–599

Stürner, Rolf: Bürgerliches Gesetzbuch mit Allgemeinem Gleichbehandlungsgesetz (Auszug), 16. Aufl., München 2015
(zit.: *Bearbeiter* in: Jauernig, BGB)

Thole, Christoph: Das Reformgesetz zur Insolvenzanfechtung, ZIP 2017, S. 401–410

Thole, Christoph: Die Vorsatzanfechtung von Beraterhonoraren für Sanierungskonzepte, ZIP 2015, S. 2145–2155

Thole, Christoph: Die Kritik an der Ausdehnung der Vorsatzanfechtung auf dem Prüfstand, ZIP 2013, S. 2081–2088

Thole, Christoph: Gläubigerschutz durch Insolvenzrecht – Anfechtung und verwandte Regelungsinstrumente in der Unternehmensinsolvenz, Tübingen 2010
(zit.: *Thole*, Gläubigerschutz)

Thole, Christoph: Die tatbestandlichen Wertungen der Gläubigeranfechtung, ZZP 121 (2008), S. 67–93

Thole, Christoph: Die Vorsatzanfechtung als Instrument des Gläubigerschutzes – Bestandsaufnahme und Entwicklungsperspektiven nach „Inspire Art" – KTS 2007, S. 293–335

Thole, Christoph; Schmidberger, Aljoscha: Die Insolvenzanfechtung von (überhöhten) Gehältern und Vergütungen von Geschäftsleitern und Sanierungsberatern, BB 2014, S. 3–8

Uhlenbruck, Wilhelm: Wiedereinführung der Vorrechte durch die Hintertür?, ZInsO 2005, S. 505–516

Uhlenbruck, Wilhelm; Hirte, Heribert; Vallender, Heinz: Insolvenzordnung, 14. Aufl., München 2015
(zit.: *Bearbeiter*, in: Uhlenbruck/Hirte/Vallender, InsO)

Volk, Klaus: Begriff und Beweis subjektiver Merkmale, in: 50 Jahre Bundesgerichtshof – Festgabe aus der Wissenschaft, Band IV, Strafrecht, Strafprozeßrecht, München 2000, S. 739–753
(zit.: *Volk*, in: Festgabe 50 Jahre Bundesgerichtshof)

Volk, Klaus: Dolus ex re, in: Strafgerechtigkeit – Festschrift für Arthur Kaufmann zum 70. Geburtstag, Heidelberg 1993, S. 611–624
(zit.: *Volk*, in: Festschrift Arthur Kaufmann)

Weber, Friedrich: Ziele und Wege der Insolvenzrechtsreform, in: Einhundert Jahre Konkursordnung 1877–1977, Köln 1977, S. 321–360
(zit.: *Weber*, in: Festschrift 100 Jahre Konkursordnung)

Weber, Friedrich: Der Verwalterwechsel während der Ausschlussfrist des § 41 KO, KTS 1961, S. 49–61

Wesenberg, Gerhard; Wesener, Gunter: Neuere deutsche Privatrechtsgeschichte, 4. Aufl, Wien 1985
(zit.: Wesenberg/Wesener, Privatrechtsgeschichte)

Wieacker, Franz: Privatrechtsgeschichte der Neuzeit unter besonderer Berücksichtigung der deutschen Entwicklung, 2. Aufl., Göttingen 1976
(zit.: *Wieacker*, Privatrechtsgeschichte)

Wimmer, Klaus: Frankfurter Kommentar zur Insolvenzordnung, 8. Aufl., Köln 2014
(zit.: *Bearbeiter* in: Frankfurter Kommentar, InsO)

Windel, Peter: Der insolvenzrechtliche Gleichbehandlungsgrundsatz und seine Auswirkung auf die Abwicklung schwebender Austauschverträge, JURA 2002, S. 230–235

Windscheid, Bernhard: Die Actio des römischen Civilrechts, vom Standpunkte des heutigen Rechts, Düsseldorf 1856
(zit.: *Windscheid*, Die Actio des römischen Zivilrechts)

Windscheid, Bernhard; Kipp, Theodor: Lehrbuch des Pandektenrechts, Band 2, 9. Aufl., Frankfurt am Main, 1963
(zit.: *Windscheid/Kipp*, Pandektenrecht, Band 2)

Wolf, Manfred: Soergel – Bürgerliches Gesetzbuch mit Einführungsgesetz und Nebengesetzen,
Band 2 (§§ 104–240), 13. Aufl., Stuttgart 1999
(zit.: *Bearbeiter* in: Soergel, BGB)

Zeuner, Mark: Die Anfechtung in der Insolvenz, 2. Aufl., München 2007
(zit.: *Zeuner*, Die Anfechtung)

Zippelius, Reinhold: Juristische Methodenlehre, 11. Auflage, München 2012
(zit.: *Zippelius*, Juristische Methodenlehre)

Zöller, Richard: Zivilprozessordnung, 31. Aufl., Köln 2016
(zit.: Zöller, ZPO)

www.ingramcontent.com/pod-product-compliance
Ingram Content Group UK Ltd.
Pitfield, Milton Keynes, MK11 3LW, UK
UKHW021234031026
15588UKWH00001B/84

9 783631 746424